新时期
深化农村集体产权制度改革与发展新型农村集体经济研究

魏广成◎著

中国农业科学技术出版社

图书在版编目(CIP)数据

新时期深化农村集体产权制度改革与发展新型农村集体经济研究 / 魏广成著 . --北京：中国农业科学技术出版社，2025. 8. --ISBN 978-7-5116-7220-9

Ⅰ. F321. 32

中国国家版本馆 CIP 数据核字第 2025EC6344 号

责任编辑 倪小勋
责任校对 马广洋
责任印制 姜义伟　王思文

出 版 者 中国农业科学技术出版社
北京市中关村南大街 12 号　　邮编：100081
电　　话 (010) 62111246 (编辑室)　　(010) 82106624 (发行部)
(010) 82109709 (读者服务部)
网　　址 https://castp.caas.cn
经 销 者 各地新华书店
印 刷 者 北京建宏印刷有限公司
开　　本 170 mm×240 mm　1/16
印　　张 14. 25
字　　数 260 千字
版　　次 2025 年 8 月第 1 版　2025 年 8 月第 1 次印刷
定　　价 55. 00 元

序　一

深化农村集体产权制度改革、发展壮大新型农村集体经济，是巩固和完善农村基本经营制度、实现全体人民共同富裕的必然要求，更是推进乡村全面振兴的核心支撑。农村集体产权制度作为社会主义市场经济体制的重要组成部分，其改革深度与新型集体经济发展成效，直接关系到农村集体资产能否有效盘活、农民财产性收入持续增长及乡村治理能力能否显著提升。明晰产权归属、完善权能结构、激活要素潜能，是确保农村集体资产保值增值、实现成员共享发展成果的关键所在。在城乡融合加快推进的新时期，这项改革更凸显紧迫性和战略性。

当前，农村集体产权制度改革虽取得阶段性成果，但仍面临深层次挑战：集体资产权属不清、管理主体虚化、经营机制僵化等问题尚未根本解决，集体资源要素市场化配置效率不高、可持续“造血”能力薄弱，成员集体收益分配机制尚不完善、权益保障有待强化等屡见不鲜。部分集体经济组织还存在功能弱化、与成员利益联结松散的问题，“重分配轻发展”或“重形式轻实效”等问题制约了其服务成员、发展乡村的核心功能。因此，新时期如何构建产权关系明晰、治理架构科学、经营方式稳健、收益分配合理的新型农村集体经济运行机制，是亟待破解的重大理论与实践命题。

魏广成助理研究员立足我国农村改革实践，聚焦集体产权制度改革的痛点难点，开展系统深入的调查研究，完成了《新时期深化农村集体产权制度改革与发展新型农村集体经济研究》这一力作。该书以扎实的基层调研为基础，坚持理论联系实际，系统阐释了集体产权制度改革的演进逻辑、概念内涵与实践路径，深入分析了新型农村集体经济的多元发展模式、运行机制与约束条件，创新性地探讨了集体资产股份权能拓展、集体经营性与资源性资产高效运营、收益分配制度优化及集体经济发展与乡村治理有效衔接等关键问题。全书逻辑清晰、数据翔实、论证严谨，提出的对策建议具有较强的政策针对性和实践指导价值。该研究成果不仅为深化农村集体产权制度改革提供了重要的理论参考，也为各地因地制宜发展壮大新型农村集体经济、赋能乡村全面振兴实践贡献出宝贵的智力支持，值得广大农村工作者、政策研究者和理论界同仁参阅。

乡村振兴，关键在“活”。唯有让农村集体产权“明晰起来”、集体经济“壮大起来”、农民利益“联结起来”，才能为农业农村现代化注入持久动力。相信该书的出版，将为从事“三农”工作的理论研究者、政策制定者和基层实践者提供有益启示与借鉴，助力新时期农村改革行稳致远。

2025 年 7 月 30 日

序　二

20世纪70年代末期开始的农村改革，把集体所有的耕地承包给农户，实现了“集体所有，农户承包经营”，构造了我国农业的微观经营主体，农业农村经济开始“活”了起来，奠定了中华民族腾飞的基础。20世纪90年代，由山西吕梁等地开始，对集体所有的“四荒地”（荒山、荒坡、荒沟、荒滩）等使用权进行拍卖，加速小流域治理。在此期间，水产养殖地区和草地也都按照承包（少数拍卖）的方式进行了改革。2008年6月，《中共中央　国务院关于全面推进集体林权制度改革的意见》，对集体林地进行以承包经营为主的产权制度改革。至此，集体所有资源的经营权基本上都落实到农户或其他经营主体。

至此，绝大多数人都认为，集体被“分”光了，没有剩下什么东西了，但实际上并不尽然。行政村大体上可以分为三种类型。第一是集体经济实力超强的大村，如大家非常熟悉的华西村，资产非常雄厚，对外宣称是集体的，那么，集体和个体是什么关系？原居民和打工者是什么关系？老村民和新村民（后来合并过来村的村民）是什么关系？等等。我们曾经长期观察的江苏省张家港市永联村，很多年只有娶进来的媳妇，没有嫁出去的姑娘，原因很简单，嫁出去就失去了分配权，所以都采取“入赘”的方式“娶”进新郎。这就很不利于劳动力资源的流动。2012年，全年经营性收入超过50万元的村为3万个，占行政村总数的5.1%。第二是完全没有或基本没有集体资产、资源的村，这样的村占大多数。2012年，全年无经营收益的村有32.3万个，占全国行政村总数的55%，应该都属于这一类。第三类是处于中间的，集体拥有的资产、资源、资金有一点，但不多，经营收益也不多，勉强度日。2012年，全年经营性收益5万~50万元的行政村有23.22万个，占全国行政村的39.8%，都属于这一类型，占的比重也不小。

其实，即使那些看起来没有什么资源、资产的村，经清理、盘点后，依然可以发现并不是真的一无所有。如原来用于晾晒粮食的场地、村集体建设的中小学校、原村办企业倒闭后的破旧厂房，以及还没有承包、拍卖的机动地、四荒地、池塘、林地等。河北省石家庄市农工委于2005年8月在正定县进行名为“村级财富积累机制”的试点，取得经验后，中共石家庄市委办公厅、石家庄市政府办公厅发布《关于规范农村集体资产管理建立村级财富积累机制的指导意见》，要求从2006年下半年起，在全市范围内全面建立村级财富积累机制。文件明确规定村级集体资产规范管理范围为：农业机械，包括集体购置的拖拉机、收割机、播种机、玉米秸秆粉碎机等；果园林木，指村级集体的果园、林木、花卉等；企业或商业用地、用房，指占用村级集体土地兴建的企业或商业，即集体投资兴建的企业或商业设施；村留机动地和沙荒地；村内空闲地；砖窑，指能够正常使用的砖窑；村集体投资的闲置校舍；其他村级集体资产。可见范围很宽。石家庄市还颁布了《村经济合作社（示范）章程》，要求清理出资源、资产后，成立村经济合作社（财产多的可以成立公司），由全体村民共享。经过规范管理，截至2011年底，全市共清理农村各业承包合同84 640份，有可盘活资产村村均经营性收入由2005年的6.64万元增加到2011年的24.5万元，全市村级集体经营性年收入从2005年的2.35亿元增加到2011年的8.8亿元，年均递增24.6%，大大增强了村集体经济实力。全市99%的行政村建立了村级集体经济组织，注册公司等经济实体954个，实施财富积累项目423个。

可以说，石家庄市建立村级财富积累机制的实践为后来的农村集体产权制度改革做了极其珍贵的先行探索。2007年，农业部发布《关于稳步推进农村集体经济组织产权制度改革试点的指导意见》，部署改革试点工作。截至2014年底，全国已有4.7万个村和5.7万个村民小组完成了试点任务，当年股金分红386.4亿元，改革的主要内容包括清产核资、明确债权债务、资产量化、股权设置、股权管理、收益分配等方面，建立健全法人治理结构是核心。

2014年7月，一份极其重要的文件《国务院关于进一步推进户籍制度改革的意见》发布，文件在部署户籍制度改革时强调要完善农村产权制度，要求推进农村集体经济组织产权制度改革，探索集体经济组织成员资格认定办法和集体经济有效实现形式，保护成员的集体财产权和收益分配权；建立农村产权流转交易市场，推动农村产权流转交易公开、公正、规范运行。文件对于人们理解农村集体产权制度改革提供了一个重要角度：

只有产权明晰了，才有可能与产权人的身份相脱离，经济学中最重要的因素——劳动力才能自由流动，经济发展才能够“活”起来。这与集体财产多少没有任何关系。也就是说，产权制度改革是户籍制度改革的前提条件之一，是必要条件。

2016 年 12 月，在前期大量试点的基础上，中共中央、国务院发布《关于稳步推进农村集体产权制度改革的意见》，提出了改革要以明晰农村集体产权归属、维护农村集体经济组织成员权利为目的，以推进集体经营性资产改革为重点任务，以发展股份合作等多种形式的合作与联合为导向，坚持农村土地集体所有，坚持家庭承包经营基础性地位，探索集体经济新的实现形式和运行机制。文件提出用 5 年左右时间基本完成集体经营性资产股份合作制改革，将农村集体经营性资产以股份或者份额形式量化到本集体成员，作为其参加集体收益分配的基本依据。截至 2020 年底，全国 31 个省（自治区、直辖市）已基本完成阶段性任务，清查核实农村集体账面资产 7.7 万亿元（村级资产占 77.6%），其中经营性资产 3.5 万亿元，土地等资源面积 65.5 亿亩，全国集体非经营性资产约 4.2 万亿元。全国共建立农村集体经济组织约 96 万个，其中，乡级 864 个、村级 57 万个、组级 39 万个；2020 年向成员分红 703.8 亿元。应该说，改革取得了极大的成功。当然也有遗留问题，在此不展开讨论。2024 年 6 月，十四届全国人大常委会第十次会议通过了《中华人民共和国农村集体经济组织法》，既是对在此之前所有农村集体产权改革的总结，又为进一步改革和发展奠定了法律基础。

从 2015 年起，农业部就在一定范围内进行农村集体产权制度改革试点，开始是整县，后来扩大到整省。我是最早被原农业部合作经济经营管理司委托对试点单位进行总结或指导的专家之一。从 2018 年起，先后对山东、内蒙古、上海、浙江、江苏、广西、广东、安徽等省（区、市）的 20 多个县（市、区、旗）进行调研和评估（期中或期末），掌握了一大批第一手资料，也在调研中培养了一届又一届学生。魏广成就是其中之一，先后跟我到广东、广西、江苏等地进行调研。后来我接受国家乡村振兴局的委托调研脱贫地区农村集体经济发展（去了贵州、云南、河北 3 省 8 县），魏广成已经成为调研主力了。我在调研中对学生的分工大体上硕士生主要写案例报告，博士生主要写省级或县级报告。本书的部分报告就是魏广成在参与上述调研时撰写的报告基础上改写的，当然，主要内容还是在调研基础上所作的理论思考和归纳，这是很难能可贵的，说明魏广成善于思考、长于理论概括，这是一个研究人员应该必备的素养，也是我最高兴和放心的地方。

本书的内容我不在此赘述，我想着重说明的是，农村产权改革尽管已经全面完成阶段性任务，但改革永无止境。2024 年诺贝尔经济学奖授予达龙·阿西莫格鲁、西蒙·约翰逊和詹姆斯·A·罗宾逊三位经济学家，表彰他们对“制度如何形成并影响繁荣”的出色研究。其实，中国改革开放 40 年本身就是制度演化以及对经济增长贡献最有说服力的故事，遗憾的是，我们目前仍然削足适履地运用西方经济学理论来解释这一变化，远没有形成中国人自己的自主知识体系。我们这一代学人即将退出历史舞台，希望寄托在魏广成这一代年轻学者身上，他们一定会行的。

是为序。

孔祥智

2025 年 7 月 30 日

目　　录

上篇　改革篇

下篇 发展篇

上篇　改革篇

第一章　新时期深化农村集体产权制度改革的难点阻点、重点方向与制度构建

一、引　言

2024年7月21日，中共中央印发的《中共中央关于进一步全面深化改革　推进中国式现代化的决定》明确指出，发展新型农村集体经济，构建产权明晰、分配合理的运行机制，赋予农民更加充分的财产权益。这为新时期进一步深化农村集体产权制度改革指明了方向。农村集体产权制度改革是全面深化农村改革的重要组成部分（孔祥智，2021），是一项管长远、管根本、管全局的全面性深刻变革（高强，2020），是实现全面建成小康社会目标的根本保障（孔祥智 等，2020），对于发挥市场在资源配置中的决定性作用（宋洪远 等，2015），建立城乡要素平等交换关系（孔祥智，2020），发展壮大农村集体经济具有重要而深远的意义（陈锡文，2022）。2016年底，中共中央、国务院印发了《关于稳步推进农村集体产权制度改革的意见》，对深化集体产权制度改革进行了系统全面的部署，明确了改革的目标方向、推进原则和重点任务，旨在探索农村集体所有制的有效实现形式，盘活农村集体资产，构建集体经济治理体系，形成既能体现集体优越性又能调动个人积极性的农村集体经济运行新机制（孔祥智，2023）。党的十九大报告提出："深化农村集体产权制度改革，保障农民财产权益，壮大集体经济。"到2021年底，全国基本完成农村集体产权制度改革阶段性任务，清查核实农村集体土地资源面积65.5亿亩①，集体账面资产8.22万亿元，确认农村集体经济组织成员约9.2亿人，已经登记的农村集体经济组织约96.6万个。此后，党的二十大报告进一步提

① 1亩≈667米^2，全书同。

出："巩固和完善农村基本经营制度，发展新型农村集体经济……"2023年中央一号文件也提出，巩固提升农村集体产权制度改革成果，构建产权关系明晰、治理架构科学、经营方式稳健、收益分配合理的运行机制，探索资源发包、物业出租、居间服务、资产参股等多样化途径发展新型农村集体经济。2024年中央一号文件也进一步提出，深化农村集体产权制度改革，促进新型农村集体经济健康发展，严格控制农村集体经营风险。由此可见，尽管2021年全国农村集体产权制度改革的任务基本完成，但新时期如何进一步深化农村集体产权制度改革是当前亟待解答的重要理论和实践命题。

尽管农村集体产权制度改革已经完成，新型农村集体经济实现形式呈现出多元化的发展态势（高强 等，2023），但我国集体经济组织仍面临着组织机构不健全、运行机制不完善、监督和管理制度不落实等突出问题，这些均要求进一步深化农村集体产权制度改革。2021年，全国有62.52%的新型集体经济组织的经营性收入在10万元以下，21.11%的新型集体经济组织当年无经营收益。集体经济组织长期依赖于财政扶持，从2015年到2020年，全国村集体经济组织总收入中的补助收入由866.7亿元增至1 731.3亿元，占比由21.1%提高至27.4%（魏广成 等，2024）。近年来，党中央多次明确指出发展新型农村集体经济的运行机制与多种模式，即构建产权关系明晰、治理架构科学、经营方式稳健、收益分配合理的运行机制，探索资源发包、物业出租、居间服务、资产参股等多种模式。然而，大部分地区农村集体经济发展乏力，治理、分配、运行机制存在诸多问题，集体经济薄弱村占大多数，基本上以租赁物业为主，产业结构单一，缺乏优良的经营性资产，没有形成稳定收入来源。因此，新时期亟须进一步深化农村集体产权制度改革，破解发展新型农村集体经济的难点堵点，构建现代化的新型农村集体经济运行机制，探索多种新型集体经济的有效实现形式。

从已有的研究看，有关农村集体产权制度改革的研究主要分为改革完成前与改革完成后两类。改革完成前，现有研究主要关注农村集体产权制度改革的难点阻点、创新探索、典型模式，可见该阶段的研究集中探讨了如何完成集体产权制度改革任务；改革完成后，现有的研究探讨了农村集体产权制度改革对发展新型农村集体经济与助农增收的影响，也有部分学者聚焦于发展新型农村集体经济，探究其混合所有制、内源式发展的实现方式，可见该阶段的研究已经将重心放到发展新型集体经济上，重点探索如何发展壮大新型农村集体经济、探索新型农村集体经济的有效实现形式。尽管农村集体产权制度改革解决了权属不清、地位不明等问题，但集体经济组织成员主体分散的公共产权性质并未发生根本改变，集体经济组织仍然存在运行机制、分配方式、决策制度等诸多普遍问题。纵观已有的研究，大多数研究聚焦于微观典型案例就集体产权制度改革与发展新型农村集体经济若干问题展开研究，鲜有研究阐述全国层面集体产权制度改革后新型农村集体经济组织还存在哪些普遍性问题，换言之，新时期深化农村集体产权制度改革路在何方。那么，现阶段我国农村集体产权制度改革存在哪些普遍现实问题与难点堵点？新时期进一步深化集体产权制度改革有哪些重点方向？新时期应如何进一步深化集体产权制度改革进而实现高质量发展？回答好这些问题，对于发展壮大新型农村集体经济、全面推进乡村振兴、扎实推进共同富裕具有重要理论价值和现实意义。

自2016年农村集体产权制度改革启动以来，各地改革取得了重要进展和显著成效。受农业农村部农村改革试验区办公室有关集体产权制度改革与发展壮大新型农村集体经济的工作安排，由中国人民大学农业与农村发展学院教授孔祥智牵头组成的课题组，在2018—2023年先后对山东、江苏、浙江、内蒙古、北京、上海、广东、广西、安徽、四川、云南、贵州、河北13个省（区、市）的农村集体产权制度改革与发展壮大集体经济展开了调研，共涉及33个县（市、区），调研区域涵盖东、中、西、东北部地区的发达地区、欠发达地区、脱贫地区，积累了80余万字的一手资料，具备从全国层面分析我国农村集体产权制度改革的基础和条件，如表1-1所示。

表1-1　调研区域分布情况

年份	调研地点
2018	山东省青岛市黄岛区、山东省泰安市东平县、江苏省南京市高淳区、浙江省嘉兴市海盐县、内蒙古自治区呼伦贝尔市阿荣旗、上海市闵行区、北京市海淀区
2019	广东省惠州市惠阳区、广东省惠州市博罗县、广东省惠州市惠城区、广东省肇庆市四会市、广西壮族自治区北海市银海区、广西壮族自治区贵港市港南区、广西壮族自治区贵港市覃塘区
2020	江苏省南京市浦口区、江苏省南京市江宁区、江苏省苏州市吴江区、江苏省苏州市昆山市

（续表）

年份	调研地点
2021	广东省云浮市罗定市、广西壮族自治区玉林市陆川县、广西壮族自治区玉林市博白县、广西壮族自治区玉林市兴业县、广西壮族自治区玉林市玉州区、安徽省六安市金寨县、四川省内江市市中区
2022	贵州省安顺市镇宁县、贵州省安顺市关岭县、贵州省六盘水市盘州市、云南省曲靖市富源县、云南省楚雄彝族自治州楚雄市、云南省楚雄彝族自治州禄丰市、河北省邯郸市广平县、河北省衡水市饶阳县

二、新时期深化农村集体产权制度改革的制度要求

习近平总书记高度重视农村集体经济发展，多次强调要发展新型农村集体经济。新时期，全面推进乡村振兴对发展壮大新型农村集体经济提出了更高的要求。因此，当前阶段应进一步深化农村集体产权制度改革，促进新型农村集体经济健康发展。

（一）推动新型农村集体经济市场化改革

市场化改革是新型农村集体经济发展的必由之路。中共中央、国务院发布的《关于稳步推进农村集体产权制度改革的意见》（以下简称《意见》）明确将充分发挥市场在资源配置中的决定性作用和更好发挥政府作用、明确农村集体经济组织市场主体地位作为改革方向，并将建立符合市场经济要求的集体经济运行新机制作为改革目标，体现出市场化是新型农村集体经济发展的重要导向；连续多年中央一号文件强调，鼓励探索新型农村集体经济的有效实现形式；2023 年中央一号文件也明确指出：“探索资源发包、物业出租、居间服务、资产参股等多样化途径发展新型农村集体经济”。然而，当前我国大多数新型农村集体经济仍以简单的物业出租为主。因此，新时期亟须通过市场化的改革方式，探索新型农村集体经济的多样化实现形式。

（二）构建新型农村集体经济现代企业制度

现代企业制度是新时期新型农村集体经济发展的重要保障。2023 年中央一号文件明确指出：“构建产权关系明晰、治理架构科学、经营方式稳

健、收益分配合理的运行机制”，但我国大多数农村集体经济组织距离这一要求还存在较大的差距。《中华人民共和国农村集体经济组织法》也就新型农村集体经济的组织机构、经营管理进行规定。因此，新时期应按照“产权清晰、权责明确、政企分开、管理科学”现代企业制度的要求，进一步深化农村集体产权制度改革，发展新型农村集体经济。近年来，中央一号文件多次鼓励地方开展农村资源变资产、资金变股金、农民变股东的“三变”改革，是混合所有制改革在“三农”领域的重要体现。因此，还应将混合所有制改革作为发展新型农村集体经济的重要维度，构建紧密的新型农村集体经济利益联结机制。

（三）规范农村集体经济组织运行机制

规范的农村集体经济组织运行机制是新型农村集体经济发展的应有之义。《意见》将“落实农民的土地承包权、宅基地使用权、集体收益分配权和对集体经济活动的民主管理权利，形成有效维护农村集体经济组织成员权利的治理体系”作为农村集体产权制度改革的重要目标；《中华人民共和国农村集体经济组织法》围绕收益分配、治理机制对新型农村集体经济提出了更高的要求；党的二十届三中全会提出，发展新型农村集体经济，构建产权明晰、分配合理的运行机制……然而，当前多数集体经济组织普遍在运行机制、决策流程、分配方式等方面存在着短板。因此，新时期应重点以规范农村集体经济组织运行机制作为重要任务。

三、现阶段农村集体产权制度改革的现实困境

在城乡融合发展加快推进和农村集体产权制度改革阶段性任务基本完成的背景下，尽管新型农村集体经济如雨后春笋般蓬勃发展，但既往农村集体产权制度改革仍不彻底，现阶段全国农村集体经济组织普遍存在着运行机制尚不健全、分配方式还不规范、决策制度仍不完善等诸多亟待解决的问题。

（一）新型农村集体经济运行机制尚不健全

1. 新型农村集体经济市场机制有待加强

农村集体经济组织制度安排与市场制度不匹配。根据《关于稳步推进

农村集体产权制度改革的意见》，改革后的农村集体经济组织一般为股份经济合作社或经济合作社，在农业农村部门登记。各地在开展农村集体产权制度改革时，均按文件要求成立股份经济合作社，并在农业农村部门登记注册。然而，尽管农业农村部门赋予其社会信用代码，但毕竟其不具备企业法人或合作社法人的资格，与其他社会组织进行交易时会受到诸多限制，更不用谈参与市场经营活动。尽管 2020 年颁布的《中华人民共和国民法典》赋予集体经济组织“特别法人”地位，但其被市场接受还需时间，多数农村集体经济组织还不能申领税务发票、不能向银行融资贷款，难以顺畅开展市场活动。

2. 集体经济组织“政经分开”不完善

“政经不分”是集体经济组织治理结构的重要制约因素。一方面，村集体公益性支出严重依赖于集体经济收入。长期以来，“政经不分”问题普遍存在，村集体运转经费主要依靠农村集体经济来保障。集体产权制度改革完成后，绝大多数村并未真正实现村委会经费和集体经济组织经费分账管理、分账使用。在计划经济时期，村委会与集体经济组织一本账，能够起到维护社会稳定的作用。然而，在全面深化改革新阶段，“政经不分”问题就会产生集体资产经营效率低下的问题。调研发现，村集体承担着巨大的社会性负担，在中西部地区尤为明显。部分村里每年仅有 10 余万元办公经费，却要承担数十万元的公益性支出，如果“分账”，村委会就面临“断炊”的风险。在这种情况下，集体经济组织的治理结构难以确立，组织也很难按照市场规律运行。2024 年颁布的《中华人民共和国农村集体经济组织法》第五条仍然规定，“支持和配合村民委员会在村党组织领导下开展村民自治”“支持农村其他经济组织、社会组织依法发挥作用”是农村集体经济组织应履行的职能，这无疑从法律上规定了其“政经不分”的合法性，对进一步深化农村集体产权制度改革造成了一定的障碍。另一方面，部分地方政府过度干预集体经济发展。由于职能定位不明的原因，地方政府对新型集体经济在经营管理、监督指导、资产监管等方面均存在过度干预的问题。以北京市海淀区为例，该区在完成集体产权制度改革后，建立了集体经济备案、审核、检查等制度，规定了股份经济合作社应就股本变更、因故不能执行章程规定、修改章程、整体改建为公司制企业法人等事项向区级主管部门进行请示，经核准后方可实施。因此，海淀区的股份经济合作社在参与市场竞争时仍需要上级主管部门的行政审批。此外，该区集体经济组织管理人员通常由所在政府部门决定，而不是市场资源配置的结果。新型集体经济组织作为市场经济主体，拥有独立的法人地位，能以自己的名义从事经营管理活动，而不应受到政府的直接领导和管理。此外，《农村集体经济组织法》规定，县级以上地方人民政府农业农村主管部门、乡镇人民政府、街道办事处对本行政区域内农村集体经济组织具有管理、监督、指导、协调等职能，但并没有对“政经分开”予以规定。这在一定程度上影响了新型农村集体经济发展。

3. 新型农村集体经济“封闭性”要素流动障碍

当前，农村集体经济组织仍具有较强“封闭性”的运行特征，集体资源与资产只能在村域范围内进行配置。在产权相对封闭的情况下，新型集体经济难以平等有效地对接市场资源要素，因此缺乏资本、技术、管理等现代要素。课题组调研发现，对于大多数地区而言，受制于要素流动受阻、产权封闭性强，新型农村集体经济发展呈现“空壳化、单一化、刻板化”的现象，集体资源盘活不充分、集体资产运作不灵活等问题突出。一方面，集体经济专业人才匮乏。农村劳动力流失严重，对人才回流缺乏吸引力，农村集体经济经营管理力量薄弱，导致新型农村集体经济发展后劲不足。在农村集体产权仍然相对封闭的情况下，集体经济难以平等对接市场，仅能在集体边界内配置资源，人力资本和物质资本无法满足发展需要。第一，绝大部分集体经济组织的负责人由村级的村干部兼任，其专业化市场运作能力非常有限。第二，集体经济组织成员身份具有很强的社区封闭性，大量在村庄社区工作和生活的迁入居民无法入籍，集体经济组织难以引进外部经营人才，缺乏有效人力资源供给，即出现内部人力资源供给不足，且与外部人才市场相分割的问题。另一方面，集体经济资源资产难整合。由于天然的封闭性、保守性，农村集体经济发展往往面临产权主体虚置、资本不足、资源零散等制约，集体经济组织在集体经济发展中市场力量的作用没有充分发挥，集体经济组织和干部群众的积极性也未能充分调动。有部分地区注重整体开发，通过资本运作引入外部力量，但仍然无法解决村集体经济资源资产相互割裂的问题。以北京市大兴区“腾笼换鸟”工业大院型集体经济发展模式为例，该模式的典型特征是“村自为战”，以村为单位进行招商引资，市场主体面对的还是分散的村集体经济资源资产。

（二）新型农村集体经济决策制度仍不完善

1. 村集体“一套班子、多块牌子”问题普遍

村级党组织、村民自治组织和集体经济组织三位一体，职责交叉，未能做到各司其职、各负其责，容易出现“基层组织绑架集体经济”现象，影响基层稳定。在推进农村集体产权制度改革过程中，为降低管理成本，绝大多数地区村党支部、村民委员会和农村集体经济组织实行“一套班子、多块牌子”，实行干部交叉任职，行政职能与经济功能难以有效分割，在行政职能考核“硬约束”和发展集体经济“软约束”权衡选择下，发展集体经济沦为一种“可选项”而不是“必答题”。据课题组统计，北京市村党支部书记兼任理事长的占93.8%，其他省份也基本在90%以上，理事长极小部分是外聘的。一方面，村委会决策代替集体经济理事会决策。集体经济组织管理人员的决策权限等在“一套班子、多块牌子”条件下，集体经济组织的各项事务实际上主要靠村民委员会运转，村务决策程序替代集体经济组织决策程序，重大事项往往由村委会和党支部决策。此外，集体经济组织管理人员“分身乏术”，大量时间用于处理行政性、社会性事务，如重大节日维稳、社区环境治理、各类大小会议等，无暇顾及发展集体经济。另一方面，村民与成员身份高度重合。由于村民和成员身份高度重合，在实际操作过程中，往往以村民代表作为成员代表。村委会委员一般自动转为集体经济组织理事会成员；村务监督委员会委员直接转为监事会成员。这尽管能够降低改革成本，有利于改制平稳推进，但使村干部交叉任职的问题更为突出。从影响看，村党支部书记兼任集体经济组织理事长能够加强党对集体经济组织的领导，便于协调各组织之间的关系，但也会带来干部权责不清、决策不民主、资产管理不透明等问题，有的村集体资产控制权甚至集中在村干部等少数人手中，致使集体资产面临流失的风险。

2. 集体经济组织“三会”制度效能未有效发挥

课题组调研发现，当前集体经济组织的所有权主体缺位问题明显，集体经济组织经营管理由少数干部决定，“三会”制度流于形式，成员决策权难以发挥，集体成员参与集体经济治理的空间有限。一方面，“三会”制度流于形式。在治理结构方面，新成立的集体经济组织在形式上普遍按

照现代企业制度设立了成员代表大会、理事会和监事会等组织结构，有的还设立了集体资产管理委员会。但从实际运作来看，集体经济组织在人事安排、项目运作上仍然受到行政力量的干预，因人设岗、交叉任职现象严重，民主决策、民主管理和民主监督等问题依然突出。以海淀区玉渊潭农工商总公司为例，该公司强调“内部提拔、政府任命”，与真正实现“产权明晰、责权明确、运行规范、管理科学”的现代企业制度仍存在很大差距。另一方面，成员决策权难以发挥。尽管《中华人民共和国农村集体经济组织法》规定，农村集体经济组织成员较多的，可以按照农村集体经济组织章程规定设立成员代表大会，但是相当多的集体经济组织由理事会甚至理事长指定部分成员作为代表，很难具有代表性。因此，召开成员代表大会时，大部分集体经济组织成员代表决策权的行使与其所代表的成员是隔绝的，缺乏征求所代表成员意见的过程。还有一些农村基层干部认为集体产权制度改革会影响到自身的发展，使自己的权力受到限制。

（三）新型农村集体经济分配方式还不规范

1. 集体经济组织分配制度普遍“虚置”

2016 年底，中共中央、国务院印发的《关于稳步推进农村集体产权制度改革的意见》明确指出，“将农村集体经营性资产以股份或者份额形式量化到本集体成员，作为其参加集体收益分配的基本依据”“健全集体收益分配制度，明确公积金、公益金提取比例，把农民集体资产股份收益分配权落到实处”。到 2021 年底，全国农村集体产权制度改革阶段性任务基本完成，确认农村集体经济组织成员约 9.2 亿人。按照该文件的要求，自改革完成后，全国各村（社区）应按照集体产权制度改革中成员身份认定的结果进行分配。但课题组在调研中发现，大多数村（社区）仍以传统的“按人头”的方式进行分配，集体产权制度改革确立的集体经济组织成员像是“一纸空谈”。

2. 缺乏新型农村集体经济带头人激励机制

多数集体经济组织负责人由村党组织书记或村委会主任兼任，集体经济的“育人、选人、用人”体系相对滞后，经营管理人才队伍薄弱。从市场角度看，专业人才不足成为制约新型集体经济发展的重要因素。从全国范围看，毕竟单个村的管理人才与致富能手是有限的，尤其是懂经营、善管理的企业家人才更少。从课题组调研的情况看，不少资产数十亿、数百亿的村，依靠目前村委会一班人从事经营活动已经力不从心。首先，村干部存在经营能力不足的风险。在集体经济薄弱村，农村集体经济组织负责人往往能力有限、市场信息掌握程度有限，难以有效盘活集体资产，未能探寻出集体经济发展的有效路径。此外，村干部缺乏资本运营、管理分配与市场拓展等专业性知识，加大了集体资产运营管理上的风险。其次，负责人无法取酬而缺乏积极性。目前，新型集体经济组织缺乏引进人才、留住人才的机制，造成能力强的职业经理人很难留在集体经济组织发挥作用。受限于制度，村干部不能从合作社中取酬，自然缺乏发展集体经济的积极性。最后，聘请职业经理人较为谨慎。即便一些经济实力较好、经营业务较广的集体经济组织，也在引入职业经理人运营集体经济方面趋于谨慎。《中华人民共和国农村集体经济组织法》第五条明确规定，为成员的生产经营提供技术、信息等服务是集体经济组织应履行的职能。但从实际情况看，由于村集体经济实力薄弱、组织涣散、缺乏政策支持等诸多原因，集体经济组织难以为成员提供服务。

四、新时期进一步深化农村集体产权制度改革的重点方向

2022 年 12 月，中央农村工作会议指出，农村集体产权制度改革重点是适应社会主义市场经济要求，构建产权关系明晰、治理架构科学、经营方式稳健、收益分配合理的运行机制，充分利用农村集体自身资源条件、经营能力，探索资源发包、物业出租、居间服务、资产参股等多样化途径发展新型农村集体经济。为新时期进一步深化农村集体产权制度改革指明了方向、提供了根本遵循。

（一）加快推动新型集体经济组织市场化改革

1. 完善集体经济组织市场化运行机制

深化农村集体产权制度改革，就必须健全和完善法人治理结构，建立符合市场经济要求的农村集体经济运营新机制。《中华人民共和国农村集体经济组织法》进一步明确了农村集体经济组织的法人主体地位，并规定“农村集体经济组织可以依法出资设立或者参与设立公司、农民专业合作

社等市场主体”。现实中，不少集体经济组织通过出资组建有限责任公司、股份有限公司、农民专业合作社或其他经济组织，实现与市场联动接轨。可见，市场化改革是新型农村集体经济组织在新时期的重点发展方向之一。例如，江苏省要求农村社区股份合作社经县（市、区）工商行政管理局依法登记，领取农民专业合作社法人营业执照，取得法人资格，其做法具有较强的推广价值。再以山东省东平县南堂子村为例，该村是电视剧《新水浒传》的主要取景地，2014 年以来，南堂子村采取“固定土地股、变动户口股”的模式，成立了土地股份合作社，利用银行贷款对村庄进行旅游开发，通过这种方式，南堂子村的门票和鲜果采摘年收入已经超过 500 万元，年均合作社盈余达到了 50 万元，带动了本村及周边 4 000 多人就业。

2. 持续深化集体经济组织“政经分开”改革

新型农村集体经济发展壮大需要在股份合作基础上实现“政企分开”与“政经分离”，实现对村“两委”的“去依附化”，不再直接承担村庄行政事务和村民自治事务，转而聚焦于以市场化手段开展经营活动，建立较为完善的现代企业制度和法人治理结构。以江苏省南京市江宁区麒麟街道为例，该街道 8 个农村股份经济合作社于 2020 年全部实现了与所在村村委会“分账管理”，既规范了村级行政和社会事业开支，也激发了农村集体经济发展的内生动力，每位成员年分红 500 元以上。此外，江苏省镇江市丹徒区专门出台了《村级组织“政经分离”管理改革实施方案》，对农村集体经济组织和村民自治组织实行机构职能、人员选举、议事决策、财务核算、资产管理“五个分开”，具有较强的推广与借鉴价值。

3. 突出打造“开放性”集体经济组织要素流动机制

在相对发达地区的农村，已经有不少农村集体经济在发展空间、产权配置和经营管理上突破集体边界，实现从封闭性发展向开放性经营转变。部分农村集体经济组织鼓励通过依法吸纳或恢复为集体经济组织成员等方式，吸引乡贤、退休人员等反哺家乡；也有集体经济组织通过制定特殊成员资格和认定程序，吸引有能力、有资本、有奉献精神的外来人口运营集体经济，并赋予其特殊成员身份，有效弥补了新型集体经济经营管理人才不足的瓶颈；还有不少集体经济组织打造“跨村联合”的集体经济产业，取得了良好的成效。以广西覃塘区山北乡为例，该乡镇经济较为薄弱，其将辖区4个村的3 000亩细碎化土地集中流转，出租给当地种植专业户种植圣女果、黑米和红米，每年收取30元/亩的服务费，不仅增加了集体经济收入，为当地创造了就业岗位，还有效利用起当地分散的资源。再以东平县彭集街道后围村为例，该村在改革后建立股份经济合作社，选举村内经营能人担任理事长，统一经营苗木花卉，户均分红450元，村集体年增收10万余元。

4. 重点推进集体经济组织“扶小补弱”行动

《中华人民共和国农村集体经济组织法》第九条规定，国家通过财政、税收、金融、土地、人才以及产业政策等扶持措施，促进农村集体经济组织发展，壮大新型农村集体经济。可见，政策扶持集体经济发展是新时期深化农村改革的重要任务和方向。首先，对于确实没有经营管理人才或找不到经营项目的村，可以借鉴东平县的经验，以现有的资源、资产入股到农业产业化龙头企业或者实力雄厚的农民专业合作社，可以实现集体资产的增值保值，确保集体经济发展。例如，东平县以“四荒地”等资源性资产入股农业企业，进行股份合作制改革，规定凡集体经营的“四荒地”类资源人均面积0.5亩以上的村，都要明晰集体成员占有的份额，由改革后成立的经济合作社统一经营。其次，对经营能力不足的村，也可以引入工商资本参股，发展新型农村集体经济。例如，江苏省昆山市祁浜村充分利用当地的自然优势，广泛吸纳工商资本投资，通过与国有资本、社会资本联合出资成立旅游公司，发展乡村旅游新产业新业态，年盈利能力超过95万元，集体增收30万余元，户均分红1 800余元，户均年家庭收入增加5万元以上，实现了劳动力、土地要素与资本的有效衔接。广西北海市银海区福成镇竹林村在政府的帮助下，通过开发“四荒”资源，引入工商资本，凭借区位优势发展渔家乐等休闲旅游项目，扩展了村集体收入渠道，实现了项目增收。此外，还可以依托各级政府专项资金发展新型农村集体经济。最后，对无资源无条件的村，可以采用租赁经营型发展模式出租土地或设施获取集体收入。例如，东平县老湖镇西三村为无地移民村，农民有散养鸡的习惯，但由于养殖规模小、风险大、品质低，盈利较少。通过整合南水北调移民扶持资金1 410万元，建设2.2万平方米的特种动物养殖场，将使用权按面积折股量化给全体村民，由经营大户租赁经营，租金由村集体和村民按股共享。

（二）构建新型农村集体经济现代企业制度

1. 建立健全集体经济组织治理机制

农村集体产权制度改革的实质是把现代企业制度引入集体经济，而新型农村集体经济则是现代化的经济形态。《中华人民共和国农村集体经济组织法》明确规定，农村集体经济组织成员享有选举和被选举、参与表决、查阅资料、了解情况、监督分配使用、提出意见建议、享受福利等权利，履行参与管理活动、遵守章程、执行决定等义务。同时，该法第四十五条也规定，农村集体经济组织应当定期将财务情况向农村集体经济组织成员公布。因此，新时期建立健全集体经济组织治理机制、切实有效发挥成员决策权，是新时期深化农村集体产权制度改革的重要任务。

另外，还要重点完善集体经济组织“三会”制度。《中华人民共和国农村集体经济组织法》首次明确了农村集体经济组织成员大会、成员代表大会和理事会、监事会的组成、职权、议事规则和决策程序等诸多规则。因此，新时期需要进一步完善集体经济组织的“三会”制度。例如，为了解决法律缺位的问题，江苏省要求各地成立村级社区股份合作社，将村级集体所有的经营性资产以股权的形式量化给每个村级集体组织成员，并遵循股份合作制的原则，形成健全的“三会”制度，构建一个民主管理、民主决策、独立核算、自主经营、风险共担的新型合作经济组织。

2. 扎实推进农村集体经济混合所有制改革

2019 年，中共中央、国务院发布《关于建立健全城乡融合发展体制机制和政策体系的意见》提出，“创新农村集体经济运行机制，探索混合经营等多种实现形式，确保集体资产保值增值和农民收益”，提出以混合经营①作为发展农村集体经济的新路径。近年来，在集体产权制度改革的推动下，不少集体经济组织通过成立有限责任公司、股份有限公司或农民合作社的方式，与工商资本、国有资本、国际资本及农户进行合作，实现对劳动力、资本、技术、管理等要素的利用，发挥新型集体经济混合所有制取得了显著的成效。新型农村集体经济混合所有制经营呈现出集体主导、

① 根据党的十八届三中全会通过的《中共中央关于全面深化改革若干重大问题的决定》，混合经营指不同产权主体多元投资、互相渗透、互相贯通形成新经营形式，内含家庭经营、合作经营、集体经营、企业经营等多种经营形态，这些经营形式相互交织、互为支撑、融合发展。

市场运行、股份合作的特征，包含“独立经营”“合作经营”“租赁经营”“参股经营”等多种发展模式。此外，不少地方以“党支部+集体经济组织+农户”为核心，创新新型农村集体经济有效实现形式和运行机制，引导农户劳动力、土地、闲置农房等资源要素入股联合，建立党组织、村集体和集体成员之间紧密的利益联结机制，发展新型集体经济混合所有制。

以六盘水市“三变”改革①为例，六盘水市地处贵州西部乌蒙山区，“三变”改革前，大部分村集体积累很少，相当一部分甚至属于“空壳村”。“三变”改革后，村集体把利用不充分和闲置的耕地、林地、荒山、池塘、场地等资源入股到新型农业经营主体，使这些资源充分发挥作用，使参与改革的村摆脱过去“等、靠、要”的状态。2014 年以来，六盘水市共有 16. 52 万亩集体土地、8. 21 万亩“四荒地”、32. 18 万平方米水面、3 450平方米房屋入股到各类新型农业经营主体。通过股权收益，促进村集体经济收入增长2 477万元，消除“空壳村”157 个，“空壳村”占比从 2013 年的53. 8%下降到18. 6%，2015 年全市912 个行政村全部实现村集体经济积累的目标。例如，六盘水市盘州市淤泥乡岩博村在“三变”改革中，多方筹资 22 万元赎回村集体对外承包的1 480多亩林场，并以此为抵押申请贷款，先后成立矸石砖厂、小锅酒厂、火腿加工厂、休闲山庄 4 家集体企业和 1 家特种养殖专业合作社，村集体按股参与收益分红。目前，该村集体资产总额已达5 250万元，其中集体林场市值已达1 500多万元，年集体分得红利 400 余万元。

（三）持续落实集体产权制度改革的政策要求

1. 加快落实集体经济组织分配制度

《中华人民共和国农村集体经济组织法》规定，农村集体经济组织履行分配集体收益的职能；农村集体经济组织成员享有监督农村集体经济组织的生产经营管理活动和集体收益的分配、参与分配集体收益的权利；农村集体经济组织当年收益应当按规定提取公积金、公益金后，剩余的可分配收益按照量化给农村集体经济组织成员的集体经营性财产收益权份额进行分配。因此，按照集体经济组织章程分配盈余将是新时期进一步深化农村集体产权制度改革的重点。

---

① 贵州省六盘水市的“三变”改革，即“资源变股权、资金变股金、农民变股民”。

2. 持续健全集体经济组织激励机制

改革中正向激励的干部工作制度激发了干部队伍的积极性、主动性，激励各级干部进行具有地方特色的制度创新。新颁布的《中华人民共和国农村集体经济组织法》赋予了理事会一定的聘任管理人员权限，规定“提出聘任、解聘主要经营管理人员及决定其报酬的建议”，为集体经济组织引入外部人才提供了基础。早在 2022 年，农业农村部等多部门印发的《关于做好农村集体产权制度改革成果巩固提升工作的通知》也提到，加强集体经营管理人才的培养，完善激励机制，鼓励各地建立集体经营管理人员聘任管理制度。集体资产股份制改革后，解决经济实力较强村的股份合作社经营人才问题已经成为当务之急。北京、上海、浙江等发达地区的部分村已经开始从职业经理人市场招聘人才专门负责资产经营。根据一些地方的经验，集体经济组织理事长可以由合作社成员大会或代表大会选举出有经营能力的村民担任，例如聘请本村的民营企业家担任合作社理事长，或者理事长由原村干部担任，外聘职业经理人担任合作社负责人，全面负责合作社的经营活动。

四川省内江市市中区创新提出了新型集体经济的五股分配模式，有效调动了集体经济组织管理人员的积极性，构建了紧密的利益联结机制。“五股”分配模式分为管理股、发展股、公益股、人头股及土地股五类。其中，管理股用于集体经济组织管理人员分红，原则上不超过 30%；发展股用于村集体后续生产发展；公益股用于贫困户分红和公益设施建设等；人头股用于所有集体成员分红；土地股用于退出或流转土地给村集体发展产业的农户二次分红。截至 2021 年底，该区有 25 家集体经济组织推广运用了“五股”分配模式。以最先开展五股分配模式的永安镇下元村为例，2021 年底该村累计实现集体经济收入 65 万元，较 2016 年翻了两番。

五、新时期进一步深化集体产权制度改革的制度构建

新时期进一步深化农村集体产权制度改革应以制度建设为重点，着力推进新型农村集体经济市场化改革、构建新型农村集体经济现代企业制度、巩固提升农村集体产权制度改革成果，进而实现新型集体经济高质量发展。

（一）推进新型农村集体经济市场化改革

1. 建立健全新型农村集体经济市场化运行机制

鼓励农村集体经济组织法人地位实现从“特别”到“一般”的转变，引导农村集体领办企业或农民专业合作社，依托市场主体替代集体经济组织运营集体资产，顺畅有序参与市场竞争。在正确把握改革方向的前提下，赋予村集体更充分的自主权，提升新型农村集体经济的实践创新能力。

2. 推进新型农村集体经济“政经分开”改革

按照“行政事务归村民委员会，经济职能留在集体经济组织”的原则，扩大“政经分开”试点范围，加快明确村民委员会、股份合作社与其他市场法人之间的功能定位，将村民委员会和农村集体经济组织各自的功能加以区分，妥善处理各类村级组织之间的职能权属关系。给予集体经济组织在产业经营、土地利用、合作入股等方面更多的自主权，最大限度调动集体经济组织的积极性、主动性、创造性。

3. 打造新型农村集体经济要素顺畅流动机制

注重提高农村集体产权的开放性，在用地策划、产业导入、运营模式等方面积极引入第三方专业机构，打破原有集体经济的封闭性，提高集体资产运营效率。统筹承包地“三权分置”改革、宅基地“三权分置”改革、深化集体经营性建设用地入市改革等多项农业农村重点改革，协同深化农村集体产权制度改革。建立顺畅的资源要素流转机制，稳步弱化集体经济组织成员边界，探索建立集体成员身份有偿退出机制，大力实施“领头雁”培育，引导与鼓励一批企业家返乡入乡，探索制定特殊成员认定程序与资格条件，优化完善人才激励机制，创新适应现代市场经济体制的“开放式”新型农村集体经济实现形式。

4. 精准帮扶“小弱微”新型集体经济发展

从税费、土地、人才等多方面对集体经济组织予以扶持，形成财政带动、多方支持的新型农村集体经济长效发展格局，保障农村集体产权制度改革持续深化。树立“一村一策”的扶持理念，出台“因村施策”的定向扶持政策，强化精准补贴政策导向，将财政扶持与考核机制相结合、实现“以奖代补”，为新型集体经济配备指导员，具体解决其痛点、难点、堵点问题，形成支持政策的正向激励效应。通过抵押担保、金融授信、项目对接等多种方式，精准帮扶、科学施策，提升新型集体经济发展的效能。鼓励地方政府集中不同集体经济组织资金资源，实现抱团联合发展。支持“跨村联合”发展，形成集聚效应与规模效应。

（二）构建新型农村集体经济现代企业制度

1. 建立健全新型集体经济组织治理机制

完善集体经济组织及其运营主体的内部管理制度，确保农村集体经济组织管理人员工资报酬与贡献相匹配，探索员工持股、期股期权、股权激励等多种激励方式，并健全相应的约束机制。落实新型集体经济组织“三会”制度，以建立现代企业制度为方向，进一步优化集体经济组织成员（代表）大会、理事会、监事会“三会”运作机制，切实发挥“三会”组织的功能作用，形成兼具激励与约束的现代化管理制度。强化监委会的监督职能，提高效率，控制风险，激发集体成员参与新型农村集体经济治理的内生动力，鼓励成员充分参与集体经济经营决策，提升成员自我发展能力，确保集体经济安全健康发展。

2. 推进新型集体经济混合所有制改革

坚持因村制宜，探索多样化的新型农村集体经济发展模式，发挥好经营型、联营型、服务型和党建型等不同模式的优势。积极探索农村集体产权制度和市场经济体系有效衔接的方式和机制，鼓励村村“抱团”发展，通过引入外部要素，建立集体主导、市场运行、股份合作的新型农村集体经济。通过实施混合所有制改造，推进农村集体经济组织边界开放、产权混合，能有效促进新型农村集体经济成长。

（三）巩固提升农村集体产权制度改革成果

1. 落实农村集体产权制度改革的制度成果

改革是持续的，而非一蹴而就。尽管农村集体产权制度改革的阶段性任务已经完成，但并不意味着农村集体产权制度改革已经完全结束。新时期，面对前期农村集体产权制度改革存在的“有制度、不落实”的问题，要对地方政府明确改革任务时间表，细化集体经济组织的股权管理办法、分配管理办法、决策管理办法等重要事项规范，要求各集体经济组织严格按照《中华人民共和国农村集体经济组织法》与本集体经济组织章程的要求开展决策、分配、投资等经营活动，切实将农村集体产权制度改革的制度成果落到实处。巩固提升农村集体产权制度改革成果，探索资源发包、物业出租、居间服务、资产参股等新型农村集体经济发展的多样化途径。

2. 优化新型集体经济带头人激励机制

完善新型集体经济发展激励机制，探索确保集体经济组织及其所属企业领导人员收入与选任方式、企业效益相匹配，探索采取期股期权、岗位分红、激励基金等中长期激励方式，并健全与激励机制相配套的约束机制。完善村集体经济优秀后备人才选育制度，探索由集体经济组织聘任有经营能力的村民、本地民营企业家等担任职业经理人，加大农村集体经济组织人才队伍培养力度，培养村“两委”经营管理人才担任农村集体经济组织负责人。

3. 建立农村集体产权流转交易市场

完善农村产权流转交易市场体系和交易规则，建立健全国家、省、市、县、乡五级互联互通的农村产权流转交易市场体系和信息网络，促进产权流转交易更加通畅、便捷、高效。积极探索以农村集体产权流转交易为重点的新型农村集体经济发展有效实现路径，逐步推动农村产权流转交易纳入统一公共资源交易平台体系，将农村集体经济组织的“封闭式小平台”链接到全国统一大市场的“开放式大舞台”。

第二章　公共价值管理视域下推进农村集体产权制度改革的机理研究

一、问题的提出

农村集体产权制度改革是20世纪80年代初期推行家庭联产承包责任制以来对农村集体产权进行的第二次改革，对全面建成小康社会和乡村振兴有积极而深远的影响，其重要地位不言而喻。党中央、国务院对农村集体产权制度改革给予了重点的关注。2016年12月，中共中央、国务院发布的《关于稳步推进农村集体产权制度改革的意见》（以下简称《意见》）中明确指出，力争用五年的时间基本完成农村集体经营性资产股份合作制改革。《意见》还指出以"着力推进经营性资产确权到户和股份合作制改革"为改革目标。其中确认集体组织成员身份、解决成员边界不清的问题是这次农村集体产权制度改革的重要任务之一（孔祥智 等，2020）。就目前的情况来看，2020年5月发布的《国务院关于农村集体产权制度改革情况的报告》指出，目前全国已有超过36万个村完成改革，共确认集体经济组织成员6亿多人①。因此，如何解决当前仍未完成成员身份认定的集体经济组织所面临的诸多问题是当前全面完成改革的必要保证，而成员界定和股权分配是农村集体产权制度改革的阻点、难点和重点（高强 等，2020；闵师 等，2019），也是影响改革进程的首要因素。随着经济社会的快速发展，人口流动日益增强，特殊成员类型逐渐增多，使集体经济组织在认定成员身份的工作中很难进行准确把握和界定（宋洪远 等，2015），增加了成员身份认定工作的难度，尤其是经济发展较好的行政村，

---

① 资料来源：国务院关于农村集体产权制度改革情况的报告——2020年4月26日在第十三届全国人民代表大会常务委员会第十七次会议上，http://www.npc.gov.cn/npc/c30834/202005/434c7d313d4a47a1b3e9edfbacc8dc45.shtml。

在成员身份认定工作中产生的问题更加多样化（陈美球 等，2018）。那么，集体经济组织如何破解“困境”进而完成成员身份认定工作将是一个重要的理论和实践问题，对深入推进集体产权制度改革、深化城乡融合发展体制机制建设具有重要意义。

农村集体经济组织成员身份认定中存在诸多问题和挑战（方志权，2014；黄延信 等，2014）。为此，部分学者通过研究多年的改革探索经验，从试验区的层面提出推进改革的政策建议（余葵 等，2019；李宽 等，2015）。但上述文献并没有对集体经济组织如何完成成员身份认定提出具有实践意义的解决方案，集体经济组织该如何突破成员身份认定的“困境”依旧没有破题。此外，仍有学者就特殊成员的身份认定展开研究（马翠萍 等，2019），但依旧没有从集体经济组织的视角出发，探寻解决该难题的困境。先前学者关于集体产权制度改革的研究大多是基于产权科层模型（张瑞涛 等，2020）、产权理论（孔祥智，2020；张应良 等，2017，2019；梁春梅 等，2018）、政治经济学（马池春 等，2018）等领域。鲜有学者从公共价值管理视角出发研究农村集体经济组织在成员身份认定中如何突破现实改革中的“困境”，应用公共价值管理范式展开研究更是凤毛麟角。因此，笔者提出问题：基于公共价值管理的研究范式，集体经济组织究竟是如何突破成员身份认定“困境”进而完成改革的？其背后的逻辑又是什么？基于此，本研究从案例研究的视角出发，以浙江省海盐县武原镇小曲社区与广东省惠州市惠城区白石村高澳小组为典型案例，解释其推进成员身份认定过程如何由改革陷入“困境”到迎来“转机”，最终提升改革绩效，完成成员身份认定。

根据文献梳理，现有研究主要存在以下两方面不足。第一，现有研究主要着眼于区县层面的典型经验与举措，但缺乏对集体经济组织层面的案例研究，实际上集体经济组织层面的案例研究更具有实践价值；第二，现有研究仅仅是对成员身份认定中特殊成员的股权量化问题与分配原则进行分类，但鲜有学者研究集体经济组织推进成员身份认定的演化机制，也缺乏对成员身份认定工作演化机制的深入研究。实际上，多元化主体形成的推进机制、制度设计与操作规范对成员身份认定工作也至关重要。针对已有研究存在的不足，本研究拟通过以下方式予以探讨。第一，通过对集体经济组织推进成员身份认定演化机制入手，弥补关于成员身份认定实现历程研究的不足；第二，以公共价值管理的研究范式，深入剖析集体经济组织突破“困境”并完成改革的过程，从时间线维度全面展示成员身份认定中遇到的问题与困难，如何实现多元化、冲突性的社会价值转变为多方利益相关者达成一致的公共价值，最终提升改革绩效。基于对上述问题的探讨，本研究希冀为集体产权制度改革平稳有序完成提供有益参考，并为今后发展集体经济妥善处理好成员管理问题提供指导。

二、理论分析

在新公共管理之后，公共价值管理范式作为一种新的公共行政学范式正在兴起。公共价值管理是一个公民集体偏好形成的结果，在这个过程中公共管理者由“领导者”的身份转变为“探索者”，与其他公民一道创造公共价值（何艳玲，2009）。实现社会价值构建，形成公共价值是改革绩效的生成路径（王学军 等，2015）。按照公共价值管理研究范式的分析方法，本研究主要从社会价值、公共价值与改革绩效三个维度展开探讨。

（一）社会价值

社会价值是指社会成员所持有的经验结果、判断与诉求，具有多元化和冲突性特征（单菲菲 等，2018）。集体经济组织中成员的情况不尽相同，因此不同成员存在着不同的利益诉求。当成员利益诉求不一致、存在多种争议时，属于多元化、冲突性社会价值的范畴。多元化的社会价值偏好通过重叠效应，聚集为集体价值偏好，与政府政策价值构建形成双向互动，二者的交集则为公共价值，这一过程也称为社会价值构建（王学军 等，2017）。社会价值构建的核心在于政治系统和社会系统的互动，执政者需关注社会系统的价值偏好，促进公民参与是其中的重要机制（包国宪 等，2013）。因此，公共管理者的目标是将多元化、冲突性的社会价值构建为多方利益相关者达成共识的公共价值。集体经济组织成员存在多方面的价值诉求，属多元化、冲突性的社会价值。而集体经济组织作为公共管理者，其目标则是将多元化冲突性的社会价值构建为多方利益达成共识的公共价值。

（二）公共价值

公共价值是在社会价值的基础上形成的（王学军 等，2013），但公共价值与社会价值又有明显的不同。Moore（1995）首次提出公共价值的概念，并认为公共价值是政策目标的价值，是公共管理者应当满足公民多样化需求的价值体现。由于公共价值较为抽象，目前对此概念尚无统一定义。不同于新公共管理、新公共治理理论，公共价值管理范式旨在强调管理过程中，政府应当关注公民集体偏好、价值选择的表达（单菲菲 等，2018）。公共价值不是个人偏好的简单叠加，而是通过社会价值加以构建，是各方利益的共识。相比之下，公共价值管理更加注重集体偏好、重视政治作用等，是多方利益相关者协商的结果。通过与已有的研究范式进行比较，公共价值管理可归结为关注集体偏好、重视政治作用、推进网络治理、重新定位民主与效率的关系、全面应对效率责任与公平问题五种（何艳玲，2009）。因此，通过社会价值的构建来形成公共价值是公共管理者与多方利益相关者协商的结果。借鉴单菲菲等（2018）的研究，结合研究问题，本书从公共价值构建的要素展开分析，分为构建主体、构建能力、构建环境、构建条件四方面。集体经济组织完成成员身份认定，实际上要对公共价值的四要素展开构建，构成多方利益相关者达成共识的公共价值。

（三）改革绩效

以公共价值为基础的改革绩效治理理论认为，公共价值是判定改革绩效是否达成的依据，也是改革绩效改进的逻辑起点（王学军 等，2015，2017）。改革绩效是社会价值的构建、是公共价值的形成（包国宪 等，2012）。而在成员身份认定中，通过解决遇到的问题顺利完成改革，实现了改革绩效。

基于成员身份认定改革绩效的生成逻辑，本研究采用“任务绩效—周边绩效”模型（Borman et al.，1993）对成员身份认定的改革绩效进行分析。任务绩效（Task Performance）是指在一段时间内，组织通过运作所取得的绩效；周边绩效是指组织在实现自身组织目标的过程中，对社会造成影响所带来的衍生绩效。借鉴陈亦宝（2019）的研究，本书以股权量化方案认可度衡量任务绩效，以集体和谐程度、集体经济组织与成员沟通程度、成员对改革工作熟悉程度3个变量衡量周边绩效。

（四）模型构建

社会价值构建的研究多用于民众讨论公共政策问题时相互协商的过程，因此农村集体产权制度改革成员身份认定过程中，集体经济组织与成员确定股权量化方案属于社会价值构建的过程。社会价值构建认为公共部门的绩效管理过程是一个政府、市场及社会多元化复杂主体认知协同的过程（包国宪 等，2015）。根据研究问题的特殊性，本书仅研究上级政府、集体经济组织、成员代表大会、成员代表、成员五类主体参与成员身份认定所发挥的作用。公共价值、社会价值建构与改革绩效的关系如图 2-1 所示。

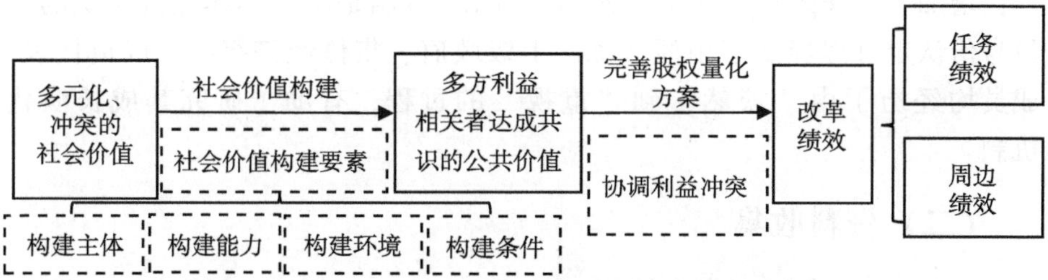

图 2-1　社会价值、公共价值与改革绩效的逻辑关系

三、研究设计与案例分析

（一）案例选取

本研究采用多案例研究方法，有如下三点理由。一是案例研究方法适合应用典型案例分析回答探索性问题（Eisenhardt，1989），适用于研究无法对相关因素进行控制的事件（Yin，2009），因此，探究农村集体产权制度改革成员身份认定工作的过程应采用案例研究方法；二是案例研究方法是一种经验性的研究方法，能够很好地解释"怎么样"和"为什么"的问题（Yin，2009）；三是多案例研究方法能够对命题进行反复论证，增强案例研究的有效性。

课题组于 2018 年 8 月与 2019 年 12 月赴浙江省海盐县武原镇小曲社区、广东省惠州市惠阳区秋长街道白石村高澳小组展开调研。之所以选取上述两个案例，原因主要有以下三点。一是上述案例距县区人民政府较近，区位优势较为优越，经营性资产较多，村集体资产总额与资产收益均位于全县（区）前列。成员资格认定严格程度与集体经济发展水平、成员权的含金量呈正相关（陈美球 等，2018）。因此，上述典型案例集体经济发展较好，成员对身份认定工作较为重视，研究其成员身份认定过程具有重要理论和现实意义。二是案例村集体村民对集体产权制度改革较为重视，其成员身份认定过程均经历了七次修改，认定过程较为复杂，因此适用于本研究的研究目标。三是上述案例属典型的城中村，外来人口较多，成员身份较为复杂，包含多种特殊成员类型。城中村集体经济组织成员构成较为复杂，使村委会在认定成员身份的工作中很难进行准确把握和界定，增加了工作的难度（宋洪远 等，2015）。四是案例集体经济组织的成员身份认定过程经历了由浅入深，上级政府、集体经济组织、成员代表、成员均经历了由“淡然”到“重视”的过程，有助于研究其成长演化机制。

（二）资料收集

遵循三角测量法的基本原则，课题组通过多种渠道获取资料，以保证资料与数据准确可靠。本研究选取的案例资料主要来自三个方面：一是半结构化访谈。课题组逐一访谈了村委会成员、集体经济组织理事会成员、村民小组组长以及普通成员，重点对每位身份认定存在争议的成员开展了长达2~3小时的访谈。根据研究需要，访谈地点设在封闭会议室中，有助于被访谈者畅所欲言。每位被采访者访谈时间约为2个小时，访谈内容均于结束后转录成文字，每位被采访者文字记录从5 000字到10 000字不等。为保护被访者隐私，对被访者的姓名做了编码处理。经对正式访谈录音资料的整理，研究者共得到近8.7万字访谈逐字稿。二是实地考察，课题组在调研期间深入走访了小曲社区、白石村及各村民小组，增强了对典型案例的理解和把握。三是文献资料收集。一方面是当地农业农村部门对农村集体产权制度改革的总结材料，这些素材清晰展示了省、市、县、乡镇（街道）、行政村、村民小组对成员身份认定工作的制度建设、改革情况、所遇问题及创新点等。另一方面是新闻报道，课题组统一对百度、微信公众号等与两典型案例产权改革工作的相关报道进行整理，为本研究提供了辅助信息。

（三）案例介绍

案例的选择需遵循复制法则，可分为逐项复制和差别复制（Yan et al., 1994）。就典型案例看，两案例都顺利实现成员身份认定，且演化路径存在一定的相似性，因此本研究选取的两家典型案例采用逐项复制的方法。

1. 小曲社区

截至2018年底，小曲社区净资产20 947.20万元，村集体经济组织成员2 060人，人均净资产10.17万元，社区内二级网格法人148家，三产服务业130家，属于集体经济发展较好的村，明显高于全国平均水平的1 484万元①。小曲社区股权设置分为“人口股”与“土地补偿股”。集体净资产90%依法并经股东代表会议讨论18 852 477.95元折股量化给有资格的股东享受，按每1 000元折1股，共计18 852.47股。小曲社区部分土地已经征收，为平衡利益，将集体净资产10%用于分配土地补偿股。本研究仅针对人口股进行分析。小区村集体经济组织成员对成员身份认定工作非常重视且村中特殊人群较多，成员身份认定工作存在着诸多困难。推进成员身份认定工作期间，小曲股份合作社改革筹备小组经过七次修订股份经济合作社章程，最终通过小曲股份合作社章程，对特殊人群成员资格进行了认定，具体如表2-1所示。

表2-1　小曲社区就特殊成员身份认定七次修改章程情况

人员类型	第一次	第二次	第三次	第四次	第五次	第六次	第七次
户口迁回大学生	1	1	1	1	0.5	0.8	直接迁回1，间接迁入本人0.8，配偶与子女0.3
蓝色户口	1	1	1	1	1（其他村享受股权除外）	1（其他村享受股权除外）	1（其他村享受股权除外）
农转非迁入	1	1	1	1	1（其他村享受股权除外）	1（其他村享受股权除外）	1（其他村享受股权除外）

① 资料来源：国务院关于农村集体产权制度改革情况的报告——2020年4月26日在第十三届全国人民代表大会常务委员会第十七次会议上，http://www.npc.gov.cn/npc/c30834/202005/434c7d313d4a47a1b3e9edfbacc8dc45.shtml。

（续表）

人员类型	第一次	第二次	第三次	第四次	第五次	第六次	第七次
顶替回迁者及配偶子女	0	待定	0.2	0.2	本人0.3；配偶与子女0.15	本人0.6；配偶与子女0.3	本人0.6；配偶与子女0.3
离婚后再婚迁入者	1	1	1	1	二轮承包前迁入1；二轮承包后迁入0.5	二轮承包前迁入1；二轮承包后迁入0.2	二轮承包前迁入1；二轮承包后迁入0.2
因离婚户在人不在	0	待定	待定	0.2	0.2	0.2	0.2
有争议的婚嫁配偶与子女问题	0	待定	待定	0.5	0.3	0.3	0.3
已出嫁户口迁回	0	待定	待定	0.2	0.2	0.2	0.2
离退休人员	0	0	0	0	0	0	0
公务员	0	0	0	0	0	0	0
挂靠户口	0	0	0	0	0	0	0
因就学迁出或迁回	1	1	1	1	1	1	1
义务兵	1	1	1	1	1	1	1
劳改犯	1	1	1	1	1	1	1

注：表格中数字表示“每类集体经济成员分得的股份数”。以上材料根据调研整理。

2. 白石村高澳小组

白石村位于惠州市惠阳区秋长街道西南部，总面积12.1平方千米，下辖26个村民小组。2017年12月，白石村以高澳经济合作社为试点，率先开展农村集体产权制度改革工作。高澳小组资产总额共计603.5万元，确认成员数207人，股份总额1 962.5股，其中，集体股共402.5股，个人股共1 560股。成员人均资产2.92万元，远高于全国平均水平。白石村于2019年3月1日组织召开高澳股份经济合作社第一届股东大会第一次股东会议。在会上，集体经济组织成员对成员身份认定办法异议较多。为此，在秋长街道提供的会计与法律服务的支持下，白石村先后组织高澳股份经济合作社成员召开七次成员代表大会，并七次修改《股权量化方案》，推进成员身份认定工作，解决成员在认定工作中的争议，具体如表2-2

所示。

表 2-2　白石村高澳小组就特殊成员身份认定七次修改章程情况

量化对象	第一次	第二次	第三次	第四次	第五次	第六次	第七次
户籍未迁移出的外嫁女	1992 年前 1；1992—2010 年 0.5；2010 年后 0	1992 年前 1；1992—2010 年 0.5；2010 年后 0.3	1992 年前 1；1992—2010 年 0.5；2010 年后 0.5	1992 年前 1；1992—2010 年 0.5；2010 年后并表决同意 0.5	1992 年前 1；1992—2010 年 0.5；2010 年后并表决同意 0.5	1992 年前 1；1992—2010 年 0.5；2010 年后并表决同意 0.5	1992 年前 1；1992—2010 年 0.5；2010 年后并表决同意 0.5
户口随迁的配偶	1992—2010 年入村 0.5	1992 年前入村 1；1992—2010 年入村 0.5；2010 年后入村 0	1992 年前入村 1；1992—2010 入村 0.5；2010 年后入村 0.3	1992 年前入村 1；1992—2010 入村 0.5；2010 年后入村经过表决同意 0.5	1992 年前入村 1；1992—2010 年入村 0.5；2010 年后入村经过表决同意 0.5	1992 年前入村 1；1992—2010 年入村 0.5；2010 年后入村并表决同意 0.5	1992 年前入村 1；1992—2010 年入村 0.5；2010 年后入村并表决同意 0.5
户在人不在者	0.5	0.5	0.5	0.5	1992 年前 1；1992 年后 0.5	1992 年前 1；1992—2010 年 0.5；2010 年后 0	1992 年前 1；1992—2010 年 0.5；2010 年后 0
户口迁回本村的村民	1	1	1	1	0.8	1992 年前 1；1992 年后 0.5	1992 年前 1；1992—2010 年 0.5；2010 年后 0
非本社成员的空挂户	0	0	0	0	0	0	0
农转非户口迁入	0.5	0.5	0.5	0.5	0.5	0.5	0.5
其他集体经济组织有分红成员	0	0	0	0	0	0	0
非合法夫妻所生子女	0	0	0	0	0	0	0

注：表格中数字表示“每类集体经济成员分得的单位股份数”。以上资料根据调研材料整理。

（四）案例呈现：突破改革“困境”的集体经济组织

1. 改革陷入“停滞”的集体经济组织

凭借着优越的地理优势，小曲社区和白石村集体经济得到了迅速发展，人均集体资产不断增加，集体经济组织成员对集体资产的关注度也愈加提升。小曲社区与白石村分别于 2010 年 4 月与 2017 年 12 月开展成员身份认定工作，并制定成员股权量化方案。但经过集体经济组织两次召开成员代表大会后，依旧未能完成成员身份认定。

武原镇小曲股份经济合作社在完成清产核资后，为进一步明晰资产产权，完善集体经济有效实现形式和分配方式，于2010年4月15日成立专门小曲股份合作制改革筹备小组（简称“筹备小组”）。小曲社区是武原镇第三个实施村级资产股份制改革的基层经济组织，村集体经济资产较多，成员身份种类较复杂，身份认定工作存在着诸多困难。筹备小组按照“摸着石头过河”的原则，制定了《经营性资产股权量化方案》，并于2010年4月17日与19日两次修改成员身份认定办法并召开成员代表大会。由于缺乏经验，集体经济组织成员在第一次讨论会上意见不尽相同，股权量化方案未能通过。

2017年，白石村高澳小组被确认为高澳村民小组作为秋长街道农村集体产权制度改革试点单位。同年12月，白石村召开农村集体产权制度改革宣传贯彻会，并组成了产权制度改革工作小组（简称“产改小组”），推进成员身份认定工作。高澳小组于2018年3月完成清产核资工作，并于4月开展股份合作制改革。产改小组在充分听取村民代表意见的基础上，制定了《高澳小组股权量化方案》，并于2018年4月12日召开第一次成员代表大会。会上，成员代表就股权量化方案存在较大争议。

两典型案例的产权改革领导小组囿于缺乏经验等原因，在成员身份认定工作中遇到较大困难，产权改革领导小组对改革方案把握不清晰，所制定的《股权量化方案》未能得到成员的认可。未能将多元化、冲突性的社会价值建构为多方利益达成共识的公共价值，改革绩效较差。两典型案例的集体产权制度改革小组囿于缺乏改革经验与上级指导，对成员的诉求也不甚了解，使得集体经济组织的成员身份认定工作一度陷入困境。究其原因，主要体现在以下四个方面。一是构建主体不完善。在该阶段，集体经济组织往往是“单兵突进”，上级政府并没有提供相应的政策指导，成员代表也并不了解政策、无法起到代表成员的作用，成员的诉求也多种多样，无法达成一致的共识。因此，该阶段中仅有集体经济组织发挥作用，其他主体并未切身参与到成员身份认定工作中来，多元化改革主体协同推进的工作机制并未形成。二是构建环境不成熟。在该阶段，上级政府仅仅是向集体经济组织指派任务，并没有提供支持，也并没有要求集体经济组织汇报改革进度与问题。此外，集体经济组织、成员代表与成员也并未形成协调的工作机制。因此，因地制宜的制度设计并未构建。三是构建能力不具备。在该阶段，上级政府缺乏推进成员身份认定工作相关的经验，集体经济组织则是本着“摸着石头过河”的原则推进改革，成员代表既不懂政策也不能讲政策，成员对成员身份认定则更加缺乏了解。因此，参与改革主体的能力仍然不足。四是构建条件不完备。在该阶段，集体经济组织仅仅是根据自身的理解和认识来制定股权量化方案，但对成员的诉求也不了解。成员代表也并不了解股权量化方案，无法向成员讲清楚成员身份认定工作，也无法代表成员的诉求，成员不了解成员身份认定的规定，一味追求更多的股权，但其诉求也并不能反映到集体经济组织层面。因此，顺畅的信息传递机制并未建立。综上所述，未能将多元化、冲突性的社会价值建构为多方利益达成共识的公共价值，改革绩效较差。

2. 改革迎来“转机”的集体经济组织

小曲社区筹备小组在遇到改革停滞的困境后，积极向县、乡镇政府反映情况，争取上级政府的政策支持。为此，海盐县出台了《中共海盐县委办公室　海盐县人民政府办公室关于成立海盐县深化农村集体产权股份合作制改革工作领导小组的通知》《关于成立海盐县全国农村改革试验区工作领导小组的通知》，成立海盐县深化农村集体产权股份合作制改革工作领导小组、全国农村改革试验区工作领导小组，由16个县级单位领导组成，并下设海盐县全国农村改革试验区领导小组工作组，在其中的综合协调组和股改深化组具体负责成员身份认定工作的基础上，还为顺利推进农村集体产权制度改革构建了“1+X”的制度体系。其中，“1”指的是海盐县编制的《浙江省海盐县深化农村集体产权股份合作制改革试验方案》（简称《试验方案》），“X”指的是海盐县相继编制的其他与《试验方案》相配套的文件，为小曲社区推进成员身份认定提供了制度保障。小曲社区筹备小组痛定思痛，到武原街道其他两个试点村调研，学习成员身份认定工作的典型经验。此后，筹备小组在充分讨论的基础上，调整股权分配方案，并印发《致全体村民的一封信》，发放成员身份认定“明白纸”，广泛宣传成员身份认定工作。此外，小曲社区还充分走访前两次调研中有争议成员代表，广泛听取意见和建议。在上级政府指导、充分调研与走访的基础上，小曲社区逐步明晰推进改革的方向和路径。

由于对高澳小组特殊人群状况不甚了解、缺乏法律知识等原因，产改小组在探索阶段产权改革无法顺利完成。在成员身份认定期间，还出现了六宗历史遗留土地纠纷、村民闹矛盾挥刀互砍、多次上访事件、集体经济组织资金被冻结等问题。另外，有集体经济成员就股权分配问题将产改小组告上法庭，成员身份认定工作一度陷入困境。为此，白石村积极争取惠阳区委区政府、秋长街道的政策支持。惠阳区成立区、镇、村三级书记为组长的农村集体产权制度改革领导小组，强化对农村集体产权制度改革的领导工作，建立由农业农村局等11部门分管落实的责任制，采取广播、电视、宣传小册子、印发宣传海报等多渠道多形式加强改革政策宣传和思想引导，加强对全区农村集体产权制度改革试点工作业务指导的“四位一体”工作法。秋长街道还聘请专业的法律团队，为试验任务村与小组提供法律咨询服务，为村和小组处理特殊群体的成员身份认定问题提供法律保障。为进一步深入推进改革工作，产改小组还充分调研其他成员身份认定典型经验做法，并深入高澳小组挨家挨户了解成员诉求。在上级指导、充分调研与学习的基础上，白石村明确了推进改革的方向。

小曲社区与高澳小组产权小组在充分争取上级政策支持、广泛学习先进经验、深入了解成员诉求的基础上，大致明确了成员身份认定工作的推进路径，将多元化、冲突性的社会价值建构为多方利益达成共识的公共价值，提升了改革绩效。

究其原因，主要体现在以下四个方面。一是构建主体完善。在该阶段，上级政府、集体经济组织、成员代表及成员切实加入到成员身份认定工作中来，形成了多元化改革主体协同推进的工作机制。二是构建能力具备。在该阶段，上级政府提供了政策支持，集体经济组织推进改革的能力显著增强，成员代表和成员对改革的知晓程度显著提升，参与改革主体的能力显著增强。三是构建环境成熟。在该阶段，上级政府构建了推进成员身份认定的体制机制，为集体经济组织推进成员身份认定工作保驾护航。另外，为解决法律纠纷问题，秋长街道还为高澳小组提供法律服务，因地制宜的制度设计日趋完善。四是构建条件完备。在上级政府的指导下，两集体经济组织根据实际情况，因地制宜地制定股权量化方案，交由上级政府审议，在集体经济组织内部公示，充分走访调研问题成员，了解问题成员的诉求，还要求成员代表深入学习成员身份认定办法，并做到向成员讲解全覆盖，构建了顺畅的信息传递机制。通过上述具体工作，让上级政府的统筹引领作用落到实处，也充分调动了成员代表和成员的积极性，将多元化、冲突性的社会价值建构为多方利益达成共识的公共价值，有力地推动了成员身份认定工作，实现了成员身份认定工作由遭遇“困境”到顺利实现“突围”。

四、突破改革“困境”的实现路径

（一）构建主体：多元化改革主体协同推进

在“困境”阶段，小曲社区和高澳小组一无指导、二无经验，只能本着“摸着石头过河”的原则推进成员身份认定。从小曲社区前两次成员代表大会与高澳小组第一次成员代表大会来看，两产改小组既没有政策支持、也没有通过调研学习经验，还缺乏对成员诉求的了解。因此，在突破改革困境前，两典型案例的成员身份认定主体实际上仅有集体经济组织，上级政府、成员代表、成员并没有发挥推进改革的主观能动性。从成员代表、成员的访谈中都能感受到这种情况。

小曲社区成员代表说：“我以前是一名成员代表，开会所提出的股权量化方案通不过，大家讲着讲着就吵起来了，当时觉得开会这么没有意义，都不打算再去开会了。”

小曲社区成员说：“我们村民当然是关心我们自己的切身利益，村里推进工作遇到困难是他们的事情，与我们无关。”

高澳小组成员代表说：“开始推进身份量化工作时，领导班子根本就不懂怎么搞，上不接天线，下不接地气，这改革怎么成功?”

高澳小组成员说：“我们小组资产较多，真正分红的话我们会分得大量钱，对我们每个家庭来说，我们当然要去争取每家每户的利益，给我们股份少了，当然是得据理力争，哪怕是打官司也得争回来。”

在小曲社区前两次成员代表大会和高澳小组第一次成员代表大会后，小曲社区和高澳小组推进成员身份认定的改革格局发生了明显变化。首先是政府由“关心改革进程”转变为“积极参与改革”。小曲社区改革遇到困境后，积极争取上级政府的支持，为此海盐县成立了深化农村集体产权股份合作制改革工作领导小组，并下设综合协调组和股改深化组具体负责指导小曲社区推进成员身份认定，并组织小曲社区筹备小组外出调研 5 次，要求小曲社区充分走访群众了解情况，并提交股权量化方案给领导小组审议。高澳小组改革遇到困境后，也积极争取上级部门的支持，为此惠阳区制定了加强对全区农村集体产权制度改革试点工作业务指导的“四位一体”工作法，具体解决推进改革村所遇到的问题。就白石村高澳小组特殊成员身份认定频繁发生法律纠纷的问题，秋长街道聘请专业的律师团队，为高澳小组提供全程法律服务。通过这一系列举措，两典型案例的成员身份认定工作由“单兵突进”转换为“协同推进”，取得了较好的成效。表2-3反映了改革陷入“停滞”与迎来“转机”两典型案例改革主体的变化。从成员代表和成员的访谈中也能感受到这种变化。

小曲社区成员代表说：“后来，村里在开会前也变得勤快了，充分到村民家中走访，也会公开向大家伙讲解，让大家明白，制定的办法也更加合理了，这是不小的进步。”

小曲社区成员说：“村里印发的明白纸让我们把这件事看懂了，知道怎么回事了，通过他们的耐心讲解，我们知道了集体资产属于大家，完成了这项改革我们才能真真正正分到钱，吵架是没有用的。”

高澳小组成员代表说：“改革开始时，不少人不顾大局，打官司闹得村里面手足无措，不知怎么是好，我们作为成员代表也没法开会，自己所代表成员的意见也不统一，怎么开会呢？上级部门的指导后，村里的工作方法明显改善了，遇到官司也不会发怵了，更加重视村里人的意见，之后村里人的意见就慢慢统一了，我想这变化还是非常大的。”

高澳小组成员说：“上级部门对我们也很重视，改革前我们是分不到一分钱的，改革后我们是能够分到钱了，而且这个钱可能还不少。如果大家都这么执拗下去，谁也分不到钱了。个人利益的实现也不能只考虑自己，毕竟大家是在一个集体中嘛。”

表2-3　改革陷入“停滞”与迎来“转机”两典型案例改革主体的变化

改革陷入“停滞”的改革主体	改革迎来“转机”的改革主体
重点关注改革进程的政府	积极参与改革全过程的政府
“单兵突进”的集体经济组织	“多主体协同推进”的集体经济组织
“尴尬境地”的成员代表	发挥“代表”作用的成员代表
只关注个人利益的成员	完成改革基础上实现个人利益的成员

（二）构建能力：参与改革主体能力建设

在“困境”阶段，仅有集体经济组织在成员身份认定工作中发挥作用，上级政府、成员代表、成员并没有切实参与其中。具体来讲，集体经济组织对改革工作缺乏经验，仅仅是本着“摸着石头过河”的原则推进改革，遇到了诸多问题；上级政府仅仅规定了成员身份认定工作完成的时间点，但并未提供切实的支持政策；成员代表并未受到集体经济组织关于成员身份认定工作的培训，对成员身份认定工作不甚了解，自然无法发挥讲解政策和表达诉求的作用；成员对成员身份认定相关政策更是不甚了解。从理事会成员和成员代表的访谈中也能感受到这种情况。

小曲社区筹备小组成员表示：“我们社区在一开始的时候探索还是非常艰辛的，我们领导小组也不知道该怎么推进，上级没有支持，下面对政策也不了解，感觉推进改革工作挺孤立无援的。”

高澳小组成员则表示：“高澳小组的情况比较复杂，刚开始推进改革时成员的诉求也多种多样，另外出台的股权量化方案都是我们凭着自己浅薄的经验和理解制定的，改革工作一度陷入困境。”

小曲社区成员代表表示：“刚开始推进改革时，社区里通知我们代表开会投票，我们连做的是啥事都搞不明白，那我们怎么投票?”

高澳小组成员代表则表示：“成员代表就是代表成员的，我们不了解政策我们就无法也不能代表成员。”

在“转机”阶段，集体经济组织积极向上级政府反映困难并寻求上级政府的支持与帮助，为此上级政府积极参与其中，为成员身份认定工作提供制度和人才保障，还要求集体经济组织会前汇报股权量化方案。集体经济组织对成员代表开展广泛的培训，并要求成员代表做到讲解政策全覆盖，并按时反馈成员诉求。从理事会成员和成员代表的访谈中也能感受到这种情况。

小曲社区筹备小组成员表示：“自从上级有了推进工作的方案后，就给我们的工作提供了‘指南针’，再也不会茫然了，上上下下都参与进来了，推进工作的科学性也明显提高了，我们再也不会感到孤立无援了。”

高澳小组成员则表示：“在上级政府的统筹安排下，多个主体都参与到身份认定中来了，这是我们村里所做不到的，另外都参与进来后工作也的确好开展了。”

小曲社区成员代表表示：“社区里对我们的培训是很重要的，让我们明白了政策，我们能够跟成员讲清楚，自然也能够反馈他们的合理诉求。”

高澳小组成员代表则表示：“村里让我们学政策并讲政策，我们发现成员明白了政策后，这项工作的阻力就没那么大了，面貌可以说是焕然一新了。”

（三）构建环境：因地制宜的制度设计

在小曲社区调研的过程中，小曲社区党支部书记与村干部、集体经济组织理事会成员在访谈中均表示，自获得上级政府的帮助后，小曲社区筹备小组推进成员身份认定工作相比之前大有改善，无论是从改革方法、还是从改革目标与阶段来看，均有了显著的提升。其中，上级政府的制度保障和人才支撑发挥了很大的作用。制度保障方面，海盐县委、县政府农村集体产权制度改革“1+X”制度体系，其中，“1”指的是《试验方案》，该《试验方案》对工作进度、流程、方案、政策取向等进行了明确的规定，为小曲社区筹备小组推进成员身份认定提供了参考标准。此外，海盐县还为《试验方案》的顺利实施制定了一系列配套文件，以保障集体经济组织能够依法依规推进改革工作。人才保障方面，海盐县委、县政府还组织16个县级单位成立了深化农村集体产权股份合作制改革工作领导小组，由其下设的股改深化组和综合协调组专门指导成员身份认定工作。其中，股改深化组负责指导解决集体经济组织推进改革遇到的问题与困难，并要求集体经济组织会前充分走访群众、提交股权量化方案，会后提交成员代表大会会议记录、讨论结果、视频录像等文件；综合协调组具体负责联络妇联、民政等部门，协助解决成员身份认定工作过程中出现的各类纠纷。这些举措提高了小曲社区成员身份认定工作的规范性，为小曲社区完成成员身份认定工作打下了坚实的基础（图2-2）。

白石村高澳小组推进成员身份认定工作遭遇困境后，积极筹措上级部门支持，为此惠阳区委、区政府成立了由三级书记统筹、11个县级单位分管的农村集体产权制度改革领导小组，制定包括强化组织领导、落实部门责任、抓好宣传培训、加强督导检查的“四位一体”工作法，将农村集体产权制度改革工作分具体环节落实到各个部门，培养了一支熟悉政策、掌握规程、精通业务的工作队伍，明确对成员身份认定工作的检查督促和业务指导，及时掌握改革过程中的新情况、新问题，为白石村高澳小组推进成员身份认定提供了制度保障。为解决白石村高澳小组推进改革过程中缺乏专业知识等问题，秋长街道出资聘请专业的律师团队，针对性解决高澳小组经常遭受法律纠纷的问题，为高澳小组推进成员身份认定工作提供了

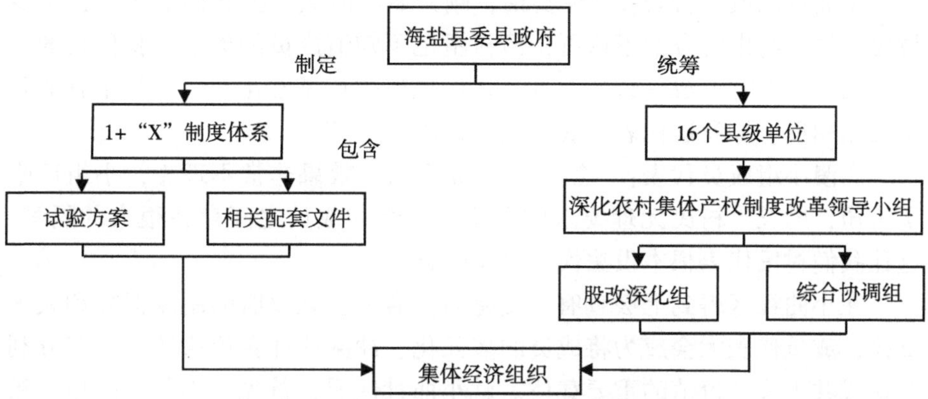

图 2-2 海盐县推进改革的制度设计

人才支撑，有效降低了改革过程中的法律风险（图 2-3）。

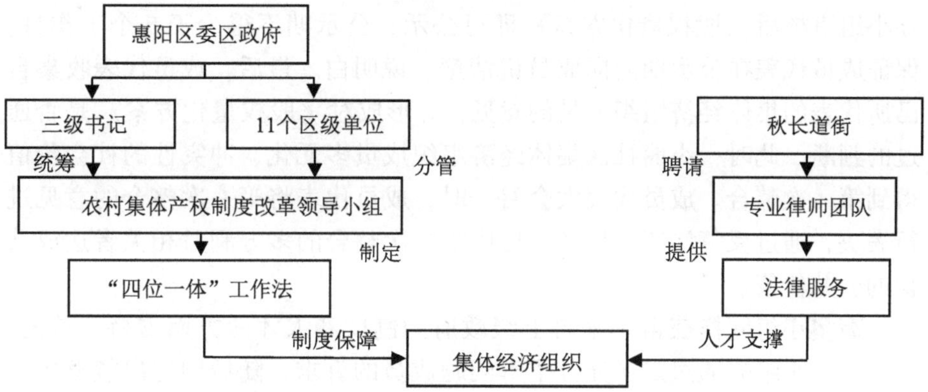

图 2-3 惠州市惠阳区推进改革的制度设计

（四）构建条件：顺畅的信息传递机制

集体经济组织成员代表大会是集体经济组织的最高权力机构（丁关良，2008），是基层民主的重要表现形式。在小曲社区前两次成员代表大会和白石村高澳小组成员代表大会中，成员代表往往处于尴尬的境地，集体经济组织制定的股权量化方案既不满足规范性的要求，也不能得到成员的认可，结果是成员意见差异悬殊，导致成员代表无所适从、代表不了成员的利益。

小曲社区成员代表："说实话，刚开始的时候，据我们的了解，不少村民对村里给出的方案不认可，但村里也不知道成员的诉求。我代表的那些村民，都没有形成一致的意见，村民提出的意见五花八门，甚至有的意见截然相反。那我这代表到底应该怎么代表呢？"

高澳小组成员代表："第一次开完会后，效果非常不理想，小组还吃了官司，助长了村民无理要求的欲望，小组和成员之间存在很大的隔阂。这让我们村民代表根本没法代表村民的意见。"

在小曲社区得到上级政府的支持后，通过上级政府的制度保障和人才支撑，成员代表大会成为将成员的多元化、冲突性社会价值转化为多方利益达成共识公共价值的重要载体。就小曲社区看，首先，小曲社区根据领导小组的要求，宣传成员身份认定工作的具体规定、认定流程，并充分走访集体经济组织成员，充分了解成员的诉求。其次，小曲社区根据本集体经济组织情况，制定《股权量化方案》，并提交领导小组审核。再次，领导小组审核后《股权量化方案》即可公示，公示期不得少于 5 个工作日，保证成员代表在公示期内向成员讲清楚、说明白。最后，成员代表收集自己所代表的集体经济组织成员的意见，并形成对《股权量化方案》是否通过的判断。此时，小曲社区集体经济组织成员多元化、冲突性的社会价值得到第一次整合。成员代表大会召开时，成员代表将第一次整合的意见进行表决，通过反复沟通与协商，形成第二次整合的多方利益相关者达成共识的公共价值。

高澳小组同样获得了来自上级政府的制度和人才两方面支持。首先，高澳产改小组先通过走访充分了解问题成员的诉求，随后制定出能够体现全体成员"最大公约数"的《股权量化方案》。其次，产改小组公示《股权量化方案》至少 3 天，还要求成员代表会前充分了解每位成员的诉求。最后，成员代表根据所代表成员的诉求，形成对《股权量化方案》是否通过的判断。此时，高澳小组集体经济组织成员多元化、冲突性的社会价值得到第一次整合。成员代表大会召开时，成员代表将第一次整合的意见进行表决，通过反复沟通与协商，形成第二次整合的多方利益相关者达成共识的公共价值。

基于公共价值管理范式，小曲社区和高澳小组集体经济组织通过成员代表大会，两次整合成员多元化、冲突性的社会价值，实现社会价值构建过程，形成多方利益相关者达成共识的公共价值，逻辑框架如图 2-4

所示。

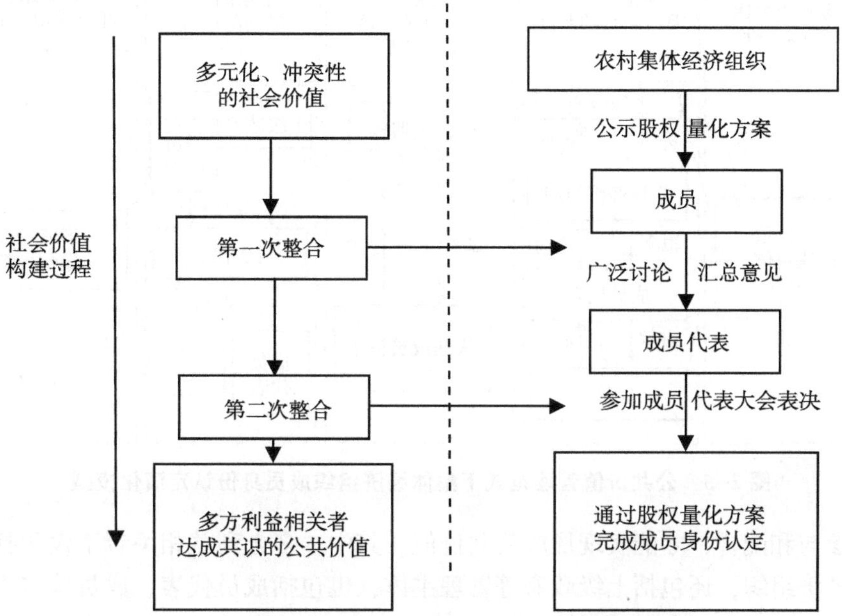

图 2-4　信息传递机制两次整合社会价值逻辑框架

（五）案例研究小结

基于上述分析，从公共价值构建的主体、环境、能力及条件四个维度出发，通过构建多元化的改革参与主体、因地制宜的制度建设与参与主体的能力建设、顺畅的信息传递机制等变革要素的组合和运用，实现了成员身份认定的社会价值构建，形成了多种利益相关者达成共识的公共价值，其演化模型如图 2-5 所示。

五、主要结论与政策建议

（一）主要结论

第一，构建主体：多方参与改革是实现公共价值的重要前提。社会价值的构建仅仅由集体经济组织“单兵突进”是无法实现的，需要多方利益者共

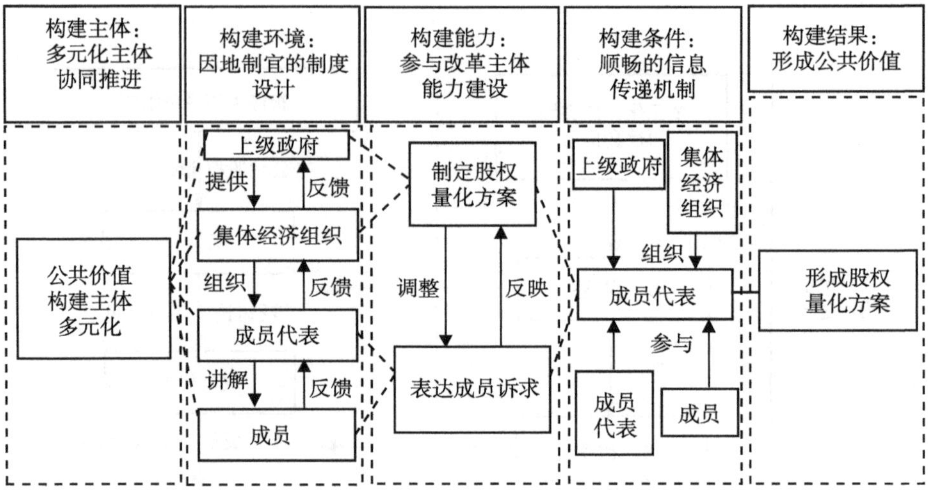

图 2-5　公共价值管理范式下集体经济组织成员身份认定演化模型

同参与和配合，才能实现形成公共价值。其中，多方利益相关者不仅包括集体经济组织，还包括上级政府等管理主体，也包括成员代表、成员等多类基层民众的声音。任何主体的缺失，都无法实现由社会价值向公共价值的构建。从两典型案例推进成员身份认定工作看，在改革陷入“停滞”和迎来“转机”两个阶段，上级政府、集体经济组织、成员代表、成员等多类主体都发挥了较强的作用，实现了改革绩效的提升，如表 2-4 所示。

表 2-4　典型案例多元化改革主体参与、社会价值构建与改革绩效

主体/绩效		陷入“停滞”	迎来“转机”
主体	上级政府	仅关注改革进度	切实参与改革
	集体经济组织	单兵突进	协同推进
	成员代表大会	追逐社会价值	寻求公共价值
	成员代表	无法代表成员利益	充分代表成员利益
	成员	片面追求个人利益	集体利益基础上实现个人利益
改革绩效	任务绩效	股权量化方案认可度低	股权量化方案认可度高
	周边绩效	集体和谐程度较低	集体和谐程度较高
		与成员沟通程度高	与成员沟通程度低
		成员对改革熟悉程度低	成员对改革熟悉程度高

上级政府层面，在陷入“停滞”阶段，上级政府仅仅关注成员身份认定工作完成的进度，并没有为典型案例集体经济组织提供切实的支持。到迎来“转机”阶段，上级政府积极为典型案例提供政策、法律等多方面支持，协助到其他地方学习典型经验，秋长街道还为高澳小组提供法律服务。综上所述，上级政府的政策支持对推进改革至关重要，有助于完善体制机制建设，提升改革绩效。

集体经济组织层面，在陷入“停滞”阶段，集体经济组织往往处于“单兵突进”的尴尬境地，上没有政策支持，下没有对成员诉求的认知，左没有经验可供学习借鉴，右没有指导方案可供遵循，两典型案例集体经济组织召开多次成员代表大会，但都无疾而终。在迎来“转机”阶段后，集体经济组织得到了上级政府在法律、制度、组织等方面的大力支持，并明确要充分走访群众、了解成员诉求等要求，提高了成员对成员身份认定工作的了解程度，也提升了组织与成员的互动，提升了改革绩效。

成员代表大会层面，在陷入“停滞”阶段，成员代表大会往往起不到合意的效果，成员代表不清楚政策，也无法代表成员的共同诉求。到迎来“转机”阶段，集体经济组织通过广泛走访群众，并要求成员代表讲解成员身份认定工作达到全覆盖，使成员了解政策，再由成员代表汇集成员诉求，大大降低了成员代表大会中出现的问题和分歧，提升了股权量化方法的认可度，提升了改革绩效。

成员代表层面，在陷入“停滞”阶段，成员代表处于两难的尴尬境地，一方面成员不了解政策，诉求多种多样；另一方面集体经济组织制定的成员量化方案没有充分考虑成员的诉求，难以达成一致的意见。到迎来“转机”阶段，成员代表能够充分发挥“承上启下”的职能，一方面通过集体经济组织和成员代表广泛讲解政策，增加了成员对政策的了解，其诉求也实现了一定的一致性；另一方面集体经济组织通过充分走访群众了解诉求，制定的成员量化方案更加符合成员的预期，因此提升了股权量化方案认可度，也增加了组织与成员间的互动，提升了改革绩效。

成员层面，在陷入“停滞”阶段，成员不了解政策，只关注自身的利益，并不关心改革是否能够完成，为成员身份认定工作增添了较大难度。到迎来“转机”阶段，通过集体经济组织和成员代表的充分讲解和沟通，成员普遍认为只有在改革完成的基础上，才能得到集体经济分红，即在实现集体利益的基础上，才能实现个人利益，因此股权量化方案认可度提高，改革绩效提升。

第二，构建能力：参与主体能力建设是构建公共价值的必要保证。提升改革绩效需要建立政府与公民等利益相关者的合作伙伴关系（Yang，1993），但仍需要具备能力的主体作为前提条件（单菲菲 等，2018）。课题组在小曲社区和高澳小组调研过程中发现，具备改革能力的上级政府、集体经济组织与懂政策、明条款的成员代表和成员是改革推进的重要条件。在改革陷入“停滞”阶段，上级政府承担改革试验任务，并不清楚改革的具体情况，也只能是摸着石头过河，并没有建立推进改革的体制机制。两个典型案例的集体经济组织既没有上级指导，也没有改革经验，缺乏对改革政策的理解，导致成员身份认定工作难以为继。成员代表不熟悉政策，无法解答成员对成员身份认定的疑惑，自然改革中分歧较多。成员并不熟悉成员身份认定工作，仅追逐个人利益，使得改革工作一度陷入“停滞”。迎来“转机”后，上级政府通过充分调研与学习政策，掌握了推进改革的要领与经验，并建立起推进改革的体制机制。集体经济组织通过调研学习与走访群众，明确了推进成员身份认定的步骤和程序。成员代表通过集体经济组织指导，熟知了改革政策，便于向集体经济组织成员宣传，也解答了成员对改革的疑惑。通过广泛宣传和交流，成员熟悉了改革政策，在集体利益的基础上实现个人利益的观念深入人心。

第三，构建环境：因地制宜的制度设计是构建公共价值的制度保障。适宜的制度体系对参与主体的能力建设发挥了至关重要的作用。从两个典型案例看，在改革陷入“停滞”阶段，集体经济组织往往缺乏政策支持，没有制度保障，改革工作一度陷入困境。迎来“转机”后，海盐县成立了改革领导小组，由股改深化组和综合协调组专门负责指导改革工作，还出台了《试验方案》，为改革提供详细的规范和标准。为保障集体经济组织制定的股权量化方案具备可操作性，改革领导小组还要求集体经济组织提交股权量化方案，由改革领导小组审议，通过后方可向成员公示。惠州市惠阳区成立改革领导小组，并制定“四位一体”工作法，具体指导高澳小组等改革主体推进成员身份认定工作。此外，秋长街道还为高澳小组提供法律服务。综合以上两个典型案例看，适宜的制度体系是将多元化、冲突性的社会价值转变为多方利益相关者达成共识的公共价值的必要保证。

第四，构建条件：顺畅的信息传递机制是构建公共价值的重要基础。基层民众的参与对社会价值的构建、政府绩效的生成至关重要（吴建南等，2007；徐双敏，2007）。在以公共价值为基础的改革绩效治理模型（PV-GPG 模型）中，社会价值与改革绩效的价值构建是一个政府与公民、社会协商对话的过程（包国宪 等，2012）。就两个典型案例看，改革陷入“停滞”时，集体经济组织与上级政府、成员代表及成员并未建立有效的对话协调机制，导致上级政府没有指导、成员代表不懂政策、成员不清楚改革，多方主体未建立有效的信息传递机制，社会价值无法构建，改革绩效较差。改革迎来“转机”后，海盐县与惠州市惠阳区成立改革小组具体指导小曲社区改革工作，两个典型案例集体经济组织还充分走访问题群众，了解群众的意愿，提前公示股权量化方案，要求成员代表向成员讲解改革政策达到全覆盖，建立了顺畅的信息传递机制。因此，多元化主体之间顺畅的信息传递机制是社会价值构建的重要内容。

（二）政策建议

上述结论表明，集体经济组织完成成员身份认定工作需要充分协调多元改革主体的作用，并通过建立改革体制机制、提升改革主体能力、因地制宜的制度设计、顺畅的信息传递机制等举措，将多元化、冲突性的社会价值转变为多种利益相关者达成共识的社会价值，实现社会价值构建，提升改革绩效。本书研究结论对推动成员身份认定有以下几点政策建议。

第一，构建多主体协同推进改革的体制机制。事实证明，农村改革仅靠村两委与集体经济组织是远远不够的，需统筹多方力量协同推进。首先，应加强顶层设计与基层实践的有机衔接。构建政府、集体经济组织、成员代表、成员统筹推进的改革机制，加强政策的连贯性和协调性，不断将改革推进深入。其次，政府应发挥统筹引领作用，科学制定工作方案与推进流程，为完成改革工作保驾护航。再次，集体经济组织应充分尊重广大成员的意见与诉求，科学合理、因地制宜地制定差异化的股权量化方案。最后，应加强对成员的培训力度，引导成员在清楚政策的基础上合理表达诉求，减少改革进程中的不稳定因素。

第二，推进改革主体能力建设。实践发现，改革主体能力建设是有效推进改革、打通改革阻点的必要保证。目前我国基层组织的能力往往偏弱，尽管通过驻村干部、下派第一书记等方式为基层提供人才支撑，但人才瓶颈问题依然突出，因此以人才建设推动改革至关重要。一是强化政策宣传引导。加大对农村集体经济组织的宣传力度，使农民充分了解集体产权制度改革的目的、意义、要求及程序，深刻认识到“早改革早受益、早改革早主动”，营造良好的改革氛围，确保改革质量。二是推进改革人才建设。成立专项改革工作领导小组，为集体经济组织提供专业的指导与咨询，降低改革工作的合法性风险。三是建立和健全工作激励机制。通过多方评估、绩效评价、座谈交流等途径激发出农村改革的强大动力，有效保障改革试验任务顺利推进。四是进一步加强部门间联动。鼓励地方政府从税费、土地、人才等多方面对集体产权制度改革予以协助，平衡各部门的利益，形成政府带动、多方支持的改革局面，保障改革持续推进。五是建立典型改革经验交流机制。通过定期召开座谈会、开展调研等多种方式，支持集体经济组织相互学习成功的改革经验。

第三，因地制宜地开展制度设计。我国农村人员的构成千差万别，制定统一的成员身份认定标准容易引发矛盾，影响农村社会稳定。因此，在制度设计上应重视集体经济组织在成员身份认定中发挥的作用，激发改革内生动力。一方面，制度设计应“灵活有度”。鉴于基层千差万别的现实状况，上级政府应本着因地制宜的原则开展制度设计，并赋予集体经济组织一定的调整权，以增强制度的灵活性和适应性，以诱致性和强制性制度变迁相结合的方式提升改革绩效。另一方面，鼓励集体经济组织进一步完善制度设计。充分发挥各类基层自治组织的作用，在发挥民主的基础上，广泛听取成员诉求与意见，力求找到集体经济组织成员诉求的“最大公约数”。

第四，建立顺畅的信息传递机制。发扬民主是基层改革的重要内容之一，因此基层改革应是诱致性制度变迁和强制性制度变迁相结合的改革，建立顺畅的信息传递机制至关重要。首先，上级政府应构建顺畅的信息传递机制。充分保障每一位成员都能清楚地了解政策，也能够保障成员的诉求能够反馈到上级政府与集体经济组织手中。其次，集体经济组织应将政策落实到位。充分发挥成员代表大会、成员代表等的作用，做到政策知晓程度全面覆盖、成员合理诉求及时解决，做好信息传递机制的“枢纽”。再次，成员代表应积极发挥自身职能。充当联结集体经济组织与成员的“桥梁”，积极向成员宣传政策，反馈成员诉求，让成员懂政策并合理表达诉求。最后，成员应积极发挥集体经济资产“当家人”的职能，在合法、合规的范围内表达诉求，充分保障成员的合法权益。

第三章　制度竞争理论视域下推进农村集体产权制度改革的机理研究

一、问题的提出

农村集体产权制度改革是20世纪80年代初期推行家庭联产承包责任制以来对农村集体产权进行的第二次改革（孔祥智，2020），对全面建成小康社会和乡村振兴有积极而深远的影响（夏英 等，2020）。2016年12月，中共中央、国务院发布的《关于稳步推进农村集体产权制度改革的意见》（以下简称《意见》）中明确指出，力争用五年的时间基本完成农村集体经营性资产股份合作制改革。《意见》还指出以“着力推进经营性资产确权到户和股份合作制改革”为改革目标。其中，确认集体组织成员身份、解决成员边界不清的问题是这次农村集体产权制度改革的重要任务之一（孔祥智 等，2020），而成员界定和股权分配是农村集体产权制度改革的难点和重点（闵师 等，2019）。农村集体产权制度改革的制度创新本质是股份合作制，其逻辑起点是集体成员权（夏英 等，2020）。乡镇、村和组三级体制沿袭了人民公社时期的核算体制（黄延信 等，2014），集体资产虽归全体成员所有，但并没有对集体资产进行实质上的划分和界定，因此集体资产实质上属于“产权虚置”的状态，容易导致集体资产流失等问题（王敬尧 等，2012）。因此，成员身份认定工作作为农村集体产权制度改革的“重头戏”，对于盘活集体资产、发展壮大集体经济、保障农民财产权利具有极其重要的意义。

部分学者指出成员身份认定中存在着较多问题和挑战（方志权，2014；黄延信 等，2014）。方志权（2014）认为，农村集体产权制度改革仍存在农村集体经济组织成员资格认定和股权份额设置存在分歧等八方面的问题；黄延信 等（2014）认为产权改革在集体资产量化、成员身份认定、股权设置与管理等方面仍存在需要认识和辨析的问题。但上述文献并没有对该问题提出具有实践性的解决方案。而从法律实践来看，部分学者就成员身份认定的法律释义与案例展开研究（宋洪远 等，2015）。2003 年实施的《中华人民共和国农村土地承包法》首次提出了农村集体经济组织成员的权利。2007 年《中华人民共和国物权法》第五十条规定："农民集体所有的不动产和动产，属于本集体成员集体所有。"但农村集体经济组织的成员如何界定，法律并没有明确的说法（宋洪远 等，2015）。ALPHA 法律智能操作系统以"侵害集体经济组织成员权益纠纷"为案由、"成员资格"为关键词进行搜索，案件数量分别为 2015 年5 827件、2016 年7 016 件、2017 年9 012件、2018 年9 208件、2019 年"破万"达到10 443件，总体呈增长趋势，形势不容乐观。由上述文献可知，法律对集体经济组织成员界定不明晰，一定程度上导致集体经济组织成员权益的法律纠纷频现。此外，仍有学者就特殊成员的身份认定展开研究（马翠萍 等，2019）。马翠萍等（2019）以全国首批 29 个农村集体产权股份权能改革试点为研究对象，指出特殊群体的成员身份认定主要采用户籍识别、生产生活关系识别及生存保障识别三种类型。进一步，研究者对嫁娶、入赘、离婚、丧偶、外出学习、服兵役、外出经商或务工、新生人口、空挂户、服刑人员等特殊成员身份认定工作展开讨论并提出相应的建议。尽管已有研究详细分析了成员身份认定的问题与挑战、典型经验、法律实践、特殊成员认定等问题，但并没有详细刻画农村集体经济组织的成员身份认定是如何实现的，其背后的逻辑又是怎样的，也鲜有学者从制度视角出发研究农村集体产权制度改革中特殊成员身份认定的机理，应用诱致性和强制性制度变迁的分析框架展开研究更是凤毛麟角。

农村集体产权制度改革以"自上而下、先行试点、由点及面、扩面提效"的试点方法，其制度供给是中央与地方之间实现制度供给弹性互补等（夏英 等，2020），体现了本轮农村集体产权制度改革是一项诱致性制度变迁和强制性制度变迁相结合的制度。新中国成立 70 年来的实践说明，地方政府的诱致性制度变迁能够使国家政策得以调整，进行了强制性和诱致性制度变迁的互补，实施渐进且广泛的改革，具有较强的制度适应性（丰雷 等，2019）。因此，从制度视角看，农村集体产权制度改革是一项诱致性和强制性制度变迁相结合推进的改革，具有较强的制度适用性，这种特性在成员身份认定中尤为明显。就目前的情况来看，2020 年 5 月发布的《国务院关于农村集体产权制度改革情况的报告》指出，目前全国已有超过 36 万个村完成改革，共确认集体经济组织成员 6 亿多人，但根据《城乡建设统计年鉴》的数据看，2018 年全国共有 52.68 万个行政村，这说明仍有较大部分村没有完成成员身份认定工作，集体经济组织成员身份认定仍有待进一步破题。因此，笔者提出问题：集体产权制度改革中成员身份认定究竟是如何实现的？其背后的逻辑又是什么？基于此，本研究从案例研究的视角出发，以浙江省海盐县武原镇小曲社区与广东省惠州市惠城区白石村高澳小组为典型案例，探究农村集体经济组织如何实现成员身份认定，并基于新制度经济学的制度变迁理论，解释其实现成员身份认定的演化过程。

二、研究设计

（一）理论框架

新制度经济学认为，制度是影响经济效率的重要因素，而制度变迁是制度的替代、转换与交易的过程，不再适应新情况的旧的正式制度往往被新的正式制度所否定和取代。就制度变迁的分类看，Lin（2005）将制度变迁划分为诱致性制度变迁和强制性制度变迁两种类型，其中，强制性制度变迁是由国家政策和法令引起的制度变革，诱致性制度变迁（North，1981，1990）是人们在追求由制度不均衡引致的获利机会所进行的自发性制度变迁。包括家庭联产承包责任制在内的一系列成功的农村改革普遍被认为是诱致性制度变迁和强制性制度变迁相结合的成果（张培刚，2009），实现了制度供给和制度需求的有效衔接，因此强制性和诱致性制度变迁的结合是一项改革得以顺利实现的必要保证（丰雷 等，2019）。本研究以强制性制度变迁和诱致性制度变迁为基本分析框架，中央与地方政府在制度变迁方面所做的各种努力，都是政府供给型强制性制度变迁（杨瑞龙，1998），因此本研究认为来自上级政府的政策任务属于强制性制度变迁的范畴。村集体经济组织制定股权量化方案供成员代表大会表决、集体经济组织成员代表在成员代表大会上对股权量化方案进行表决，均属于诱致性制度变迁的范畴。本研究以集体经济组织成员身份认定过程中组织与成员进行制度竞争为主，属于诱致性制度变迁的范畴。

首先是制度竞争。研究表明，制度存在着严格的供给与需求双方，制度供给与需求的匹配过程即为制度竞争，制度竞争的结果是制度均衡，因此制度的稳定与变迁或创新可以纳入均衡分析框架中。将制度纳入均衡分析框架中，供求双方则就不同的制度安排展开竞争，最终达到制度的均衡。就本研究的集体经济组织成员身份认定案例看，股权量化方案作为一种制度安排，它的供给者是集体经济组织，需求者是集体经济组织成员。不同的股权量化方案本质上是制度之间竞争的过程。因此，本研究将诱致性制度变迁纳入均衡分析框架中，集体经济组织与成员分别作为制度的供给者与需求者，就不同的制度安排展开竞争。基于此，本研究将制度竞争体现为制度供给与需求的匹配程度，重点关注是否不同主体协商的参与和顺畅程度。

其次是制度引进与自主创新。制度引进是制度创新的一种有效形式，但制度引进通常存在着水土不服的问题，因此需要对制度进行本土化的自主创新。根据产权制度的特殊性，因地制宜地对制度进行引进、消化、吸收和本土化的自主创新，完成制度变迁，最终达到新的制度均衡。基于此，本研究将制度创新定义为对引进制度的本土化创新程度，重点关注集体经济组织在制定股权量化方案时因地制宜地设计成员身份认定办法的程度。

最后是改革绩效。《意见》明确指出，尊重农民群众意愿是基本原则之一，要发挥农民主体作用，支持农民创新创造，把选择权交给农民。因此，股权量化方案的认可度是成员身份认定改革能否结束的最关键要素，本研究将改革绩效定义为股权量化方案认可度。

根据上述分析，本研究构建了从旧的制度均衡到新的制度均衡的理论分析框架，先是上级政府推行农村集体产权制度改革，属于强制性制度变迁。而集体经济组织与成员则是开展制度竞争的双方，进行诱致性制度变迁。在诱致性制度变迁的过程中，首先是制度引进，集体经济组织通过广泛的调研与学习，制定集体经济组织股权量化方案；其次是制度竞争，成员与集体经济组织就股权量化方案展开竞争；再次是制度创新，通过多次沟通与协调，提高股权量化方案本土化创新程度，提高成员对方案的认可度；最后是制度完善，为尽可能满足多数集体经济组织成员的认可，集体经济组织还可以通过“查缺补漏”的方式，对极少数特殊群体的股份量化展开讨论，并相应地制定成员量化方案，尽可能提升改革绩效，完成成员身份认定工作（图 3-1）。

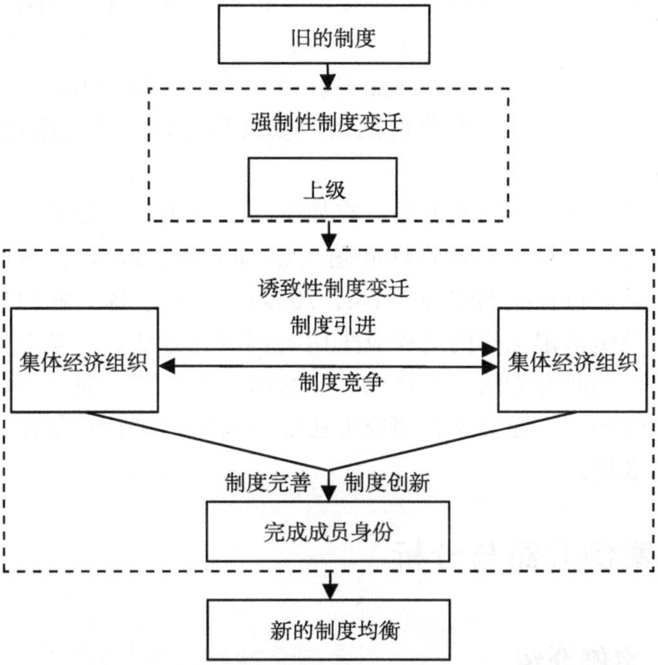

图 3-1　农村集体经济组织成员身份认定的分析框架

（二）资料来源

课题组于 2018 年 8 月与 2019 年 12 月赴浙江省海盐县武原镇小曲社区、广东省惠州市惠阳区秋长街道白石村高澳小组开展调研。选取上述两个案例的原因详见第二章。

遵循三角测量法的基本原则，课题组通过多种渠道获取资料，以保证资料与数据准确可靠。本研究选取的案例资料主要来自三个方面。一是半结构化访谈。课题组逐一访谈了村委会成员、集体经济组织理事会成员、村民小组组长以及普通成员，重点对每位身份认定存在争议的成员开展了长达 2~3 小时的访谈。根据研究需要，访谈地点设在封闭会议室中，有助于被访谈者畅所欲言。每位被采访者访谈时间约为 2 小时，访谈内容均于结束后转录成文字，每位被采访者文字记录从5 000字到10 000字不等。二是实地考察，课题组在调研期间深入走访了小曲社区、白石村及各村民小组，为本研究增强了理性认识。三是文献资料收集。一方面是当地农业农村部门对农村集体产权制度改革的总结材料，这些素材清晰展示了省、市、县、乡镇（街道）、行政村、村民小组对成员身份认定工作的制度建设、改革情况、所遇问题及创新点等。另一方面是新闻报道，课题组统一对百度、微信公众号等与两典型案例产权改革工作的相关报道进行整理，为本研究提供了辅助信息。

本研究采用多案例研究方法，有如下三点理由。一是案例研究方法适合应用典型案例分析回答探索性问题（Eisenhardt，1989），适用于研究无法对相关因素进行控制的事件（Yin，2009），因此，探究农村集体产权制度改革成员身份认定工作的过程应采用案例研究方法。二是案例研究方法是一种经验性的研究方法，能够很好地解释“怎么样”和“为什么”的问题（Yin，2009）。三是多案例研究方法能够对命题进行反复论证，增强案例研究的有效性。

三、案例介绍与分析

（一）案例介绍

案例的选择需遵循复制法则，可分为逐项复制和差别复制（Yan et al.，1994）。就典型案例看，两案例都顺利实现成员身份认定，且演化路径存在一定的相似性，因此本研究选取的两家典型案例采用逐项复制的方法。

小曲社区和高澳小组基本情况介绍详见第二章。

（二）案例分析

为了清晰地梳理农村集体经济组织成员身份认定工作的演化机制，笔者根据分析框架将两典型案例的成员身份认定历程划分为制度引进、制度竞争、制度创新、制度完善四个阶段。

1. 制度引进：集体经济组织“单线运行”

就小曲社区看，武原镇小曲股份经济合作社在完成清产核资后，为进一步明晰资产产权，于2010年4月15日开展集体资产股份合作制改革，并成立专门小曲股份合作社改革筹备小组（以下简称“筹备小组”）。小曲社区是武原镇第三个实施村级资产股份制改革的基层经济组织，村集体经济资产较多，成员身份种类较复杂，身份认定工作存在着诸多困难。为顺利推进成员身份认定工作，小曲社区在海盐县其他开展工作较为成功的社区调研学习，广泛学习其他集体经济组织制定股权量化方案的经验。经过集体经济组织理事会充分讨论后，小曲社区筹备小组印发了《致全体村民的一封信》，按照“摸着石头过河”的原则，制定了《经营性资产股权量化方案》，并于2010年4月15日召开成员代表大会讨论方案，股权量化方案未能通过，会上不同成员的利益诉求不尽相同。筹备小组根据成员代表大会中较有争议的股权量化办法进行调整，并于2010年4月19日召开第二次讨论会，并将因离婚户在人不在者、有争议的婚嫁配偶与子女问题、已出嫁但户口迁回者、顶替回迁者及配偶子女四类涉及多数家庭利益的特殊人群股权分配方法由“0股”变更为“待定”，但会上成员仍就该问题争执不下，其他原有的争议问题也并未得到解决。因此，小曲社区在制度引进阶段集体与成员协商顺畅程度低，成员参与程度较低，制度创新程度低，改革绩效低。

白石村高澳小组于2017年被确认为高澳村民小组作为秋长街道农村集体产权制度改革试点单位。高澳小组未开展过相关改革工作，且村集体经济组织资产较多，成员身份认定工作推进难度大。为顺利推进改革工作，高澳小组在惠阳区政府的组织下，多次到四会市、怀集县等开展成员身份认定工作较为成功的社区调研，充分学习其他集体经济组织的改革经验。高澳小组在充分学习调研的基础上，制定了《高澳小组股权量化方案》，并于2018年4月12日召开第一次成员代表大会。在会上，成员代表就户口随迁的配偶、农转非户口迁入者等特殊成员的股权量化问题存在较大争议。因此，高澳小组在制度引进阶段集体与成员协商顺畅程度低，成员参与程度低，制度创新程度低，改革绩效低。

综合来看，两典型案例在开展成员身份认定工作前期，集体经济组织仅根据调研经验制定股权量化方案，几乎完全引进其他集体经济组织的股权量化方案，属于典型的制度引进。此外，集体经济组织处于单线运行的状态，上没有上级政府的支持，下没有成员代表大会统筹作用，进而使得成员身份认定工作一度陷入停滞。究其原因主要体现在以下几个方面。一是集体经济组织之间差异较大，特殊成员的类型与诉求等均各不相同，引进其他集体经济组织的股权量化方案难免会引起水土不服的问题。二是尽管典型案例在上级政府的支持下，广泛开展调研学习先进改革经验，但在成员身份认定工作中并没有得到上级政府的政策支持和保障，难以解决成员身份认定工作中出现的诸多问题。三是两典型案例并没有充分使成员了解成员身份认定工作，成员代表在会上代表成员行使表决权的体制机制未能建立。四是两典型案例缺乏经验，对如何推进成员身份认定工作未能形成清晰的把握。这些因素导致成员身份认定工作一度难以推进。

总之，在制度引进阶段，首先成员身份认定工作仅由集体经济组织“单线运行”，上级政府、成员代表与成员并未充分参与到改革进程中，不同主体参与程度较低，成员身份认定协调机制尚未建立，不同主体协商的顺畅程度较低，参与程度也较低。其次，两典型案例集体经济组织仅仅引入其他开展改革集体经济组织的典型做法，但并没有在制定成员量化方案前考虑成员的意愿与诉求，并未进行本土化创新，因此对引进制度的本土化创新程度较低。最后，两典型案例召开成员代表大会时，大多数成员代表就股权量化方案存在较大争议，因此股权量化方案认可度较低，如表3-1所示。

表3-1　制度引进阶段改革绩效情况

案例	协商顺畅程度	参与程度	制度创新程度	改革绩效
小曲社区	低	低	低	低
高澳小组	低	低	低	低

2. 制度竞争：集体经济组织+成员“无效沟通”

小曲社区筹备小组痛定思痛，向海盐县相关部门与武原镇政府反映情况，并充分总结前两次成员代表大会中遇到的困难与问题。为顺利推进社区成员身份认定工作，筹备小组在充分讨论的基础上，调整股权分配方案，决定优先解决没有争议特殊成员的股权量化办法，为此筹备小组召开第三次讨论会，有效解决离退休人员、公务员、挂靠户口、大学毕业生、服兵役及服刑者等特殊成员的股权量化办法，对成员来讲潜在成本大于潜在收益，股权量化方案通过率得到提升，尽管股份分配方案未能通过，但推进了成员身份认定工作，筹备小组也找到了工作思路。小曲社区在制度竞争阶段集体与成员协商顺畅程度较低，成员参与程度低，制度创新程度较低，改革绩效较低。

由于对特殊人群状况不甚了解、缺乏法律知识等原因，高澳小组在探索阶段产权改革无法顺利完成。另外，成员就股份分配方案将高澳小组告上法庭，产改工作一度陷入困境。为解决该问题，秋长街道为白石村聘请专业律师团队提供法律服务，高澳小组也在充分调研学习的基础上，摸索出一条推进成员身份认定的道路。高澳小组调整股权量化方案，于4月25日召开第二次讨论会，本次讨论会优先就没有争议的空挂户、农转非户口迁入者、集体经济组织有分红者、非合法夫妻所生子女四类特殊成员的成员身份认定办法加以明确，股权量化方案通过率得到提升。高澳小组在制度竞争阶段集体与成员协商顺畅程度较低，成员参与程度低，制度创新程度较低，改革绩效较低。

从典型案例看，尽管无争议的特殊成员类型不尽相同，但集体经济组织成员对该类特殊成员股权分配方案的观点一致，且较为明确，因此两案例均优先解决没有争议的特殊成员的身份认定。两典型案例对集体经济组织内部的情况进行具体分析，提高了集体与成员之间的协商程度，对成员身份认定方案进行了一定的创新，但该阶段仅仅就少数无争议的群体展开认定，并不涉及大多数成员，因此成员参与程度低。另外，该制度并没有进行根本性的创新，因此制度本土化创新程度较低。综上所述，在制度竞争阶段，两集体经济组织改革绩效较低，如表3-2所示。

表3-2　制度竞争阶段改革绩效情况

案例	协商顺畅程度	参与程度	制度本土化创新程度	改革绩效
小曲社区	较低	低	较低	较低
高澳小组	较低	低	较低	较低

3. 制度创新：集体经济组织+成员“通力配合”

筹备小组了解到小曲社区因离婚户在人不在者、有争议的婚嫁配偶与子女问题、已出嫁户口迁回三类特殊人群属于涉及村中人口数与家庭数较多的特殊成员，占全村人口数、家庭数比重较高，讨论会上也为大部分参会成员所关注。为规避涉及三类人群的利益而影响无争议特殊人群成员身份的认定，筹备小组在会前就三类人群成员股权量化方案进行多次走访，充分听取成员的意见，并对成员身份认定工作进行宣传，以便于开展无争议特殊人群身份认定工作。为进一步推进成员身份认定工作，筹备小组于6月12日召开第四次讨论会，调整股权量化方案，将股权量化方案细化为因离婚户在人不在者、有争议的婚嫁配偶与子女问题、已出嫁户口迁回分别占0.2股、0.5股及0.2股，三类涉及利益群体较多的特殊人群成员身份认定方案尽管仍然存在着部分争议，但被大多数参会成员接受，通过率进一步提高。因此，小曲社区在制度创新阶段集体与成员协商顺畅程度较高，成员参与程度较高，制度创新程度高，改革绩效较高。

高澳小组完成无争议特殊成员的股权量化方案后，鉴于户籍未能迁出的外嫁女、户口随迁的配偶两类特殊成员涉及人口数、家庭数较多，因此涉及利益群体较为广泛。通过深入走访了解情况，产改小组于5月28日和6月12日两次调整股权量化方案，将户籍未迁出的外嫁女、户口随迁配偶两类特殊成员的股权量化方案两次进行调整。最终，高澳小组完成占人口与家庭绝大多数的特殊人群成员股权量化办法，股权量化方案通过率大大提高。因此，高澳小组在制度创新阶段集体与成员协商顺畅程度较高，成员参与程度较高，制度创新程度高，改革绩效较高。

由于涉及人口与群体较多的特殊成员往往话语权更重，妥善解决好特殊人群的成员身份认定问题，能够有效提高股权量化方案的支持率。在这个过程中，两典型案例的产权改革小组均在充分了解成员意愿的基础上制定股权量化方案，尽可能调动大多数成员参与到成员身份认定中来，且取得多数成员认可，因此协商顺畅程度和主体参与程度均较高。从两案例的实际情况看，通过根据集体经济组织成员的情况调整成员认定方案，解决涉及利益群体多的特殊成员认定问题，较大地提升股权量化方案的支持率，高澳小组相比小曲社区对该部分特殊成员股权量化进行进一步细化，其效果更加明显，因此两集体经济组织制度本土化创新程度高。综上所述，两集体经济组织改革绩效较高，如表3-3所示。

表3-3　制度创新阶段改革绩效情况

案例	协商顺畅程度	参与程度	制度创新程度	改革绩效
小曲社区	较高	较高	高	较高
高澳小组	较高	较高	高	较高

4. 制度完善：集体经济组织+成员“查缺补漏”

尽管两案例通过无争议的特殊成员认定与涉及多数利益群体的特殊成员认定两方面工作均取得了较好的成效，但仍然没有达到通过股权分配方案的要求。因此，两案例合作社仍然存在股权争议，需进一步商讨对特殊成员的股权分配方法进行细化，以尽可能提高支持率，完成成员身份认定工作。

为进一步提高成员的认可率，小曲社区于 2010 年 7 月 5 日召开第五次讨论会，对户口迁移大学生、蓝色户口、农转非迁入、顶替回迁者及配偶子女、离婚后再婚迁入者五类股权量化方案有争议的特殊群体开展界定。筹备小组在充分考虑特殊成员普遍利益的基础上，重新就未完成股份分配的特殊人群进行股权界定，并于 2010 年 7 月 12 日召开第六次讨论会，将户口迁回大学生、顶替回迁者及其配偶子女、离婚后再婚迁入者三类人群的股权界定办法分别调整为每位成员 0.8 股，本人 0.6 股、配偶 0.3 股，二轮承包前迁入的成员分配 1 股、二轮承包后迁入的成员分配 0.2 股。其中，顶替回迁者及配偶子女、离婚后再婚迁入者的股权分配方案得以通过；但与会成员认为户口迁移的大学生类型较多，间接迁回的大学生享受股份应少于直接迁回大学生，股权量化办法未能通过。为解决第六次讨论会上关于大学生股权量化方案存在分歧的问题，筹备小组进一步调整股权量化方案，并召开第七次讨论会，将户口迁回大学股权量化方案调整为直接迁回者 1 股、间接迁回者本人 0.8 股且其配偶和子女每人 0.3 股，最终小曲社区完成成员身份认定。

高澳小组于 2018 年 7 月 30 日召开第五次讨论会，对股权分配方案存在争议的“户在人不在者”与“户口迁回本村的村民”两类特殊人群进行调整，分别调整为 1992 年前出生或嫁入分配 1 股、1992 年后出生或嫁入分配 0.5 股，每位成员分配 0.8 股。经过第五次讨论会的充分研讨，两类特殊群体的股权量化方案均未通过。其中，成员普遍认为“户在人不在”的特殊成员中 2010 年后出生的成员对村集体经济组织贡献较少，不应分配股权；还认为户口迁回本村的特殊成员所有成员分配 0.8 股有失妥当，应该加以细化。在充分考虑第五次讨论会特殊成员意见与沟通交流的基础上，产改小组调整股权量化方案，于 2018 年 10 月 10 日召开第六次讨论会，将两类特殊人群的认定办法调整为 1992 年前出生或嫁入分配 1 股、1992—2010 年出生或嫁入分配

0.5股、2010年后出生或嫁入分配0股，1992年前迁回者分配1股、1992年后迁回者分配0.5股。最终，经过第六次讨论会的充分探讨，“户在人不在”的特殊成员身份认定办法得以通过；但“户口迁回本村”特殊成员的股权量化方案仍存在争议，多数成员认为2010年后迁回的成员对村集体经济组织的贡献较少，不应分配股权，因此未能通过。为此，在充分了解成员意见的基础上，产改小组召开第七次讨论会调整“户口迁回本村”特殊成员的认定办法，将股权量化方案调整为1992年前迁入者分配1股、1992—2010年后迁入者分配0.5股、2010年后迁入者不分配，并于2018年10月24日召开第七次讨论会，最终绝大部分成员通过，最终完成成员身份认定。

制度完善阶段中，两案例集体经济组织中，成员对股权分配方案中少数特殊成员认定办法仍然存在着争议，需加以细化。集体经济组织广泛地收集成员的意见，并召开座谈会，因此协商顺畅程度和主体参与程度高。另外，产权改革小组按照尊重历史贡献的原则，对不同类型特殊成员的股权认定办法加以细化，最终完成成员身份认定，因此制度本土化创新程度高。综上所述，两集体经济组织在制度完善方面解决改革绩效较高，如表3-4所示。

表3-4　制度完善阶段改革绩效情况

案例	协商顺畅程度	参与程度	制度本土化创新程度	改革绩效
小曲社区	高	高	高	高
高澳小组	高	高	高	高

5. 小　结

综上所述，两典型案例在充分尊重集体经济组织成员意见的基础上，经过充分调研与沟通，反复调整完善股权分配方案，经过制度引进、制度竞争、制度创新、制度完善四个阶段，最终由成员代表大会民主表决通过。实际上，成员身份认定是一项诱致性制度变迁的改革。股权分配方案需经过成员代表大会讨论、集体与成员多次沟通协调，属于诱致性制度变迁的范畴（图3-2）。

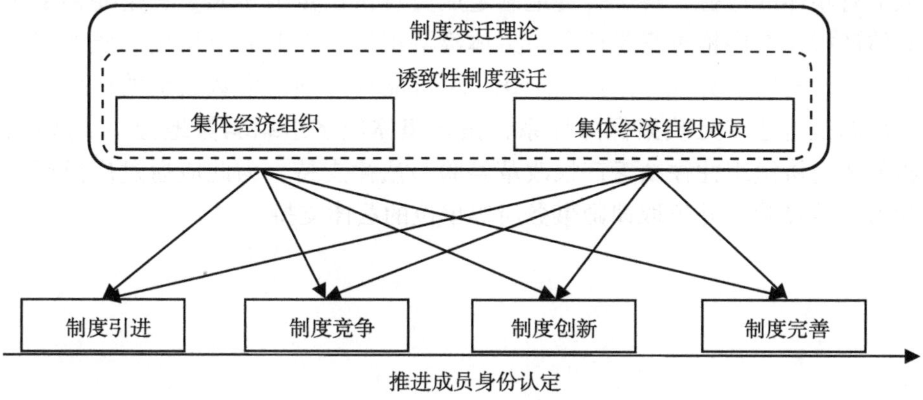

图 3-2　成员身份认定成长演化机制

四、主要结论及政策建议

通过对两家典型案例的分析，本研究尝试构建出一个诱致性制度变迁的理论分析框架，将成员身份认定历程划分为制度引进、制度竞争、制度创新、制度完善四个阶段，探究集体经济组织完成成员身份认定的演化机制，分析其背后的机理。研究结论表明：首先，成员身份认定是一项诱致性和强制性制度变迁相结合的改革；其次，集体经济组织对特殊成员进行认定时，往往优先解决没有争议特殊成员的身份认定问题；再次，优先解决人口占多数、涉及家庭占多数的特殊人群是成员身份认定工作的重点和难点；最后，解决大多数成员的身份认定工作后仍无法通过民主表决的特殊成员，可通过细化特殊成员的股权分配办法，最终完成成员身份认定。

上述研究结论表明，推进成员身份认定工作需要充分考虑多种因素，科学合理地制定调整股权量化方案，最终完成成员身份认定。本研究对推动成员身份认定工作主要有如下启示。一是以制度设计与基层实践相结合，加强政策连贯性。成员身份认定应采取差异化路径。成员身份认定是一项由强制性制度变迁和诱致性制度变迁相结合的改革，因此需要在发挥村集体经济组织统筹制定股权分配方案的基础上，充分尊重集体经济成员的意见，因地制宜地制定符合最广大成员根本利益的股权分配方案。二是采用差异化策略，科学合理推进改革。集体经济组织需对不同类型的特殊人群有整体的把握，科学合理地制定成员身份认定的步骤。三是妥善量化集体产权，有序推进身份认定。集体经济组织应按照尊重历史、照顾事实的原则，对股权分配方案加以细化，尽可能得到绝大多数成员的认可与支持。四是构建多元政策保障体系，扭转集体经济组织弱势地位。实践中，村集体经济组织往往缺乏产权改革经验与法律支持，为此应通过广泛调研学习改革经验，并争取律师事务所等单位的法律支持。

第四章　广东省惠州市惠阳区推进农村集体产权制度改革的演化机制研究

惠州市实施农村集体产权制度改革试点工作以来，惠阳区通过强化组织管理、制定试点方案、加强业务指导、推动改革创新、强化监督检查等举措，着力推进改革试点工作，取得了较好的成效，以改革推动了集体经济发展。为深入了解惠阳区农村集体产权股份合作制改革的情况，总结改革工作的成功经验，中国人民大学课题组对惠阳区农村集体产权制度改革与集体经济发展开展了实地调研，通过与区政府相关部门人员、村领导班子成员座谈等方式收集了大量一手资料。调研结束后，课题组在调研与文献查阅的基础上形成了调研报告。

一、调研情况

2019 年 12 月 24 日，中国人民大学课题组对广东省惠州市惠阳区的集体产权制度改革与集体经济发展情况展开调研。调研主要由以下三部分组成，即前期准备、实地调研与报告撰写。

在前期准备阶段，中国人民大学课题组的成员通过查阅学术文献、收集新闻报道等方式获取了大量文字材料，对惠阳区农村集体产权制度改革与集体经济发展情况进行了初步的分析，并形成了调研方案。

在实地调研期间，课题组与惠阳区委政府主管领导以及区、镇街的相关负责人等就农村集体产权制度改革与集体经济发展情况开展了 3 次座谈会；到镇隆镇长龙村和楼下村、秋长街道白石村开展实地调研，考察了 2 个镇（社区）3 个村的改革情况与集体经济发展情况，收集了大量的一手资料。

在报告撰写阶段，课题组结合已有资料和调研资料，完成了关于惠阳区农村产权制度改革与集体经济发展情况的调研报告。

二、惠阳区集体经济发展情况

近年来，惠阳区抓紧加快推进农村集体产权制度改革，使得村集体经济的效率大大提高，农村经济保持了快速发展的良好势头。课题组通过调研发现，惠阳区发展集体经济的举措主要体现在以下几个方面。

（一）惠阳区发展集体经济的举措

一是依托资源性资产发展集体经济。立足当地自然资源，依靠集体土地、山林、滩涂、水面、矿产等自然资源，通过开发拉动村级集体经济发展。如秋长街道新塘村，利用200亩预留地发展花卉苗木，利用四口当家塘发展休闲垂钓，增加集体经济收入；新圩镇新联村利用400亩山场和200亩塘坝对外发包，获取村级集体经济收入，取得了较好的经济效益。

二是盘活资产发展。一方面，通过盘活集体资产，找准市场需求点，开展资本运作，实现资产增值。如镇隆镇大光村，利用村集体资金盖商品房对外出租盘活集体经济，年租金收入近20万元，村留部分作为积累，剩余部分分给村民，实现了资产增值，农民增收。另一方面，引导村级经营实体对闲置或低效使用的办公用房、校舍、厂房、仓库以及机具设备、水利水电工程设施等集体财产，通过依法改造、发包租赁、入股联营等方式进行盘活，取得经营收入。

三是招商引资发展。明确主导产业，重点突破，通过招商引资，增加农民收入，增强集体经济实力。如新圩镇东风村，通过招商引资引进现代农业企业发展高效农业，流转土地近4 000亩，村里每年收取企业土地流转服务费10元/亩，增加了村集体经济收入，带动了农户致富。

四是依托龙头企业。村社集体以“订单”的形式参与龙头企业的生产经营。如镇隆镇的一些村集体，与广东温氏食品集团有限公司签订养殖的订单合同，村社负责养鸡，公司负责收购，村社集体从养鸡订单中获益匪浅。此外，还有部分村集体直接参股当地的农业龙头企业，以土地或厂房的形式入股，成为农业龙头企业的股东，每年从龙头企业中获得分红，扩展了集体经济收入的来源。

五是增加土地收益。在土地利用规划确定的城镇用地范围外，依法批准占用农村集体土地建设的非公益性项目，允许村级经营实体通过多种方式参与开发经营。村集体所有建设用地可采取自主经营、租赁、抵押、承包、作价入股等方式经营，增加资产收益。如镇隆镇黄镇村通过改造废弃小学、文化设施等非经营性用地，将土地流转给农业企业用于经营，集体经济年收入 15 万余元。

（二）惠阳区发展集体经济的下一步打算

惠阳区已在 2018 年完成了集体产权制度改革的清产核资工作。目前，股份合作制改革正在稳步推进。集体产权制度改革取得重大进展后，发展集体经济便成为重要任务。惠阳区计划通过以下三种途径继续发展壮大集体经济。

一是强化基层组织建设。发展壮大村级集体经济，最根本的是要把村级领导班子建设好。要拓宽选人用人渠道，采取公开招聘、异村交流、下派任职等多种形式，选拔懂经济、会管理的复合型人才进入村级班子。要切实加强村党支部书记以及村“两委”成员的教育培训，增强他们带领群众致富的本领，使村级班子成员真正具备带领一方农民开拓创业、勤劳致富的能力。

二是加大对村级扶持的力度。惠阳区财政、农委、国土、工商、税务、金融等有关部门，应根据各自业务职能，制定切实可行的政策措施，加快村级集体经济发展，形成齐抓共管、齐帮共扶的强大合力。同时，各村和小组量力而行兴办公益事业，严防增加新的债务负担。

三是强化村级集体资产、资源管理。建立健全集体经济积累机制，实行集体经济收入分配比例和分配总量控制，防止分光吃光，积蓄村级集体经济发展后劲，尽快启动农村产权制度改革。

四是加强村级民主管理。要建立健全村级集体经济民主决策机制，规范和完善民主决策的内容、形式和程序，规范村级财务管理制度。加大村级债务清偿力度，通过增收还债、清欠还债、节支还债、降息减债、核销减债等手段减轻村级债务压力，集中精力发展和壮大村级集体经济，不断增强村级集体经济实力。

三、农村集体产权制度改革进展与成效评价

围绕深入贯彻党中央、国务院和广东省委、省政府关于稳步推进农村

集体产权制度改革的决策部署，建立归属清晰、权能完备、保护严格，符合市场经济要求的现代农业集体产权制度。惠阳区坚持以推进农村集体资产清产核资和产权制度改革为导向，基本完成改革试点各项任务。集体产权制度改革稳步推进，为集体经济发展注入了强大的活力。

（一）农村集体产权制度改革情况

1. 改革工作的定位与改革思路

惠阳区以明晰农村集体产权归属、维护农村集体经济组织成员权利为目的，以推进集体经营性资产改革为重点任务，以发展股份合作等多种形式的合作与联合为导向，建立符合市场经济要求的集体经济运行新机制。惠阳区按照广东省、惠州市的工作部署，严把时间节点，分阶段、按步骤推进全区改革试点工作。2018 年 11 月底，惠阳区全面完成农村集体资产清产核资工作；2019 年，全面推进全区改革试点工作，10 月底全区农村集体产权制度改革任务全面完成。为确保农村集体产权制度改革试点工作的顺利完成，惠阳区将改革任务划分为以下四个阶段。

一是动员部署阶段（2018 年 6—8 月）。惠阳区、镇（街）、村三级动员部署农村集体产权制度改革试点工作，制定出台实施方案，建立健全领导机构和工作机制。同时，广泛开展法规政策宣传和业务培训，营造良好改革氛围。

二是清产核资阶段（2018 年 9—11 月）。以 2017 年 12 月 31 日为清产登记时点，以农村集体经济组织为单位全面开展农村集体资产清产核资和查漏补缺，确保平台数据、书面台账与实际情况三者相符。

三是股份改革阶段（2019 年 1—8 月）。依据清产核资结果，全面开展成员身份确认、建立健全农村集体经济组织、股权配置、建章立制、发放股权证等工作。

四是检查验收阶段（2019 年 9—10 月）。惠阳区、镇（街）整理完善本级开展改革工作的文档资料，督促村、组对改革文档资料进行全面整理归档，总结改革经验，形成完整系统的改革试点成果报告。

2. 改革试验工作组织领导与运行管理

惠阳区主要通过强化组织领导、落实部门责任、抓好宣传培训、加强督导检查等举措保障农村集体产权制度改革稳步推进。

一是强化组织领导。惠阳区委、区政府成立由区委主要领导任组长，相关成员单位主要负责人为成员的区改革工作领导小组，领导小组下设办公室，设在区农业农村局，负责对改革工作进行组织、协调、督查。各镇、街道要充分认识农村集体产权制度改革的重要性，将此项工作作为全面深化农村改革的重要内容，切实摆上重要议事日程，成立由党委书记任组长的领导机构，做到主要领导亲自抓，分管领导具体抓，并明确责任人及按时限完成。

二是落实部门责任。惠阳区农业农村局、区委农办负责做好改革涉及的法规政策宣传和业务培训、农村集体经营性资产和非经营性资产清产核资、经营性资产股份合作制改革和相关管理制度建设等工作；惠阳区财政局负责指导农村集体资金清产核资、指导加强农村集体资产财务管理和审计监督、落实改革经费等工作；惠阳区国土资源分局、惠阳区林业局负责指导农村集体资源性资产清产核资和相关管理制度建设等工作；惠阳区委组织部负责做好农村基层党组织建设工作；惠阳区委宣传部负责做好农村集体产权制度改革典型宣传和舆论引导工作；惠阳区信访局负责做好农村集体产权制度改革涉及的各种权益诉求纠纷调解处理等工作；惠阳区司法局负责做好农村集体产权制度改革涉及的法律咨询和解释等工作；惠阳区金融办负责落实各级促进农村集体经济发展的创新金融支持政策等有关工作；惠阳区税务局负责落实文件规定的各种税、费优惠政策；惠阳区档案局负责做好改革涉及的各种文件资料收集、整理、归档和管理工作。惠阳区发改、民政、水务、海洋与渔业、畜牧、教育、法制、工商、妇联、体育、卫生和计生、文化广电新闻出版、住房和城乡规划建设、公共资源交易中心等有关部门也要按各自职责抓好改革任务落实，加强指导，形成推动合力。

三是抓好宣传培训。充分发挥宣传媒体的作用，采取广播、电视、宣传小册子、印发宣传海报等多渠道多形式加强改革政策宣传和思想引导，提高农民群众对改革的认识，让广大农民群众关心改革、支持改革、参与改革，充分调动群众参与改革的热情和积极性，营造协同推进改革的良好氛围。结合改革试点工作需要，分级、分层次对镇街负责人、业务骨干进行培训，造就一支熟悉政策、掌握规程、精通业务、作风过硬的改革工作队伍。

四是加强督导检查。加强对全区农村集体产权制度改革试点工作的检查督促和业务指导，掌握改革过程中的新情况、新问题，纠正弄虚作假、侵害集体经济组织及其成员权益等行为。建立情况定期通报制度，对作风不实、措施不当、违背政策引发群体性矛盾纠纷事件的，要严肃追究相关单位和责任人责任，确保惠阳区农村集体产权制度改革工作高效率高质量完成。

（二）改革主要做法

惠阳区通过成立区、镇、村三级书记为组长的农村集体产权制度改革领导小组，强化对农村集体产权制度改革的领导工作。具体工作上，惠阳区主要做了全面加强农村集体资产管理、稳步推进农村集体产权制度改革、积极探索农村集体经济有效实现形式三方面的工作。

1. 全面加强农村集体资产管理

一是开展农村集体资产清产核资和查漏补缺。2017 年 12 月 31 日为资产清查登记时点。按照“缺什么、补什么”的要求，以农村集体经济组织为单位，对各类农村集体资产进行清产核资和清理核实，明确资产产权归属，按照资产类别实行台账管理，并将资产数据录入省级农村集体资产监督管理平台。健全完善资产登记、保管、使用、处置等制度，逐步实现农村集体资产管理信息化。

二是加强农村集体资产监督管理。健全完善各镇、街道一级农村经营管理机构，配备专职工作人员，具体承担农村集体资产监督和管理、农村产权流转交易、农村土地承包及流转纠纷仲裁等管理服务职能。强化农村集体资产审计监督，严格执行责任追究制度。对集体资产管理混乱的村、组，进行清理整顿，防止侵占集体资产的行为。

2. 稳步推进农村集体产权制度改革

一是全面确认农村集体经济组织成员身份。根据《广东省农村集体经济组织管理规定》，按照尊重历史、兼顾现实、程序规范、群众认可的原则，统筹考虑户籍关系、农村土地承包关系、对集体积累贡献等因素，协调平衡各方利益，做好农村集体经济组织成员身份确认工作，解决成员身份边界不清问题。积极探索在群众民主协商基础上确认农村集体经济组织成员身份的程序、范围、方式、标准和办法，建立健全农村集体经济组织成员登记备案机制。成员身份确认既要得到多数人认可，又要防止多数人侵犯少数人合法权益，特别是要坚持男女平等基本国策，切实保护妇女合法权益。改革完成后，农村集体经济组织成员家庭新增人口，提倡通过分享家庭内拥有的集体资产权益的办法，按章程获得集体资产份额和集体组织成员身份。

二是合理确定改革模式。在完成清产核资、集体经济组织成员身份确认、成立农村集体经济组织等规定动作基础上，尊重群众意愿，实行灵活多样、分类施策的办法，积极探索改革模式。①土地股份合作制改革模式。在土地撂荒较多、劳动人口流失严重的村、组，在稳定承包权的前提下，激活经营权，由经济合作社组织对承包地进行统一规划、统一管理、统一转包或出租。②经营性资产股份合作制改革模式。将农村集体经营性资产以股份或者份额的形式量化到本集体成员，作为其参加集体收益分配的基本依据，改革主要在经营性资产比较多的村、组进行，同时探索开展赋予农民集体资产股份占有、收益、有偿退出及抵押、担保继承等权能改革。

三是依法保障农民集体资产股份权能。农村集体经营性资产股份合作制改革的股权分配对象界定、量化方式、配置比例和时间节点等重大事项，严格依照法规政策，实行民主决策。在股权设置时，应以成员股为主，是否设置集体股由本集体经济组织成员民主讨论决定。结合群众民主决议，股权管理提倡实行不随人口增减变动而调整股权的静态模式，具体方案由本集体经济组织成员代表大会民主讨论决定。要制定农村集体经济组织章程，成立股份经济合作社，选举产生理事会、监事会。建立集体资产股权登记制度，记载农村集体经济组织成员持有的集体资产股份信息，出具股权证书。健全集体收益分配制度，明确公积金、公益金提取比例，把农民集体资产股份收益分配权落到实处。探索农民对集体资产股份有偿退出的条件和程序，但农民持有的集体资产股份有偿退出不得突破本集体经济组织的范围，可以在本集体经济组织内部流转或者由本集体赎回。股权流转限定在本集体经济组织内部进行，可限定资金股的最高限额，防止工商资本侵占农户的利益。探索集体资产股份抵押、担保贷款和股份继承办法。

3. 积极探索农村集体经济有效实现形式

一是明确农村集体经济组织功能。农村集体经济组织是集体资产管理的主体。由惠阳区人民政府向农村集体经济组织发放组织登记证书，进一步拓展和丰富集体经济组织在管理集体资产、开发集体资源、发展集体经济、服务集体成员等方面的功能作用，支持集体经济组织凭登记证书向有关部门办理银行开户等相关手续，依法开展经营管理活动。

二是维护农村集体经济组织合法权益。严格保护集体资产所有权，防止被虚置。落实农村承包土地经营权流转不得改变土地集体所有性质，不得违反耕地保护制度等相关政策要求。以家庭承包方式承包的集体土地，采取转让、互换方式流转的，应在本集体经济组织内进行，且须经农村集体经济组织同意；采取出租或者其他方式流转经营权的，应报农村集体经济组织备案。

三是引导农村产权规范流转和交易。建立健全区、镇（街道）农村产权交易中心，结合农村产权要素特性、流转范围和交易需要，制定分级交易标准、规则和流程，实行统一规范的业务受理、信息发布、交易签约、交易中止、合同鉴证、档案管理，推动农村产权流转交易公开、公正、规范运行。

四是鼓励多种形式发展集体经济。鼓励农村集体经济组织按照依法、自愿、有偿的原则，探索承包经营、股份合作、租赁经营、托管经营等多种形式发展集体经济。对于以农业产业为主的地方，鼓励成立土地股份合作社，成员以土地入股，合作社统筹土地集中开发或通过公开招投标等方式发展农业项目或休闲农业，或通过入股、参股农业龙头企业和参与扶贫开发等方式发展集体经济。对于厂房、铺面等物业资产和集体建设用地较多的地方，鼓励实行合资合作、出租经营等方式发展集体经济。对于具有红色人文历史资源的地方，在符合统一规划开发的前提下，鼓励以合作、入股等方式发展乡村旅游。

（三）农村集体产权制度改革的整体效果

惠阳区农村集体产权制度改革试点工作的成效主要体现在以下几个方面。

1. 清产核资工作全面完成

2018年，惠阳区清查了全区1 366个农村集体经济组织，共清查核实货币资金20.33亿元，净资产23.87亿元，总资产36.28亿元，农村集体土地总面积82.41万亩，其中，农用地69.77万亩，建设用地7.97万亩，未利用地4.68万亩。通过清产核资全面摸清了农村集体经济组织的“家底”，有效管护好农村集体资产，提高了农村村民参与农村自治管理的积极性。

2. 农村集体经济组织成员界定工作取得重要进展

惠阳区产权办按照改革要求，印发《惠阳区农村集体经济组织成员身份界定指导意见》，要求各村民小组（经济社）按照“尊重历史、照顾现实、程序规范、群众认可”的原则，村民小组集体先出台成员身份确认意见，确保“依法、依规、依民”做好农村集体成员身份界定工作。

3. 农村集体经济组织成员身份确认基本完成

积极探索在群众民主协商的基础上，按照“依法依规、尊重历史、兼顾现实、程序规范、群众认可”的原则，制定印发《惠阳区农村集体经济组织成员身份界定指导意见》。改革事前强化宣传发动和摸底调查掌握民意，事中强化技术指导和沟通协调规范程序，事后强化核查监督和纠纷调处统一民愿，严格农村集体经济组织成员身份的确认范围、组织程序、界定方式和“三榜公示”，扎实稳步推进农村集体经济组织成员确认工作。截至 2019 年 12 月 23 日，惠阳区 1 366个农村集体经济组织已完成成员身份确认 1 095 个，完成率 80. 16%。其中，经联社完成 102 个，完成率 91. 89%；经济社完成 993 个，完成率 79. 12%，确认成员 16. 23 万人。

4. 稳妥推进农村集体经济组织股份合作制改革

惠阳区推进农村集体股份合作制改革遵循农村集体以往的分红做法、村民意愿，要求先易后难，先出台集体资产量化方案，再形成量化结果，并通过公示程序和成员代表大会进行表决确认。坚持统一标准严格要求，分类施策推进农村集体股份合作制改革，充分尊重经济组织原有的合理分配方案，根据村民意愿推进股份量化，建立股份制组织章程，健全组织架构选举产生理事会。全区已完成成员身份确认的 1 095个农村集体经济组织，完成股份量化 360 个，完成率 32. 88%；完成股份章程和组织架构 622 个，完成率 56. 8%。股份改革规范了农村集体利益分配细则和管理，集体和成员个人严格按照章程规定办事，充分保护好农村集体和成员股东个人权益。

5. 切实保障农民集体资产股份权能

依法保障股份合作制改革的农村集体组织与成员权益，统一赋码登记备案农村集体经济组织登记证，统一标准印制经济组织股权证书 7 万本。

统一印制农村集体产权制度改革政策读本，借鉴学习全国各地改革模式先进经验，引导农村集体民主决议，结合群众意愿和民风民俗，灵活采取不随人口增减变动而调整的静态模式，或生增死减的动态模式，依法依规确认成员身份，把农民集体资产股份收益分配权落到实处。

6. 积极探索农村集体经济实现形式

健全完善农村集体资产监督管理与交易机制。一是早期开通建设了“掌上村务”，推进农村集体事务全民监管。二是制定印发实施了《惠阳区镇级公共资源交易管理办法》，推进农村集体工程建设项目和资源资产简易化规范交易和流转。三是在全省网上办事大厅的基础上，开通建设了农村公共服务平台，清产核资摸清的农村集体资金资源资产，全部纳入全省公共服务农村“三资”管理平台监督管理。四是建立了“组账村代、村账镇代”监管制度，强化村组集体资金监督管理和村务村账台账管理。五是强化农村“一事一议”监管，鼓励农村集体经济组织通过民主“一事一议”表决，以自主开发、合资合作、出租入股等方式，盘活利用农村资产资源发展现代农业、休闲农业和乡村旅游，发展壮大农村集体经济。

（四）改革工作的经验总结

惠阳区集体产权制度改革的经验主要归纳为“六个强化，一个尊重”，具体内容如下。

1. 强化组织管理，夯实职责到位的工作机制

惠阳区、镇、村相继成立了以区委书记、镇党委书记、村委书记为组长的农村集体产权制度改革领导组织机构，首先强化党对农村集体产权制度改革工作的领导。各级领导小组机构相继抽调专职或兼职人员成立区产权办、镇街产权工作团队，具体负责产权制度改革的工作落实。同时结合惠阳实际，制定印发了《惠阳区农村集体产权制度改革试点方案》和指导各镇各村制定了改革实施方案，将农村集体产权制度改革列为区委、区政府年度重点改革事项，纳入年度捆绑式绩效考核与各镇街绩效工作挂钩，明确改革的时间节点和改革路线图，层层压实责任，确保改革工作落实到人。永湖镇还建立了约谈问责机制，对产改推进滞后的村委书记或挂点干部，由镇党委书记或纪委书记进行约谈提醒。

2. 强化宣传发动，营造全民参与改革的良好氛围

惠阳区制定下发《致农民朋友的一封信》《广东省农村集体产权制度

改革资料选编》《惠阳区农村集体产权制度改革漫画》《惠阳区农村集体经济组织成员身份界定指导意见》等相关材料及相关横幅10多份，广泛宣传发动农村集体产权制度改革的目的意义、方式方法和程序要求，切实提高农民群众对改革的认识。秋长街道、镇隆镇通过掌上村务、微信公众号等多渠道宣传方式，使产权制度改革家喻户晓。镇隆、永湖等镇建立了“下沉式”工作机制，工作人员充分结合村民的生产习惯，利用晚上时间以“走家串户拉家常”的形式，将产改政策宣传到每家每户，听取群众改革的意愿和诉求，让广大农民群众关心改革、支持改革、参与改革，充分调动群众参与，形成了从“要我改”到“我要改”的良好氛围。

3. 强化培训学习，增强提升指导改革的工作能力

惠阳区先后组织区产改办、各镇街分管领导及工作人员、各村组代表亲临浙江省、云南省、广东省博罗县参加省、市培训学习20多场次，举办区、镇改革培训班推进会40多场次，宣讲上海、东莞、南海等地产改模式，培训镇村干部群众3 300多人。同时提出了镇街互学互助、先进帮后进，你追我赶共同推进的工作机制。各镇街也自发组织亲临深圳、南海等地参观学习，因地制宜结合各镇街实际，制定符合各地群众接受的改革模式。通过借鉴学习先进地区先进经验先进做法，深化学习培训，学懂、弄通、悟透农村集体产权制度改革政策法规，促使了改革能够得到更好的推进落实。

4. 强化统筹协调，切实保障群众合法权益

惠阳区建立惠阳区财政局、惠阳区司法和信访局、惠阳区自然资源局、惠阳区妇联等相关职能部门组织的日常协调机制，动员各村法治副主任（法律顾问）参与改革，形成工作合力，针对产权制度改革农村权益纠纷、群众信访和成员身份确认等棘手问题，定期召开协调会议，统筹解决，切实保障群众合法权益。秋长街道办通过购买第三方服务的方式，聘请会计、律师专业团队，全面协助各村集体清查核实各类资产，摸清集体家底，统筹考虑历史原因和现实情况，依法为各村集体提供业务指导、成员身份界定、合理设置股权、制定章程、审核有关资料等专业服务，确保了产权制度改革扎实有效的推进。

5. 强化督查指导，扎实推进改革工作的落实

惠阳区委常委会、区政府常务会议多次听取和研究部署农村集体产权

制度改革工作，区领导多次召开会议或深入镇街实地调研和现场办公，推进改革工作落实。惠阳区产权办建立了“一周一督”“一周一通报”制度，每周固定安排时间深入各镇街、各村组调研指导、督查落实产权制度改革工作，积极向群众宣传解读产权制度改革政策法规，交流探讨产权制度改革模式，调解处理产权制度改革争议问题，指导规范产权制度改革台账资料整理，督查通报产权制度改革工作进度，形成《工作简报》和《进度报表》向区委、区政府主要领导报告，形成“上下一盘棋，全面抓改革”的良好工作局面。

6. 强化统一管理，积极发展壮大农村集体经济

惠阳区坚持从破解农村集体经济发展制约，解决群众权益纠纷问题，保障群众合法权益出发，统一实行农村集体经济股份合作制改革。严格要求具有经营性资产的集体组织，积极探索适合各地实际的股份制模式，暂时没有经营性资产的集体组织，指导探索采取虚拟股份的方式实行改革。统一提倡农村集体组织股份章程理事会任期与村两委任期同步，村委会书记和村民小组长为首届集体组织理事长。统一全区按照股份经济组织的形式实行赋码登记，核发农村集体经济组织登记证，统一印制股份经济合作组织股权证，统一打印，统一备案归档。

7. 尊重民意民愿，分类施策确定改革模式

惠阳区率先在秋长白石村高澳小组试点，统筹考虑农村户籍关系、农村土地承包关系、对集体积累的贡献等因素，按照有法依法、有规依规，无法无规依民的指导意见，充分尊重群众意愿，综合协调平衡各方利益，经过镇村干部、村民代表和第三方专业服务团队400余天的努力，40次村民户代表会议研究讨论，7次章程修改完善，终于探索出持股与非持股成员确认、外嫁女承诺不追索历史减半持股、集体资产拆股量化、村风民风、家风善治、确权到户、一户一证、户内共享，社内流动、生不增、死不减，广大群众普遍接受的改革模式。各地认真借鉴学习秋长白石村的先进经验，尊重民意民愿、民风良俗和原有的合理收益分配机制，按照先易后难，采取生增死减、集体资产配股量化或股份虚拟量化、分类资产分类改革等群众认可，灵活多样化的改革模式，扎实推进产权制度改革。

（五）创新点与政策含义

惠阳区农村集体产权制度改革试点工作旨在实现“资源变资产，资金

变股金，农民变股东”，组建村集体经济组织，建立完善的农村集体经济产权制度。通过改革，惠阳区的试点工作取得了较好的成效，非常具有创新性，具有较强的借鉴意义。

1. 主要的改革创新点

通过对惠阳区镇隆镇长龙村、楼下村，秋长街道的白石村进行实地调研，课题组总结了如下典型创新点。

一是为村和小组提供会计和法律服务。惠阳区秋长街道管委会聘请专业的会计团队和法律团队，为村和小组提供会计记账和法律咨询服务。此举既规范了村和小组集体经济的账务，又为村和小组处理特殊群体的成员身份认定问题提供法律保障。

二是新增人口购买股份。惠阳区秋长街道白石村是区里典型的改革示范村，该村实行新增人口有偿购买股份的政策，具体为：新增人口有权通过有偿购买的方式获得 0.5 股（正常为每人 1 股）；购买价格为上一股份量化周期（五年）总收益的 50%；股份生效时间为下一轮周期（五年）开始的时点。

三是成立经济联合社妥善处理村内矛盾。过去由于种种原因，白石村有三块集体建设用地在划分归属权问题上存在纠纷。为解决小组之间的纠纷，白石村专门为三块集体建设用地成立了三个经济联合社，分别为角塘经济联合社、塘井经济联合社以及白石洞经济联合社。三家经济联合社 74%的股份由白石村的白石经济联合社所持有，剩余 26%的股份按实际土地占有比例分配到 26 个小组。

四是外嫁女问题。镇隆镇长龙村要求外嫁女签署不享受集体收益承诺书，因此长龙村不对外嫁女分配股份和收益。白石村对户口在本村的外嫁女分配 0.5 股，但存在一定的法律纠纷问题。另外，外嫁女的配偶及子女一律不分配股份。

五是入赘问题。对于入赘女婿成员身份界定问题，白石村仅允许二女户家庭的一个入赘女婿及其子女享受股份，且子女姓氏必须随本村女方。

2. 主要改革创新内容的适用条件和范围

通过集体产权制度改革，惠阳区发展壮大了农村集体经济，逐步完善了农村集体产权股份合作制改革，取得了较好的成效。课题组将惠阳区改革成功的原因总结为以下两点：一是通过强化组织管理、强化宣传发动、强化学习培训以及强化统筹协调的措施，为改革的实施打下了坚实的基础。二是坚持因地制宜、分类施策的原则推进改革。惠阳区改革村经济发展情况差距较大，既有经济发达村，也有经济欠发达村。因此，惠阳区提倡村委会和村小组自主制定具体的成员认定办法，为改革提供了内生动力。

课题组发现，惠阳区农村集体产权制度改革具有值得推广的经验。在具体经验推广过程中应注意以下两点：一是地方政府应制定多样化、灵活性的改革标准。课题组发现，惠阳区不同乡镇或街道的村经济发展差异较大，多样化、灵活性的政策有助于不同情况的村因地制宜地推进改革。二是对成果较为显著、做法值得推广的改革村进行广泛宣传，帮助其他改革村学习借鉴先进的改革经验。

3. 对改革试验成果的推广建议

通过调研，课题组将惠阳区农村集体产权制度改革可推广的经验总结为以下三点。

一是加强产权改革工作队伍建设。为确保改革任务顺利实施，惠阳区自始至终都十分注重农经队伍的建设。一方面，通过强化组织管理，形成了区、镇、村三级联动的农村集体产权制度改革领导组织机构。另一方面，加强学习培训力度，增强提升指导改革的工作能力。惠阳区多次通过组织产权制度改革办公室到外地学习，交流改革经验座谈会等方式加强产权改革工作队伍建设。

二是建立成员身份界定机制。农村集体经济组织成员身份界定涉及广大农民的切身利益，应在坚持尊重历史、权利义务对等、标准一致、程序公开原则的前提下，在统筹考虑户籍关系、农村土地承包经营权状况、对村集体积累作出的贡献以及有关法律政策规定等条件的基础上，由农村集体经济组织全体成员民主决定。

三是统一提供专业化服务。课题组发现，大多数改革村（尤其是经济欠发达村）会计制度、法律制度不完善，这无疑为农村集体产权制度改革增加了障碍。而经济欠发达村往往没有足够的经济实力购买专业的会计和法律服务。因此，区（县）或镇（街道）为村和小组提供会计和法律服务将至关重要。此举既规范了村和小组集体经济的账务，又为村和小组处理特殊群体的成员身份认定问题提供了法律保障。

4. 改革创新内容对推动全局改革的意义

随着市场经济的发展，农村集体资产产权不明晰的问题逐渐凸显出来。为促进农村集体经济发展，更好地助力乡村振兴，集体产权制度改革将变得尤为重要。两年来，惠阳区实施集体产权制度改革取得了较好的成效。村集体资产清产核资已经全部完成，股份制改革正逐步推进。惠阳区农村集体产权制度改革取得重要成效，对于拓宽农民增收渠道，推动乡村振兴具有重要意义。

（六）改革中存在的问题与风险

1. 改革工作队伍的整体素质不高

农村集体产权制度改革工作主要是由惠阳区农业农村和水利局承担落实工作，各镇街农口部门抓具体改革工作落实。特别是镇街一级的改革工作人员，因前期惠阳区机构改革或其他原因，人员有兼职其他工作，且对农村情况和改革工作不熟悉，临时抽调的人员业务不够了解，熟悉改革工作需要一段时间，造成惠阳区改革工作队伍的整体素质不高、能力不强，严重影响惠阳区产权制度改革工作的进度和成效。

2. 基层领导干部改革能力有待提高

惠阳区各镇街、村组对农村集体产权制度改革工作的政策宣传和业务培训不及时、不到位，特别是个别村组一级对改革任务认识严重不足，积极性不高。惠阳区产权办多次组织基层干部外出参观学习和不同层级的多轮培训，但相关人员对农村产权改革的意义、要求和工作流程理解认识仍不够准确，有的未能向村民宣讲和落实改革工作。同时，惠阳区有些村组因农村历史遗留问题较多，村组甚至要求上级部门帮忙解决以前的历史问题后才去搞产权改革工作；个别村干部畏难怕事，解决问题办法不多，认为重新召集大会商讨会惹是生非，认为按照农村以往的一套模式进行成员确认和分红方案就行，不需按照现行改革要求去做；有的村组为了应付，没有按规定的流程逐步逐个阶段落实好；个别村组甚至抵触改革工作落实落地，各种因素导致惠阳区农村集体产权制度改革工作整体推进较慢。

3. 法律法规与农村现实冲突明显

在农村成员界定中，存在村规民约与法律法规相矛盾的问题，突出表现在一些富裕村的外嫁女问题上，有些村的村规民约已规定，不论外嫁女户籍是否迁出都一律取消集体经济组织成员资格，不再享受集体经济组织的福利和分红。随着村、组集体经济的发展壮大，惠阳区农村成员资格认定问题和利益分配问题引发农村矛盾和村民维权诉求今后将会更加复杂。

（七）关于下一步工作

实施农村集体产权制度改革试点工作两年来，惠阳区有关部门深刻感受到，推进农村改革向纵深发展仍然任重道远。基于此，惠阳区下一步工作包括以下三个方面，确保高标准、高质量完成后续改革工作。

1. 加强农经队伍建设

惠阳区将把加强农经改革干部队伍的建设摆在首位，坚持引进与自我培养并重，尽快建设一支熟悉惠阳区农经改革工作的业务骨干队伍。同时，积极主动与上级部门沟通联系，邀请业务骨干到惠阳区指导改革工作，主动创造条件使惠阳区各级农经改革人员走出去参观学习先进经验与做法。

2. 抓好农村集体产权经济组织登记赋码工作

认真贯彻落实《广东省农业农村厅关于广东省农村集体经济组织登记赋码的实施方案》，按照文件精神和要求，认真做好农村集体经济组织登记赋码工作，惠阳区农业农村和水利局和各镇街要认真审核资料，确保提供的村组集体经济组织登记赋码的申请材料有关信息准确有效，确保惠阳区农村登记赋码工作的顺利推进。

3. 加强改革档案管理

农村产权改革工作完成后，迅速安排专业人员到各镇街、村组开展归档指导工作。按照国家归档标准，做好改革相关资料的收集、分类、整理和归档等工作，确保高质量、高标准完成任务。

第五章　江苏省南京市江宁区推进农村集体产权制度改革的演化机制研究

党的十九大报告指出："要深化农村集体产权制度改革，保障农民财产权益，壮大集体经济。"从实践层面看，全国很多地方都对农村集体产权制度改革进行了积极探索，取得了很好的成效。2014 年，南京被农业部等 13 个国家部委联合批复为全国 34 个农村改革试验区之一，江宁区泥塘、骆村等 12 个村（社区）被遴选为农村集体产权股份合作制改革试点，2017 年高质量全面完成试点任务，同年，江宁区再次被确认为省级改革试点。江宁区以制度创新为突破口和着力点，通过盘活农村集体资产，增加农民财产性收入，推动农业新旧动能转换，充分激发农业农村蕴含的潜能，农村集体产权制度改革取得阶段性成效，也积累了宝贵经验。

调研组在江宁区开展了深入的实地调研，通过召开座谈会、与群众访谈等方式，多渠道了解具体情况，并收集了大量的一手材料。调研结束后，课题组还组织召开了多次课题研讨会，对南京市江宁区改革工作进行调研。

一、调研工作组织实施情况

调研组于 2020 年 8 月 28—31 日赴江苏省南京市对南京市深化农村集体产权制度改革试点单位情况进行了调研。调研组先后到南京市江宁区麒麟街道东流社区、江宁区东山街道骆村社区、江宁区秣陵街道胜太社区进行了全方位、多角度、深层次的实地评估验收。在实地调研过程中，调研组与地方各级领导进行了深入交谈，查阅了相关档案资料。根据了解的实际情况，调研工作组织实施情况如下。

（一）前期准备阶段

前期准备工作主要分为四个部分。第一，调研组广泛搜集文献和资料，对南京市江宁区的基本情况、农村改革试验区的设立背景及进展情况等相关内容进行了系统梳理，对网络媒体、政府网站与改革工作相关的新闻报道、政策文件进行了整理，对农村集体产权制度改革的背景、政策要求、法律法规、改革内容、改革要求、存在的问题进行了充分的了解。第二，在南京市改革试点单位工作人员的帮助下，通过网络传输的方式，搜集了有关南京市深化农村集体产权制度改革的政策文件，对南京市江宁区的改革试点工作有了大致的了解。第三，抽选试点单位。调研组采用典型选取与随机抽样相结合的方法选取实地走访的试点单位。江宁区作为第一批国家集体产权制度改革试点区，入选了第二批全国农村集体产权制度改革试点典型经验案例。在江宁区随机选取两个村级试点，兼具典型意义与公平性。第四，召开调研组成员动员和培训会议各一次，明确调研目的、调研流程、调研内容以及调研注意事项等。

（二）实地调研阶段

实地调研阶段主要分为三个部分。

一是确定调研活动流程。在实地调研阶段，调研组于 2020 年 8 月 28—29 日赴江苏省南京市江宁区开展为期 2 天的实地调研工作。调研组先后到南京市江宁区、南京市江宁区麒麟街道东流社区、南京市江宁区东山街道骆村社区、南京市江宁区秣陵街道胜太社区进行了实地调研。实地调研工作行程安排如表 5-1 所示。

二是进行试点工作座谈。调研组联合江苏省农业农村厅、江苏省农村合作经济经营管理站、南京市农业农村局的领导，就“深化农村集体产权制度改革”试点任务完成情况进行了座谈，与试点单位所在的党委政府负责同志、有关部门负责同志、从事具体工作同志等开展座谈，听取试点市、试点县区面上工作汇报，对试点市、试点县区实际工作的开展情况进行深入了解。调研组收集了包括改革工作方案、政策文件、统计报表、总结材料、宣传材料等在内的市级、县区级一手文献资料。

三是实地走访村级试点单位。调研组与村干部、农民群众等开展座谈，听取了村干部的工作汇报和农民群众的发言，了解了改革工作中的真实情况、工作经验和存在的问题。收集了包括集体资产台账、集体成员名册、各类证书簿册、改革工作方案、总结材料等在内的村级一手资料文献。

表 5-1　南京市江宁区实地调研工作行程安排

时间	地点	内容
8月28日下午	抵达南京市	
8月29日上午	江宁区麒麟街道	江宁区区级改革情况座谈
	江宁区麒麟街道东流社区	观看村社分账系统操作演示
8月29日下午	江宁区东山街道罗村社区	实地调研、座谈交流、翻阅材料
	江宁区秣陵街道生态社区	实地调研、座谈交流、翻阅材料

（三）报告撰写阶段

报告撰写包括三个阶段。首先，调研组召开调研总结会。实地调研结束以后，调研组召开了实地调研总结会。会上，调研组组长孔祥智教授和各位成员在整理了调研时所获一手材料的基础上，对于此次南京市深化集体产权制度改革实地调研的心得、体会、收获、评价进行了充分交流，确定了报告撰写的大致思路与方向，并且安排了具体的调研报告撰写要求、分工和完成期限。其次，根据农业农村部关于开展农村改革试验区专家组评估报告编写工作的基本要求和调研组调研总结会上确定的报告撰写要求，结合所获各类资料，调研组各成员认真完成了调研报告的撰写，总结了试点单位任务进展和经验，提炼了试点单位的创新经验和政策含义，分析了试点存在的问题及潜在风险，提出了关于下一步工作方向的建议。最后，调研组组长及调研组成员对报告的内容进行了总体的梳理、整合与修改。

二、集体产权制度改革评价及经验总结

（一）改革试验任务组织实施情况

截至 2019 年底，江宁区共有农村集体土地总面积 167.68 万亩，其中村（社区）集体土地总面积 63.38 万亩，涉农村（社区）集体净资产账面

总额 82.98 亿元，村均4 299多万元（经营性资产 32.59 亿元，村均1 688万元）。南京市江宁区的完善集体资产股份权能改革，重点是在完成农村集体产权制度改革的基础上，通过完善集体资产股份权能，逐步实现壮大村集体经济的目标。江宁区坚持和完善农村基本经营制度，依法保障农村集体经济组织成员权利，积极发展村级集体经济。

（二）改革试点工作的主要做法

江宁区在改革过程中紧扣“确权、赋能、搞活”的总体思路，按照“一完善、五清晰”的要求，围绕摸清家底、成员界定、股权固化、权能拓展等深入推进改革。重点解决上一轮股改过程中集体股设置过大、股权未固化、市场主体不明显、股份权能不活等问题，促进集体资产保值增值，最大限度地保障农民集体资产收益权，最大限度地富裕农民。

1. 强化组织领导，完善制度设计

江宁区委、区政府高度重视农村集体产权制度改革，多次专题研究，成立工作专班，出台政策文件，为改革顺利实施保驾护航。一是建立组织领导体系。成立由区委、区政府主要领导任组长，相关单位为成员的深化农村集体产权股份合作制改革领导小组。具体负责改革试点工作的组织、协调、指导、督查等工作。二是完善政策配套支持。在认真研判第一轮股改基础上，2018 年 6 月，制定出台《江宁区深化农村集体产权股份合作制改革实施方案》，通过召开全区深入推进农村集体产权股份合作制改革动员部署会，举办业务培训班，统一思想认识、部署改革任务。三是健全工作推进机制。各街道和村（社区）也成立了党政“一把手”任组长的改革领导小组，并组建相应工作机构，承接改革任务，构建形成了三级联动的推进机制，确保改革各项工作有部署、有抓手、有落实。

2. 全面清产核资，确保“家底清晰”

摸清集体资产家底是开展改革的前提。利用一年时间稳妥有序推进完成所有村、组的集体资产清产核资工作，高质量打赢农村集体产权制度改革的第一场硬仗。一是坚持“三个全面”。以明晰农村集体资产产权归属、摸清集体统一经营的经营性资产为重点，全面清查集体资产状况、全面建立集体资产台账管理制度、全面推进集体资产管理信息化。二是规范工作步骤。流程上按照清查账表、外业测绘、合同清查、信息上传、数据平衡、档案管理、上网运行、核资审计、财务调整“九统一”标准，全面清查核实各类集体资产，摸清集体家底，健全管理制度，防止资产流失。三是分类实测实查。集体不动产由测绘公司组织实地测绘，集体资产由会计师事务所开展专项审计。四是统一信息系统。统一农村集体经济组织会计科目体系，确保做到账表、账账、账证、账据、账实五相符。同时建立集体资产资源信息库，同步保管纸质和电子信息系统档案，推动集体资产信息化管理。2018 年底，全区新一轮的清产核资工作结束，各村社区按照《江苏省农村集体资产管理条例》的要求，召开成员代表大会，确认了新的集体资产数据。

3. 合理界定成员，确保“身份清晰”

确定集体经济组织成员身份是改革的难点，也是改革成功与否的重要环节。实践中主要把握三个关键点。一是综合多种因素统筹界定。成员界定过程中倡导“一村一策”，不作硬性规定。重点聚焦拥有本村（社区）户籍，参加第一轮或第二轮土地承包经营，正常婚姻、嫁娶、生育情况，合法收养，政府组织移民，本村在读大中专学生和现役士兵等六类因素，寻求农民群众公认的“最大公约数”。二是坚持民主协商讨论决定。充分尊重农民群众意愿，重大事项由农民群众民主讨论决定，通过户籍调查、人员核对、公示确认等程序进行成员资格确认。三是注重保护弱势群体利益。在改革中注重保护妇女等弱势群体的权益。对户口未迁出的外嫁女和嫁入本村并户口迁入的妇女，一律给予集体经济组织成员身份。

4. 科学设置股权，确保“权责清晰”

重点从四个方面明确集体资产权益归属、维护集体成员权利。一是明确集体收益分配依据。将集体经营性资产以股份或份额形式量化到集体成员。对缺少集体经营性资产的村，探索把未承包到户且能产生经营收益的资源性资产进行折股量化，保障了集体成员的利益。二是明确股权设置。集体资产股权设置以个人股为主，称为人口股；对成员、资产情况复杂的村，还设立土地股、集体资产积累股等个人股种。在保障村（社区）基本运转的情况下，尽可能压缩集体股，增加成员个体股，集体股从原来最高的 70%下降到现在的 20%。江宁区 193 个涉农社区均建立了社区股份经济合作社，做到有经营性资产的村应改尽改。三是明确股份权能。按照股份合作制改革的要求，全区 193 个涉农社区均开展了股权固化改革，实现量化到人、固化到户、户内继承、社内流转。2019 年，区级出台《江宁区农村集体资产股份有偿退出暂行办法》，实现了农村集体资产股份有偿退出。四是明确集体成员责任。2018 年 11 月，全区 193 个涉农社区全部召开了股份经济合作社股权固化暨股民代表大会，通过了股份经济合作社章程，选举产生了新一届理事会和监事会成员。既明确集体成员权利，也规定应遵守的责任义务。例如，不少村规定如果集体成员不缴物业费、扰乱社会治安、加入非法邪教组织等，集体经济组织可停止对其现金分红。

5. 发展集体经济，确保“路径清晰”

着力发展新型集体经济，为农村改革发展提供重要物质基础。一是出台留用地政策。支持征地拆迁地区集体经济组织通过货币化补偿、留地安置、置换经营性物业（股权）三种方式落实村级留用地政策，用于发展集体经济。二是支持联合抱团发展。引导集体经济实力不强的村改变“单打独斗”经营方式，支持成立股份经济合作联社，采取联合抱团、异地发展等方式发展集体经济。江宁区有 60 个村组建 3 家集体资产股份联合社，资本金 2.9 亿元，通过购买优质资产（股权）、承担实施配套项目，每年获得 8%~10%的稳定收益。三是激发内生发展动力。改变过去村集体直接办厂方式，采取以街道（社区）为单位，集中规划建设或购置经营性物业资产增加稳定收入。对经济薄弱村、欠发达村，市、区财政每年安排2 200万元资金，用于奖补村集体建设的产业扶贫项目和基础设施等公益类项目，提升村级造血能力。四是强化公开交易。建成 1 个区级和 10 个街道农村产权交易市场，全部为事业单位，要求集体资产资源流转交易必须全部进入农村产权交易市场，做到“应进必进”。截至 2019 年底，全区农村产权已累计交易6 774宗，交易额达 18.73 亿元，累计为村集体增收减支4 560多万元。

6. 开展赋码颁证，确保“权益清晰”

农村集体经济组织是农村集体资产的管理主体，确立农村集体经济组织的市场主体地位，发挥农村集体经济组织管理集体资产、开发集体资源、发展集体经济、服务集体成员等功能，形成有效维护农村集体经济组织成员权利的治理体系，符合集体经济运行新机制。一是为农村集体经济组织开展登记赋码。按照省市要求，江宁区积极开展农村集体经济组织登记赋码工作。2019 年底，全面率先完成 193 个涉农社区股份经济合作社登记赋码工作，颁证率达100%。二是开展农村集体经济组织成员信息录入。当前，正在进一步完善全区67.5万名集体经济组织成员信息，并按要求录入江苏省农村产权交易信息服务平台组织管理系统，保障农村集体经济组织成员权益。三是发放农村股份经济合作社股份证书。完成农村集体经济组织成员信息录入后，8月底前完成农村股份经济合作社股份证书发放。

（三）改革试点工作的主要成效

南京市江宁区承担完善集体资产股份权能改革试验任务数年来，在区委、区政府的统筹安排下，形成了各级各部门协调共进的工作机制，取得了较好的成效。江宁区改革试点工作的成效主要体现在以下四个方面。

1. 增强农村集体经济活力

长期以来，农村集体所有制经济产权主体不清、职能结构错位、民主监督缺位等弊端一直困扰和制约着农村集体经济发展。江宁区通过改革，使得集体经营性资产折股量化到人，明确了产权主体，还权于农民，有效改变了集体资产“人人有份，而人人无份”的产权缺位状况，缓解了居住地变更后集体资产被他人占有等现象，使社区股份经济合作社彰显了活力，开创了农村公有制新的实现形式，激发了广大农民参与管理的热情，推动农村生产力持续稳定发展。

2. 规避集体资产闲置浪费

根据集体资产不同类型，多措并举，充分实现集体资产的有效运营。对权属集体所有的经营性资产，在集体统一经营管理的前提下，按份额折股量化给集体成员，建立健全社区集体资产股份合作社治理结构；对非经营性资产，完善集中统一运营管理机制，提高公共服务能力，更好地服务农民群众；对资源性资产，一方面做好清产核资、确权登记工作，另一方面想方设法搞活经营、提高经济效益。村集体所有资产资源，按规定全部纳入农村产权交易市场公开交易，杜绝暗箱操作、私下交易，赋予村民合法的股权资格，事前参与决策，事中参与管理，事后参与监督，促进集体资产与农民融为一体，有效改变资产经营决策社区干部独断的局面，有效降低决策失误造成的资产运营损失，真正实现了农民当家作主，为农村的繁荣、稳定、发展、高效提供了物质基础。

3. 推动城乡统筹战略进程

江宁区建立社区股份经济合作社后，所有合作社成员获得“相对固化”的股权，不再因家庭成员户籍、人口变化而调整，并可在户内继承，打破了农村传统的村组界限和区域界限，让本集体经济组织成员无论是在家务农还是外出经商、办厂、务工等，都可以持有股份，按股分红。通过本轮股改，共量化集体经营性资产 30.61 亿元，确定股民 67.1 万人。集体经济实力强，资产收益较高的社区股份经济合作社都按照章程规定进行现金或福利分红，2019 年现金和福利分红最高达到7 200元/人。集体经济组织成员既可以在外务工赚取收入，同时也可以享受农村集体经济组织股份分红，从而解除后顾之忧，进一步缩小城乡收益差距，富民增收效果显著。

4. 形成了一批改革经验成果

充分考量全区参与集体产权股份合作制改革的村（社区）地域特点、经济发展水平、资产资源总量，因地制宜，积极探索，形成可推广、可复制的改革经验。对于撤制村、城郊村等城镇化程度较高、外来人口较多的村（社区），着力推进股权固化改革，做到股权量化到人、固化到户，推动股权管理由定期动态调整转变为静态固化管理。对于远郊农村地区缺乏经营性资产的村（社区）集体经济组织，鼓励结合美丽乡村建设、扶贫开发、一二三产业融合发展，加快发展集体经济，壮大集体资产规模。支持将财政投入资金形成的经营性资产，折股量化到集体经济组织成员。2018 年 11 月，全国农村集体产权制度改革试点推进会在江宁区召开，与会代表在深入考察章村社区股份经济合作社和禄口农村产权流转交易服务中心等深化农村集体产权改革试点基础上，对江宁区股改的创新探索做法和呈现的村强民富效应给予了充分肯定。

三、江宁区改革的创新经验及典型做法

江宁区在农村集体产权制度改革中，根据所辖村的不同特点，鼓励各村因地制宜，大胆尝试，探索农村集体所有制有效实现形式，创新农村集体经济运行机制，保护农民集体资产权益，调动农民的改革积极性，现将江宁区改革中的创新经验和典型做法概括如下。

（一）创新经验

江宁区在改革的过程中，结合本地下辖各村（社区）的不同资源特点

和区位、市场优势，因地制宜提出了相应的改革路径方向，在改革中保持集体资产的完整性，增加成员的财产性收入，并且积极探索了集体经济的有效实现形式，调动了农民的改革积极性。

1. 推进村社分账工作

为深入贯彻《关于深化农村集体产权制度改革的实施意见》等文件精神，江宁区结合工作实际发布了《关于稳步推进村级集体经济组织与村民委员会分账管理改革的指导意见》《江宁区稳步推进村级集体经济组织与村民委员会分账管理改革的实施方案》等政策文件，扎实推进村社分账工作。以麒麟街道为例，通过村社分账，街道全面实现村级集体经济组织与村民委员会账号分设、资产分管、核算分立，建立健全以村党组织为领导核心，村民委员会为主导，村民为主体，村务监督委员会、村集体经济组织等共同参与的农村基层治理体系。村民委员会负责社会管理和公共服务，整合管理资源，创新管理手段，能为居民提供更优质服务；村级集体经济组织行使集体资产的经营管理权，同时走上专业化和市场化道路，能够维护集体经济组织及其成员的合法利益，确保集体资产保值增值，做大做强集体经济，促进集体经济多种形式发展和农民持续增收。

2. 探索农村集体资产股份有偿退出

为切实加强农村集体资产股份管理，保护农村集体经济组织及其成员合法权益，赋予农民更多股份权能，拓宽资产变资金的渠道，根据省市相关文件精神，在前期征求意见的基础上，江宁区制定了《江宁区农村集体资产股份有偿退出暂行办法》（以下简称《办法》），探索农村集体资产股份有偿退出机制。《办法》对股份退出原则、条件和程序、股份内部转让、集体赎回股份等方面作了详细规定。目前，农村集体资产股份有偿退出工作正在稳步推进。

3. 以农村产权交易中心盘活集体资产

在南京市的统一指导下，江宁区建设农村产权流转交易市场，推动农村产权流转交易公开、公正、规范运行，是提高农村要素配置效率、促进集体资产保值增值、维护集体经济组织成员合法权益的基础性工作。近年来，南京市江宁区围绕健全农村产权流转交易市场，推动农村各类产权流转交易公开规范运行，取得了显著成效。目前，江宁区已建成江宁区级和各个乡镇街道农村产权流转交易中心。

江宁区农村产权交易市场建设的建立，为全面深化农村产权制度改革、创新农村治理、化解涉农矛盾、保护农民权益、加强农村党风廉政建设提供了重要依据。下一步，江宁区也将在南京市的统一部署下积极拓展资产评估、抵押融资、法律咨询等功能服务，加强农村产权交易市场宣传推广和业务培训，全面推进省厅部署的线上交易模式，引导农村各类产权进场交易。深入开展零交易村和“应进必进”整治工作，健全农村集体资产流转交易闭环管理机制，不断提升市场交易成效和交易规范性。

4. 以信息化推动村级资产财务管理提质增效

近年来，南京市以农村集体资产财务管理信息化为重要抓手和突破口，以“一库多平台”集成方式，全面搭建“市区一体、实时动态”的农村集体资产监管综合平台，全面推广运用“E 阳光”手机 App 信息公开和互动平台，全面普及使用“村云务卡”，充分利用移动互联、云计算和大数据智能分析等信息化技术，全力推动农村集体资产财务管理制度化、公开化、规范化、智能化，节省了人力，提高了效率，率先实现农村集体资金、资产、资源管理方式迭代更新。

江宁区抓紧深化农村集体产权制度改革的历史机遇，积极探索村民委员会和村股份经济合作社“事务分离、资产分管、核算分账”。适应“村社分账”改革需求，全市资产财务管理综合平台又进行了一次大的升级，在资产财务管理上设“两实一虚”三个账户，即村民委员会、村股份经济合作社两个基本账户，一个由这两个基本账户合并报表的虚拟账户，其他功能也做相应调整。

（二）典型做法

以实地调研的江宁区东山街道洛村社区、秣陵街道胜太社区为例，介绍其在完善集体资产股份权能改革的典型做法。

1. 东山街道洛村社区

南京市江宁区东山街道骆村社区位于东山老城区以南，紧邻江宁（国家）经济技术开发区、江宁高新园、江宁大学城。辖区面积 2.67 平方千米，居民 11 398户，户籍人口 16 292人，总人口 3 万余人。2019 年实现年公共财政收入3 400万元，年经营性收入2 700万元，农民人均可支配收入 4 万元。社区现有工业园经济楼宇及门面房等 8 万平方米，入驻企业 70 多家，集体资产达 3.3 亿元，其中集体经营性资产 2.84 亿元，经济总量位居全市前列。社区先后荣获江宁区先进基层党组织、文明示范社区，南京市文明示范社区、健康社区及江苏省绿色社区等称号。骆村社区于 2005 年 12 月注册成立股份制经济合作社，2017 年实施股权固化等深化改革，合作社总股数达 5 200股，其中集体 1 560股、成员 3 640股，有集体成员 893 户、2 590人。改革当年，股金分红 190 万元，人均分红 731 元，社区集体资产由 1.6 亿元增至 2.84 亿元，增加了 1.24 亿元，实现集体成员收入及社区集体经济“双增收”。在改革中，始终坚持党组织统一领导、以人民为中心，通过清产核资、界定集体成员、优化股权设置、固化股权、股权权能等各种改革，推进改革取得实效。其典型做法主要体现在以下四个方面。

一是聘请专业律师团队协助清产核资。严按政策要求，对社区账面、账外“三资”全面盘点核查，实物细致登记造册，往来款项逐一梳理、核对，切实摸清家底。针对债权、债务方确认等关键点，以居民代表会议、入户等方式当面核对，邀请律师事务所参与，及时公开清查结果，保证清核合法、公正。

二是民主界定成员，优化股权设置。多次召开集体成员代表大会，广泛采纳集体成员意见建议，确定合作社成员界定的条件和办法，通过合作社章程及改革户口截止时点，实现了合作社成员、章程等大事均由成员定的民主决策。在股权设置上，集体股由 40%降低为 30%，个人股由 60%提高为 70%，最大化让利于民。

三是科学固化股权，合理确定股权内涵。以 2017 年 10 月 20 日为节点，将集体经营性资产折股量化给集体成员，不因家庭成员户籍、人口变化而调整，“生不增、死不减”，探索出股权“量化到人、固化到户、户内继承、社内流转”的静态管理、闭环流动模式，利于农民持股进城。

四是探索股权权能改革，促进长远发展。在保障集体成员对集体资产的占有权、收益权基础上，确定固化后的股权可继承，赋予集体成员继承的权能，同时明确不能赠与、转让、买卖、抵债和提现。2019 年，社区股份经济合作社进一步提高集体成员持股份额和分红标准，分红总额达 200 万元，人均分红 773 元，持续增进各项民生福祉。社区通过集体经济载体提档升级，优化营商环境，引入高科技企业，依托村级发展留用地政策，加快 3.1 万平方米的人才公寓建设，强劲的发展后劲持续释放。

洛村社区推进改革后，不仅使社区集体经济组织合法权益得到保障，也能让集体成员获得劳动所得及股份合作社经营收益二次分配的“双收入”，集体和个人“双丰收”，促进了高质量发展，在改革中让群众的获得感、幸福感不断攀升。

2. 秣陵街道胜太社区

秣陵街道胜太社区位于秣陵街道东北角，三面临河，东至秦淮河，南至牛首河，西至双龙大道，北至秦淮新河，占地面积约3平方千米，现有户籍人口27 294人。2008年胜太社区进行了第一次农村集体产权制度改革，2018年，胜太社区被确定为国家级农村改革试验区拓展试验任务改革村，承担农村集体产权制度改革试点任务。胜太社区围绕农村改革“确权、赋能、搞活”的总体思路，通过清产核资、资产量化、成员资格认定、股权设置、股权固化、赋予股份权能、注册登记等重点改制环节，逐步构建起“产权清晰、权责明确、经营高效、管理民主、监督到位”的农村集体产权制度，使家底更清晰、居务更明朗、居民更放心。

一是以组织建设保障改革稳妥有序推进。为了确保深化农村集体产权制度改革试点工作的顺利推进，社区成立了由书记任组长，主任任副组长的农村集体产权制度改革领导小组，小组下设办公室，全面指导社区的改制工作。社区还成立了由两委成员、村务监督委员会成员、老干部、楼栋长、党群代表等为成员的30人的产权制度改革工作小组，配合领导小组实施各项股改工作。同时，社区委托第三方会计师事务所和测绘公司，配合社区完成清产核资任务，并聘请专业律师全程参与改制的所有环节，主要负责会议法律文书起草、法律法规和政策规定咨询等工作，为改制工作提供了技术和法律保障，全程依法依规开展。

二是以全面宣传营造良好改革氛围。农村集体产权制度改革是新生事物，改制涉及群众的切身利益，波及历史因素较多，极易引发矛盾。因此，要做好政策宣传，营造积极正面的舆论氛围尤为重要。①做好骨干培训，社区召开农村集体产权制度改革专项动员和培训会议4次，开展集中学习3次，让工作人员、楼栋长、党群代表详细了解工作的内容、程序和注意事项等，统一党员干部群众思想。②印发《致全体居民的一封信》，楼栋长把信发放到每家每户，让农村集体产权制度改革政策进楼栋入门户。③通过宣传栏、电子大屏、展板等宣传载体，宣传深化农村集体产权制度改革的目的及意义、政策规定和方法步骤等，并在居民小区出入口和人口密集地，通过悬挂横幅、张贴小标语等形式进行深入宣传，让深化农村集体产权制度改革的相关内容知晓到人，宣传到位。

三是以规范程序保障改革关键环节。在实施深化农村集体产权制度改革过程中，必须充分尊重民意，落实改革程序民主性，才能稳定大局。在推选代表、方案制定等工作中，召开楼栋长、老干部、党员代表、群众代表参加的意见征求会四次，反复修改、形成方案，最后提交居民代表大会表决通过。在确定股民时，楼栋长及工作人员深入摸排，上门核实、收集资料、签字确认，合理采纳股民提供的意见及建议，确定的股民名单及时张榜公布。重大事项上，如资产量化、成员资格认定、股权设置，全部由居民代投票表决，2/3 以上同意方可通过。社区统筹推进深化农村集体产权制度改革工作，紧抓全面清产核资、成员资格认定、股权量化、健全合作社组织机构四个关键环节，完善集体资产管理业务机构，强化集体资产管理。

四是以常态监督确保改革成果良好运行。社区成立由社区党委班子及民监会成员组成的督察组，全程对社区深化农村集体产权制度改革工作进行监督。对督查发现的问题，及时给予指导，不能当场解决的，提交领导工作小组研究，确保各项工作落到实处。同时加强对工作过程中的矛盾纠纷排查调处工作，制定纠纷调解处置预案，努力把矛盾化解在基层，解决在萌芽状态，确保社区和谐稳定。社区严肃工作纪律，党员干部特别是两委干部要以身作则，坚决杜绝借以深化农村集体产权制度改革工作之机为本人和亲友谋取私利。

四、改革的主要问题及潜在风险

江宁区在“完善集体资产股份权能改革”试验任务中，创新股权设置，重视制度建设，并且探寻了多种形式发展集体经济，取得了良好的成效，但是在改革逐渐推进的过程中，也遇到了一些问题，具体表现在以下几个方面。

（一）集体经济组织税收负担较重

农村股份经济合作社既具有营利性又具有公益性。根据《中华人民共和国企业所得税法》的有关规定，农村股份经济合作社也需要纳税，各种税负和必要的公益开支常常造成资金短缺从而制约其发展。村集体经济组织将经营性资产出租后，上缴税务部门税费较多、税负较重，包括增值税、企业所得税、城市维护建设税、房产税、印花税、城镇土地使用税、交易附加费等。

（二）政经分离模式尚不完善

江宁区在改革的过程中仍然存在村干部职责交叉，政经分离不完善的问题。过去社区的各项公共服务支出是由村干部收取，但在改革后，公共服务支出是否还由集体经济组织承担，而不是由村委会或上级财政承担，这仍是值得商榷的问题。针对此情况，村干部认为村内既然已经选出了股份经济合作社的理事会，那么可以让他们来全权负责资金管理，干部自己在督促改革工作的同时，又要注重资金报账管理，对于村干部来说工作压力较大，且工作效率也较低。另外，政经分离不完善，在未来极有可能出现干部权责不清、决策不民主、资产管理不透明等一系列问题。

（三）缺乏长效治理机制

村集体在没有集体资产时不会涉及经营管理问题，有集体资产的积累时就会涉及。对于大部分地区，现在还是原来的农村班子，在资产数额少时经营没有什么问题。从南京市江宁区的调研情况看，南京市江宁区的村集体资产普遍较多，这使得村党支部书记、村民委员会主任等领导班子成员在日常经营管理中感到力不从心。江宁区需要认真思考是否需要引进其他经济组织来与集体经济组织分工协作，以实现与现代市场经济的有机衔接，完善集体经济组织长效治理机制。

五、进一步深化改革的未来规划

对照新一轮深化股改的要求，江宁区将指导街村切实抓好关键环节，确保改革出实效、惠民生、增动能。主要做好以下四个方面的工作。

（一）创新农村集体经济的发展模式

不断打破思想障碍，改革和创新农村集体经济的发展模式，积极探索农村集体资产处置的多种实践形式，盘活存量资产、扩大投资、转型升级、组建集体经济合作联社抱团发展等经营方式，探索新的发展道路，为集体股份制改革分红提供物质保障。

（二）完善集体经济组织法律政策体系

在全面完成股改的基础上，选择集体经济较好、资产总量较大的城镇型社区，逐步探索把提供公共服务职能和村民自治功能交给村（社区）委会，把农村集体资产经营管理的经济职能交给社区股份经济合作社，逐步实现职能分离。同时，依照相关法律和政策，制定并落实好有利于集体经济发展的留用地政策，督促抓好政策落实。

（三）探索开展权能拓展改革

江宁区出台《江宁区农村集体资产股份有偿退出暂行办法》《江宁区农村集体经济组织股权继承指引》，实现集体资产股份占有、收益、继承、有偿退出权能的基础上，继续探索抵押、担保两项权能的拓展，建立健全风险防范机制。

（四）规范农村产权交易市场

按照省市文件精神和“应进必进”要求，着重抓好农村产权交易市场的规范化、标准化建设。进一步加强农村集体资产资源流转交易管理，促进交易公开、公正、透明、规范。

[illegible]合作社和国有企业等经营方式，[illegible]

[illegible]

（二）[illegible]配套体系

[illegible]

（三）[illegible]

[illegible]

（四）[illegible]交易市场

[illegible]

下篇　发展篇

第六章　新型农村集体经济内源式发展的路径研究

一、引　言

我国政府对发展新型集体经济给予了大量财政支持，但新型集体经济发展取得的成果有限（周振，2021）。截至2020年9月18日，我国政府已累计安排289亿元新型集体经济专项扶持资金，并明确2018—2022年在全国范围内扶持10万个左右的村发展新型集体经济①。然而，2018年全国有78.9%的新型集体经济的经营性收入在10万元以下，35.8%的新型集体经济当年无经营收益②。可见，我国大多数新型集体经济的盈利能力没有得到明显改善（靳永广，2022），新型集体经济相关的政策并未得到有效的执行，缺乏内生动力而仅仅依靠外部支持的新型集体经济容易出现经营不善的问题，进而走向“空壳化”（马荟 等，2020）。因此，培育新型集体经济内生发展动力至关重要。

我国政府高度重视培育乡村振兴内生动力和发展新型集体经济。2018年7月，习近平总书记强调要尊重广大农民意愿，激发广大农民积极性、主动性、创造性，激活乡村振兴内生动力，让广大农民在乡村振兴中有更多获得感、幸福感、安全感③。《国家乡村振兴战略规划（2018—2022年）》也指出，要引导农民摒弃“等靠要”思想，激发农村各类主体活

① 资料来源：《关于政协十三届全国委员会第三次会议第2667号（农业水利类237号）提案答复的函》，农业农村部官网，http：//www.moa.gov.cn/govpublic/XZQYJ/202009/t20200918_6352317.htm?keywords=+2667。

② 数据来源：《中国农村经营管理统计年报（2018年）》。

③ 资料来源：《习近平对实施乡村振兴战略作出重要指示》，中国政府网，http：//www.gov.cn/xinwen/2018-07/05/content_5303799.htm。

力，激活乡村振兴内生动力，形成系统高效的运行机制①。这表明，激发乡村内生发展动力成为乡村振兴的重要内容。内生动力对发展新型集体经济至关重要（马荟 等，2020）。2016 年，中共中央、国务院印发的《关于稳步推进农村集体产权制度改革的意见》就明确将发展新型集体经济作为改革的目标之一，强调要“发展新型农村集体经济”②。2021 年中央一号文件也明确指出要发展新型农村集体经济③。2022 年中央一号文件进一步指出要探索新型农村集体经济发展路径④。党的二十大报告也再度提出要发展新型集体经济⑤。可见，发展新型集体经济已经成为我国政府推进乡村振兴事业的重要抓手。

内源式发展是指激发集体内部成员积极性的发展方式，是与外源式发展相对应的概念（Van Der Ploeg et al.，1994）。尽管外源式发展为集体经济带来了红利（罗昊，2021），但也造成了农户阶层分化（刘锐，2013）、集体经济组织悬浮（王伟杰，2021）等负面问题。内源式发展强调通过挖掘和动员乡土资源推动村庄发展，进而建立乡村持续发展的内生动力机制（张环宙 等，2007；马荟 等，2020）。因此，内源式发展是新型集体经济发展的重要保证。然而，我国的新型集体经济组织多存在着基层的干部和群众态度漠然的问题（张克俊 等，2022），缺乏内源动力是新型集体经济发展滞后的重要原因（崔超，2019）。因此，本研究将新型集体经济内源式发展界定为集体经济组织依托自身的资源禀赋，利用外部主体的优势，通过紧密的利益联结网络和合理的利益分配机制等建立起持续发展的内生动力，带动集体与农户增收的新型集体经济发展方式。实践中，一部分新型集体经济组织实现了由弱变强、与农户构建了紧密的利益联结机制，而全国有相当比例的新型集体经济组织出现了“空壳化”问题。那么，新型

---

① 资料来源：《中共中央　国务院印发〈乡村振兴战略规划（2018—2022 年）〉》，中国政府网，http：//www.gov.cn/zhengce/2018-09/26/content_5325534.htm。

② 资料来源：《中共中央　国务院关于稳步推进农村集体产权制度改革的意见》，中国政府网，http：//www.gov.cn/xinwen/2016-12/29/content_5154592.htm。

③ 资料来源：《中共中央　国务院关于全面推进乡村振兴加快农业农村现代化的意见》，中国政府网，http：//www.gov.cn/zhengce/2021-02/21/content_5588098.htm。

④ 资料来源：《中共中央　国务院关于做好 2022 年全面推进乡村振兴重点工作的意见》，中国政府网，http：//www.gov.cn/zhengce/2022-02/22/content_5675035.htm。

⑤ 资料来源：《习近平：高举中国特色社会主义伟大旗帜　为全面建设社会主义现代化国家而团结奋斗——在中国共产党第二十次全国代表大会上的报告》，中国政府网，http：//www.gov.cn/xinwen/2022-10/25/content_5721685.htm。

集体经济实现内源式发展的演化机理是什么？具体而言，新型集体经济内源式发展过程中涉及哪些参与者？他们的利益和价值诉求是如何表达和互动的？进而新型集体经济该由谁来主导？进一步如何破解多元化的利益冲突？最终又如何构建紧密的利益联结机制？

现有研究对新型集体经济的概念界定、发展现状、制度分析等方面展开了广泛的研究。概念界定方面，新型集体经济是与依托行政村的政社一体、村社一体的集体经济相对的概念（赵意焕，2021），是产权明晰、成员明晰、收益分配制度化、参与主体多元化、发展环境开放化的混合所有制经济形式（张克俊 等，2022），是集体产权制度改革后成立的村级集体经济组织（苑鹏 等，2016）。此外，也有不少学者指出新型集体经济存在着诸多亟待解决的问题，体现在集体经济收入来源单一（刘金龙 等，2018）、缺乏工商资本（李韬 等，2021；周振，2021）、缺乏人才资源（肖红波 等，2021）、自身经营管理能力薄弱（程郁 等，2020）、公共支出负担繁重（蓝宇蕴，2017；高鸣 等，2019）、农户参与程度不高（宋浩楠 等，2021）等方面。另外，还有部分学者对当前新兴集体经济存在的问题进行了制度层面的分析，主要是由于存在着立法缺乏（方志权，2014；黄延信，2015）、法人地位缺失（郑有贵，2012）等问题，使得我国新型集体经济还没有实现市场化转型（蓝宇蕴，2017），甚至存在集体性弱化和流失的问题（周立 等，2021），进而导致无效率的公平（仝志辉，2018），使得一些农户对新型集体经济漠不关心（计小青 等，2022）。

目前已有研究对新型集体经济的内涵、存在问题与制度层面进行了分析，也有文献对新型农村集体经济的典型发展模式、发展路径和发展历程等（高强，2020；马荟 等，2020；周立 等，2021；靳永广，2022）进行了总结，但鲜有研究对新型集体经济内源式发展给出明确的定义，也鲜有研究对新型集体经济成功案例由“弱”到“强”的演化机理展开分析，即未有研究就异质性主体在发展新型集体经济的过程中如何构建与维持紧密的利益联结机制展开研究。针对已有研究的不足，本研究的创新点主要体现在以下三方面。第一，本研究对新型集体经济内源式发展给出明确的概念界定；第二，采用多案例研究方法刻画四家新型集体经济实现内源式发展的演化机理，着重关注异质性主体构建紧密利益联结机制的过程；第三，本研究尝试构建基于行动者网络理论的新型集体经济内源式发展的研究框架，通过阐释新型集体经济组织是如何通过行动者网络构建紧密的利益联结机制，进而实现由弱到强的过程，探究新型集体经济内源式发展的演化机理。

二、新型集体经济内源式发展的行动者理论构建

在外源式发展阶段，集体经济组织、农户与其他社会主体之间存在着多重矛盾。其中，农户的增收诉求得不到解决；农户的利益被外部工商资本“剥削”；集体经济组织与外部主体仅仅是简单交易关系，难以发展集体经济，如图 6-1 所示。根据张文明等（2018）的研究，本研究构建了新型集体经济内源式发展的“资源、参与、赋能”的三维分析逻辑。其中，资源指新型集体经济实现内源式发展依赖于内外部资源的整合与利用，尤其是充分利用当地优势特色资源要素；参与指广泛调动多元化主体的积极性，使其参与到集体经济发展中，尤其是将农户纳入利益联结机制；著名学者阿玛蒂亚·森认为贫困的根源是缺少可行能力，因此赋能指为农户提高参与集体经济发展的能力，增强其人力资源与技术技能。

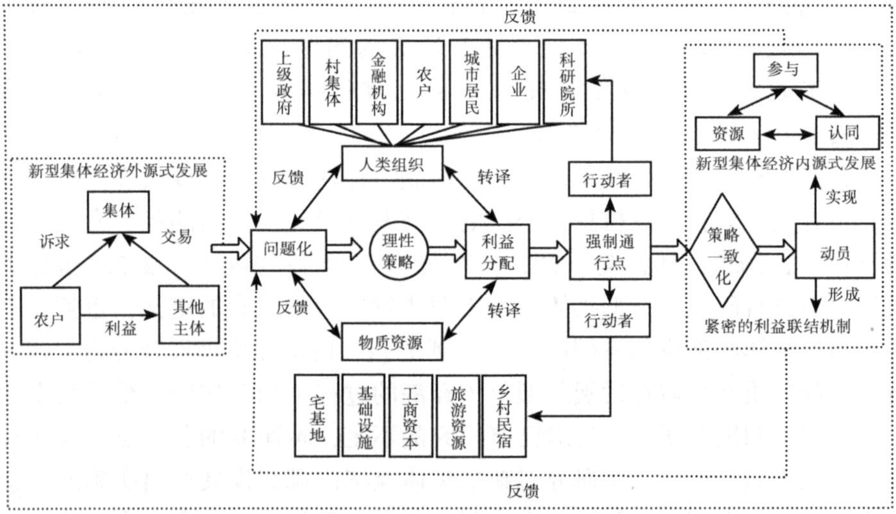

图 6-1　新型集体经济内源式发展的整合性行动分析框架

本研究结合行动者网络理论，分析通过行动者网络的转译环节，完成异质性主体身份和角色的转化，实现集体经济由传统外源式发展向内源式发展的转变，进而构建紧密的利益联结机制，构建了新型集体经济内源式发展的整合性行动分析框架。行动者网络理论由 Callon 提出，最早用来研究异质性利益相关主体的关系（Callon，1984）。张环宙等（2007）首先将行动者网络理论应用于乡村内生式发展的研究。应用行动者网络理论的“三农”研究多集中于乡村旅游、乡村治理等方面。王公为等（2021）用行动者网络理论解释了乡村旅游扶贫模式的运行机制，并分析了行动者网络的构建过程。谢元等（2018）用行动者网络理论阐述了实现乡村有效治理的路径。王鹏飞等（2017）从农村空间商品化的视角，用行动者网络理论分析农村空间商品化的形成与演变过程，并阐述了异质性主体所发挥的作用。上述研究较好地解释了包含农业农村领域涉及农户、村集体、企业、政府等人类组织与土地、劳动力、工商资本、技术等多种资源在内的异质性行动者构成行动者网络的过程（René et al.，2013）。因此，行动者网络理论对新型集体经济由“弱”到“强”的发展过程具有较强的解释力，能够较好地解释新型集体经济实现内源式发展的演化机理。

本研究选择行动者网络理论的原因在于，一是侧重于过程分析。不同于以往的理论，行动者网络理论能够较好地解释新型集体经济由外源式发展转向内源式发展的路径。二是能够将物质资源纳入分析框架，乡村资源要素异质性较强，尤其是优势的资源禀赋，在新型集体经济内源式发展过程中发挥着重要的作用。而已有的研究往往侧重于具有主观能动性的人类主体，但并未重视到资源要素的重要性。此外资源也是新型集体经济实现内源式发展的重要分析维度。三是行动者网络理论适合分析紧密利益联结机制的构建过程和维护机制，为今后开展新型集体经济内源式发展提供一定的指导和借鉴。因此，本研究应用行动者网络理论分析新型集体经济如何实现内源式发展的问题。行动者网络理论分析主要包括梳理行动者网络中所包含的行动者、分析异质性行动者转译过程、行动者网络的构建效果 3 个步骤（Alcadipani et al.，2010）。由于异质性行动者通过转译能够构建紧密的利益联结机制，在行动者网络中发挥相应的作用（Durepos et al.，2017），因此转译是最重要的环节（Hardy et al.，2008）。转译过程是异质性行动者突破困境与统一利益，构建紧密的利益联结机制的关键（吴旭红，2020）。根据 Rodger et al.（2009）的研究，转译过程分为五个环节。一是主体动机与问题呈现。在行动者网络构建前，不同的行动者会存在着不同的利益诉求（Callen et al.，1986），核心行动者识别并呈现不同行动者的诉求与问题。集体经济组织具有对内优化资源配置和对外拓展要素合作的制度优势（郭晓鸣 等，2020），是实现新型集体经济内源式发展的核心行动者。集体经济组织需要找到人类组织与资源所面临的问题（郝亚光，2015）。二是协商与整合。核心行动者分析异质行动者的差异化诉求，通过适宜的创新找到满足异质行动者诉求的方法，促使异质性行动者达成相一致的目标（Woods，1998）。集体经济组织在该阶段反复与农户、企业、上级政府进行沟通，找到行动者网络的强制通行点。集体经济组织往往更了解本村的实际情况，也更容易对接上级政府的政策。三是利益分配。核心行动者对不同行动者的角色进行界定并分配任务，最终分享利益的过程（Kitchen，2000）。在找到强制通行点、掌握异质性行动者的利益诉求后，集体经济组织制定分配方案并得到农户和企业的认可，实现利益赋予，使得异质性行动者的目标达成一致，实现利益相关化。四是征召动员。核心行动者号召其他行动者完成任务，使其他行动者融入行动网络中并转化为成员（Hartt et al.，2014）。集体经济组织动员其他行动者参与到发展新型集体经济中，发挥组织与带领的作用。五是互动反馈。行动者网络处于不断变化之中（Alcadipani et al.，2010），不同行动者因目标的差异或利益不一致而产生分歧。集体经济组织联结内部的农户与外部工商资本、对接上级政府与银行等，通过协商方式解决不同主体存在的争议，维护行动者网络的良好运行。新型集体经济内源式发展的整合性行动分析框架如图 6-1 所示。

三、研究设计：新型集体经济内源式发展的案例选取

（一）多案例研究

本研究选用案例研究方法的原因在于，首先，缺乏集体经济组织相关的数据，难以应用基于大量数据的实证研究方法；其次，案例研究方法适用于无法对若干因素进行控制的案例或事件展开分析；最后，案例研究方

法不仅对现象进行翔实的描述，更对现象背后的原因进行了深入的分析，既能回答“怎么样”和“为什么”的问题，也有助于研究者把握事件的来龙去脉和本质。因此，本章所研究的新型集体经济内源式发展这一探索性问题适合应用案例研究方法。进一步，本研究选用多案例研究方法的原因在于，首先，多案例的研究方法可视为多个相关实验，每个案例的选取都需要满足研究需要（Yin，2009）；其次，多案例研究方法能够对问题进行反复论证，提高其有效性（Eisenhardt，1989）。因此，本研究选取多案例研究方法展开分析。本研究选取课题组调研过的江苏省苏州市红星村、涂松村、祁浜村和戴家浜村四个村作为案例。选取以上四个案例的原因有以下几点：一是上述四个村的新型集体经济发展的成果显著，短时间内实现了由弱变强的演化历程，截至 2021 年底，集体与农户增收超过 100 万元，户均增收 5 万元以上。二是依靠新型集体经济组织实现内源式发展。上述四个村的集体经济组织在坚持集体所有制的前提下开展股份合作，通过设置集体股和资本股，与农户、旅游公司、企业、银行和社会组织等展开合作，创新分配形式具有新型集体经济组织的特征。三是内源性发展特征鲜明。上述四个村在发展过程中均充分盘活和调动村内资源，以盘活资源优势为发力点，并积极争取政府和市场的资源。四是四个案例具有差异性，分别盘活了劳动力和土地要素，通过扩大就业、促进创业，发展房东经济与乡村旅游而实现内源式发展。

（二）案例基本情况

昆山市淀山湖镇红星村。红星村占地面积 3.8 平方千米，全村常住人口4 035人，户籍人口1 852人。淀山湖镇红星村临近工业园区。红星村将盘活利用闲置宅基地，帮助低收入农户发展“房东经济”，使闲置宅基地成为精准扶贫的有效载体，探索出一条“低收入农户+银行+担保公司”的房东经济型发展模式，构建了紧密的利益联结机制，发展了新型集体经济，实现低收入农户稳定增收。

太仓市沙溪镇涂松村。涂松村地处沙溪镇七浦塘北岸，村域面积 4.5 平方千米，辖管 48 个村小组，总户数 861 户，常住人口3 560人，户籍人口2 183人。该村先后获得“江苏省文明村”“太仓市乡村振兴试点示范村”等荣誉称号。涂松村为镇工业园所在地，失地农民较多，为解决本村富余劳动力就业问题，村两委于 2014 年成立涂松村劳务合作社，带动农户实现就业，为集体与农户双增收贡献了重要力量。

昆山市周庄镇祁浜村。祁浜村位于昆山市周庄镇的中西部，村域面积2.6平方千米，常住人口2 460人，户籍人口1 985人，共包含25个村小组。祁浜村充分挖掘闲置宅基地资源，与旅游公司合作，通过乡村旅游模式带动企业参与，有效整合利用农村闲置宅基地发展田园观光、民宿等特色产业，推动乡村旅游转型集体经济发展，全力打造“香村祁庄”乡村旅游品牌。

苏州市吴江区桃源镇戴家浜村。戴家浜村位于桃源镇镇郊接合部，村域面积3.6平方千米，下辖25个村小组，常住人口2 918人，户籍人口2 256人。近年来，在“大众创业、万众创新”政策的号召下，戴家浜村坚持“共建、自治”的理念，在戴家浜劳务合作社积极引导农民就业的基础上，积极为农民提供创业渠道，因地制宜走出一条农民富、集体强的农村产业转型新路径，展现了戴家浜村的新风貌（表6-1）。

表6-1　案例基本情况

案例	面积（千米^2）	户籍人口数（人）	优势资源	发展模式
红星村	3.8	1 852	宅基地	“收入农户+银行+担保公司”的房东经济型模式
涂松村	4.5	2 183	劳动力	“农户+劳务合作社”的就业型模式
祁浜村	2.6	1 985	宅基地	“集体+国有资本+社会资本”的乡村旅游型模式
戴家浜村	3.6	2 256	劳动力	“科研院所+合作社+农户”的创业型模式

资料来源：根据调研资料整理。

四、新型集体经济内源式发展的演化机制：异质行动者的困境、利益与实现路径

（一）主体动机与问题呈现：新型集体经济内源式发展的必要准备

本研究将新型集体经济内源式发展的行动者网络划分为人类组织和物质资源两部分。四个成功案例的行动者网络由人类组织和物质资源组成，具体分类如表6-2所示。

表 6-2　成功案例发展新型集体经济的行动者网络组成

案例	人类组织	物质资源
红星村	农业农村局、镇政府、集体经济组织、镇农商行、镇资产运营公司、农户、贫困户、租房者	闲置宅基地、工商贷款、出租房、基础设施
涂松村	农业农村局、镇政府、集体经济组织、劳动密集型企业、涂松村劳务专业合作社、农户	劳动力资源、就业服务、职业技术
祁浜村	农业农村局、镇政府、集体经济组织、旅游公司、水乡周庄服务有限公司、农户、游客	闲置宅基地、国有资本、工商资本、民宿、旅游资源
戴家浜村	农业农村局、镇政府、集体经济组织、戴家浜劳务合作社、电商公司、农业科技公司	企业家才能、农户资本、农业与电商技术

资料来源：根据调研资料整理。

四个案例村自然禀赋、民俗特点各不相同，但由于异质性行动者的多元化、分散性等原因，初期均未探索出一条符合本地实际的发展路径和方法策略。具体而言，政府作为地方发展的组织者、参与者，在脱贫攻坚、发展新型集体经济、振兴乡村产业方面未能做好统筹规划；集体经济组织由于自身实力弱、缺乏工商资本投资、宅基地和旅游资源闲置等问题，其组建之初带领农户发展新型集体经济的目标也未能有效落实；旅游公司面临着缺乏投资保障、流转土地难等问题；劳动密集型企业面临着劳动力短缺的难题；农户则存在着技能不强与就业创业难的问题；经营民宿的农户则规模不大、分散经营的天然弱势性导致无法实现标准化生产、品牌化经营，长此以往出现了民宿效益差的困境；银行存在着履约风险问题；供销社面临着农产品供应难保障的问题；科研院所存在着缺乏试验田的问题。除此之外，租房者无房可租、游客无处可去的难题也阻碍着当地发展。资源中，宅基地闲置浪费、不规范、安全隐患多、设施与装修陈旧、基础设施老旧、治安混乱、公共服务不足问题严重影响当地旅游资源的开发；现有的旅游产业中也存在资源禀赋挖掘不够、品牌效应发挥不足、地方特色培育不强等难点；工商资本缺乏保障与贷款难的问题更是始终困扰着各类异质性行动者；农村劳动力就业创业难问题依旧较为普遍。

2016 年以来，苏州市围绕乡村振兴战略，发展新型集体经济，鼓励探索发展新型集体经济的实现形式①。为此，四家集体经济组织在当年多次召开成员代表大会讨论如何发展新型集体经济的问题，就自身的资源禀赋展开分析，并向当地镇政府与农业农村局提交发展新型集体经济计划书。

（二）强制通行点：新型集体经济转向内源式发展

为了解决异质性行动者的不同问题、实现异质性行动者的不同目标，需要基于利益诉求找到实现总体目标的强制通行点。在行动者网络理论中，解决障碍与实现目标必须通过强制通行点加以实现，进而构建行动者网络。农业农村局对全市村集体经济发展计划书进行详细甄选，并对四个成功案例进行了深入的调研走访，具体了解其发展新型集体经济过程中可能遇到的问题与政策诉求。成功案例的异质性行动者均面临不同的问题与目标，存在的问题与不同的目标迫使核心行动者亟须找到强制通行点，进而实现行动者网络的构建。尽管成功案例资源禀赋不尽相同，但也具有一定的共性，主要体现在以下四方面。

首先，集体经济组织往往面临着资源难利用与新型集体经济亟待发展的难题。成功案例闲置宅基地与剩余劳动力较多，现有的集体经济相对薄弱，通过盘活利用闲置资源要素能够发展新型集体经济。其次，农户存在着收入低和就业难的困境。尽管成功案例地处东部沿海发达地区，但仍然存在着部分低收入农户。在脱贫攻坚的政策号召下，村委会也具有较大的政策压力，通过发展新型集体经济的方式带动农户稳定脱贫。再次，外部主体投资农村则面临着缺乏保障的问题。成功案例村集体有可营利性较强的项目，工商资本具有较强的投资意愿。但囿于产权不明晰，外部企业对当地的具体情况缺乏了解，对资产专用性较强的投资心生畏惧。劳动力需求企业还存在着招工难与缺乏技术工种的问题。另外，从红星村案例看，由于缺乏可抵押物，银行对向贫困户发放贷款也是慎之又慎。最后，强制通行点的目标均通过盘活优势资源要素发展新型集体经济，助力集体与农户双增收（图6-2）。

（三）利益分配：确立新型集体经济内源式发展的行动纲领

利益分配阶段，核心行动者需要通过利益共享充分调动异质行动者的

---

① 资料来源：壮大集体经济　释放发展活力——苏州股改探索，中国农村网，http：//journal. crnews. net/nccwhj/2017n/d4q/jyhc/917098_20170406105145. html，访问日期：2021年10月11日。

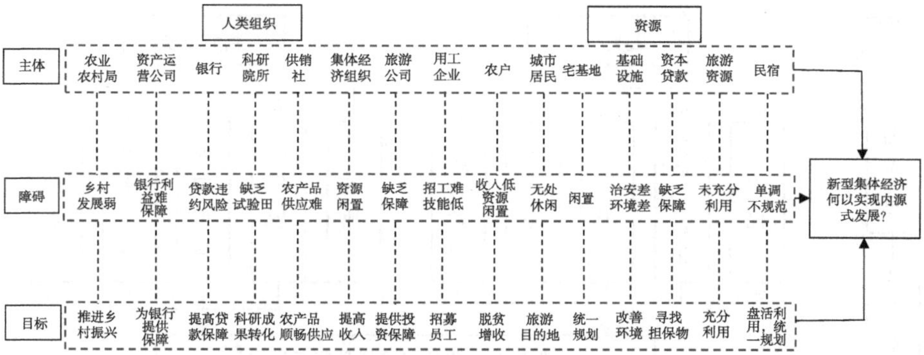

图 6-2　成功案例的问题呈现和强制通行点

积极性，进一步明确行动者的角色，保证各行动者达到稳定关系。在新型集体经济发展的过程中，不同行动者有不同的利益目标，当不同行动者的目标发生分歧时可能会产生冲突，进而导致行动者网络的不稳定。利益赋予阶段也需要通过强制通行点，统筹不同行动者的利益诉求，形成紧密的行动者网络。成功案例中的政府、集体经济组织、公司、农户等异质性行动者具有不同的利益诉求，核心行动者集体经济组织通过争取政策、配置资源、筹集资金等方式，界定新型集体经济发展过程中各行动者的新角色并向其赋予利益，制定符合多元行动者利益诉求的分配方案，提高多元化主体的参与积极性，使其在发展新型集体经济中发挥积极作用。发展新型集体经济转译环节的利益赋予如图 6-3 所示。

为了解决红星村农户收入低、集体经济弱、宅基地闲置等突出问题，集体经济组织迫切想要找到破题的思路。在当地主管部门的支持下，集体经济组织充分调动各方积极性，构建了包含银行、资产经营公司、农户在内的利益联结机制，构建了帮扶农户“建得起房”“还得起贷”的行动者网络，充分保障多方的利益。鼓励本地农商行向农村生活困难群体发放低息贷款，用于支持其建房，并由镇政府给予部分补贴。房屋建成后，低保（边）户只享有部分住房空间使用权，其余住房用于出租，发展房东经济。加入该项目中的贫困户年增收 4 万余元，每户可为集体经济组织增收约 0. 5 万元，集体经济组织通过分红的方式为贫困户增收，构建了脱贫攻坚长效机制，走出了一条“以房扶贫”的致富道路。

涂松村地处镇工业园，失地农民较多，为解决本村富余劳力就业问题，

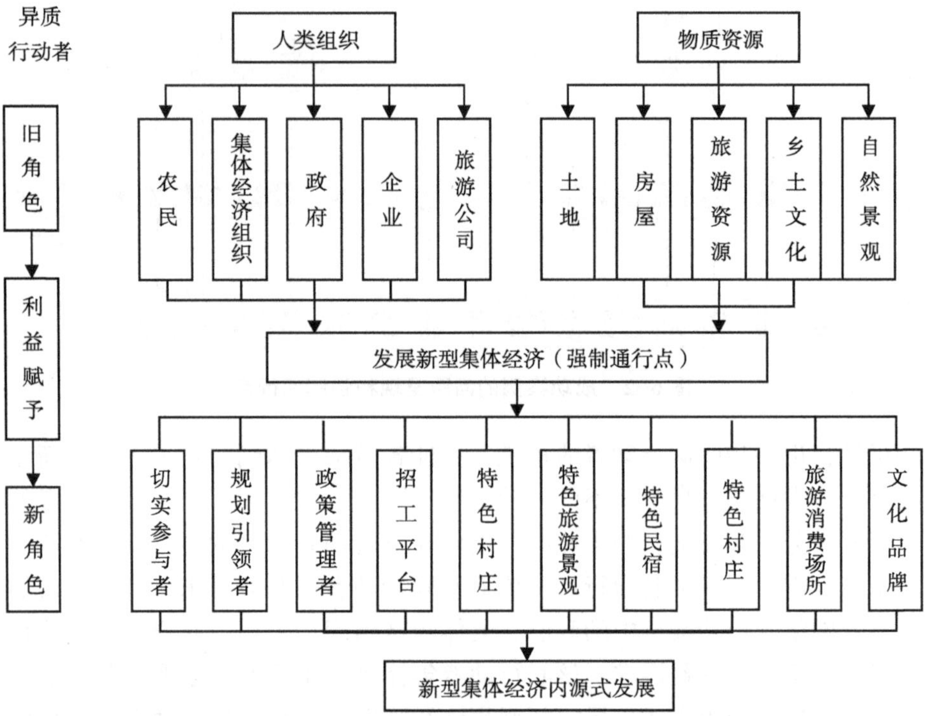

图 6-3　新型集体经济内源式发展的利益分配

2014 年，由村集体领办涂松村劳务专业合作社（以下简称“涂松村合作社”）。成立初期，涂松村合作社主要承担本村绿化养护与沙东莱市场的清洁维保业务。2014—2017 年，年均劳务合作社用工 10 人，年收益约为 20 万元。2018 年，涂松村开展农村人居环境整治工作后，年均劳务合作社用工 18 人，年收益约为 40 万元。综合考量现实情况，制定了符合多方利益诉求的分配方案，提取合作社收益的 5%用于管理支出，其余收益全额分配给农民。此外，农户每年通过合作社务工市场达 100 个工日后，可享受 2 万元/年的保底收益。通过涂松村将低收入农户组织到劳务合作社中，实现了就业，完成了对异质性行动者的利益赋予环节，最大限度地开发劳动力资源禀赋，探索出一条“农户+劳务合作社”的就业型发展模式。

祁浜村集体经济组织通过与江苏水乡旅游公司、嘉禾旅游租赁公司共同成立水乡周庄旅游公司，发挥市场化机制的作用，带动更多主体参与。为充分保障已经流转宅基地农户的利益，集体经济组织与其他两家企业商定的宅基地流转价格为每年 4.5 万元。另外，集体经济组织、江苏水乡旅游公司、嘉禾旅游租赁公司分别按照 6：2：2 的比例出资与分红，其中集体经济组织所获得收益的 20%分给流转承包地的农户。通过构建紧密的利益联结机制，并以水乡周庄旅游公司开展市场化运作，构建出一条“村集体+农户+国有资本+社会资本”的新型集体经济发展路径。此外，水乡周庄旅游公司还与本村农户开展联合经营，公司向自营民宿的农户提供指导，农户需按照公司的要求提供服务，向其收取业务额 5%的技术服务费，因此农户能够通过经营旅游相关产业或到旅游公司就业实现增收。

为解决劳动力与承包地资源闲置、集体经济弱等问题，根据《关于支持和促进农村劳务合作社发展的实施意见》，戴家浜村成立戴家浜劳务合作社，农户能够以劳动力和承包地加入合作社，共吸纳 15 户农户自主经营特色有机农产品与特色水产品，户均经营面积 1.5 亩，年均增收约为 12 万元，有力推动了本村剩余劳动力创业。农业农村局与镇政府积极为提供乡村产业项目支持，戴家浜村与江苏省农业科学院、河南农业大学、苏州市供销社开展合作致力于打造农业高效科创类项目，将闲置的劳动力和承包地资源进行统一规划，以“农业科创”的模式赋能农业生产，建设绿色有机农产品推广基地、特色水产养殖基地。戴家浜集体经济组织制定了多元化的分配方案，一方面，农户生产的农产品由供销社进行统一销售，农产品收购价格高于市场价格 10%；另一方面，劳务合作社每年提取 10%经营收入作为盈余公积。盈余公积中，50%用于管理者工资与分红，50%用于参与经营农户的绩效（图 6-4）。

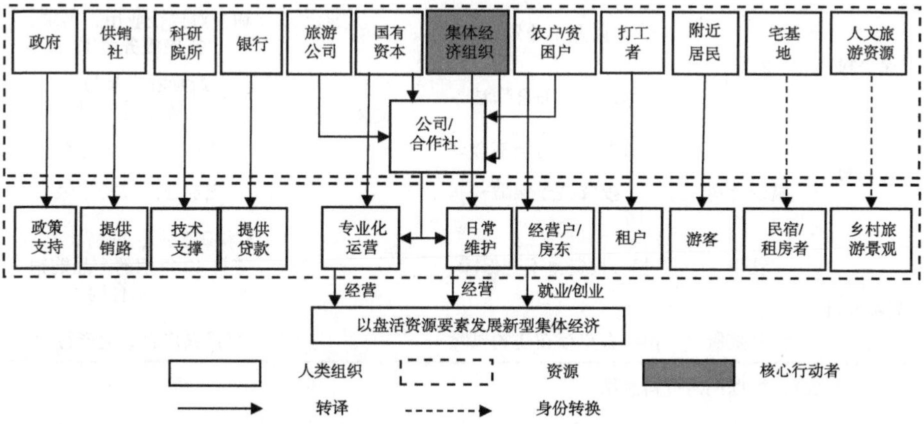

图 6-4　成功案例发展新型集体经济的行动者网络与利益联结机制

（四）征召动员：形成集体经济内源式发展的格局

在征召动员阶段，成功案例仍然存在较强的共性问题与特征，主要体现在：农户方面，农户是风险规避者，往往追求在稳健的收益或保底分红的基础上实现更高的收益。外部方面，银行和旅游公司等出资方往往由于资产专用性较强而较为审慎。另外，部分企业、科研院所也难以找到适合开展合作的农户。集体经济组织方面，集体经济组织在征召动员阶段重点保障农户与外部合作者的权益，是实现征召与动员的关键。农村社会的邻里关系较为紧密，“熟人社会”具有较强的示范效应，通过鼓励少数农户先行先试，能够实现征召与动员。在四个成功案例中，异质行动者的顾虑导致其参与行动者网络的积极性较低，需要进行征召与动员。在征召与动员过程中，四个成功案例集体经济组织作为核心行动者，针对异质行动者的差异化困惑与疑虑，针对性地解决具体问题，调动了多元化主体的参与积极性，成功地实现征召与动员，如表 6-3 所示。

表 6-3　四个成功案例征召动员所遇问题与解决对策

<table>
<tr><th rowspan="2">案例</th><th colspan="2">所遇问题</th><th colspan="2">解决对策</th></tr>
<tr><th>主体</th><th>内容</th><th>主体</th><th>内容</th></tr>
<tr><td rowspan="2">红星村</td><td>低收入农户</td><td>质疑房东经济</td><td rowspan="8">集体经济组织</td><td>鼓励 3 家党员低保户参与，发挥示范效应</td></tr>
<tr><td>银行</td><td>缺乏可抵押物</td><td>为资信较高的农户授信</td></tr>
<tr><td rowspan="2">涂松村</td><td rowspan="2">农户</td><td>就业不稳定</td><td>积极对接企业用工需求，拓展服务范围</td></tr>
<tr><td>不认可劳务合作社</td><td>鼓励农户参与，发挥示范效应</td></tr>
<tr><td rowspan="2">祁浜村</td><td>农户</td><td>宅基地流转租金不合理</td><td>细化长期租金方案</td></tr>
<tr><td>旅游公司</td><td>投资缺乏保障</td><td>规定最低流转年限</td></tr>
<tr><td rowspan="2">戴家浜村</td><td>农户</td><td>担心投资得不到保障</td><td>与科研院所、供销社统一签订 10 年期的产品购销与技术合同</td></tr>
<tr><td>科研院所</td><td>担心农户存在违约风险</td><td>监督农户农业生产行为</td></tr>
</table>

资料来源：根据调研资料总结。

（五）互动反馈：新型集体经济内源式发展的强化路径

在互动反馈阶段，成功案例所遇到的问题与解决对策仍然具有较强的共性，具体体现在以下两方面：一是提供要素的双方仍然是容易存在异议的行动者，农户往往追求更稳定、更可持续的长期收益，而银行和旅游公司则是为贷款和投资提供更多的保障，以降低经营风险。二是集体经济组织与上级政府能够对解决异议发挥重要的作用，采取沟通、协商等方式调整分配方案，监督农户生产经营行为，满足多元的利益诉求。四个成功案例集体经济组织实现征召动员后，针对异质行动者对利益分配、风险保障等方面的异议进行了因地制宜的处理，实现了行动者网络的更新与优化，如表 6–4 所示。

表 6–4　四个成功案例在异议阶段所遇问题与解决对策

成功案例	所遇问题		解决对策	
	主体	内容	主体	内容
红星村	低收入农户	对贷款不认可	集体经济组织	租金由集体代管并分配
	银行	缺乏风险保障	镇政府	成立资产公司提供担保
涂松村	农户	务工收入较低且长期不变不合理	集体经济组织	制定“保底租金”与“租金+分红”两种方案
	企业	农户培训的成本较高		组织农户与企业签订 5 年就业合同
祁浜村	农户	经营不规范	集体经济组织	预缴押金，加强监督管理
	旅游公司	缺乏资金		增加旅游公司为期 3 年的 20% 股份收益
戴家浜村	农户	经营收入不稳定	集体经济组织	与供销社协商，为农户保障 15 万元/户的保底收益
	集体经济组织	增收能力有限	电商公司	为农户提供电商直播技术支持

资料来源：根据调研资料总结。

（六）新型集体经济内源式发展的成效

发展新型集体经济的成效不仅包含集体经济组织的收益，还包含带动农户的增收情况（王德刚 等，2021）。四个成功案例以盘活利用闲置的宅基地资源发展房东经济与乡村旅游、吸收剩余劳动力实现农户就业创业，构建了紧密的利益联结机制，带动了集体与农户增收。本研究结合新型集体经济内源式发展分析框架，从资源、参与和赋能三个方面归纳新型集体经济实现内源式发展的成效，如图 6-5 所示。

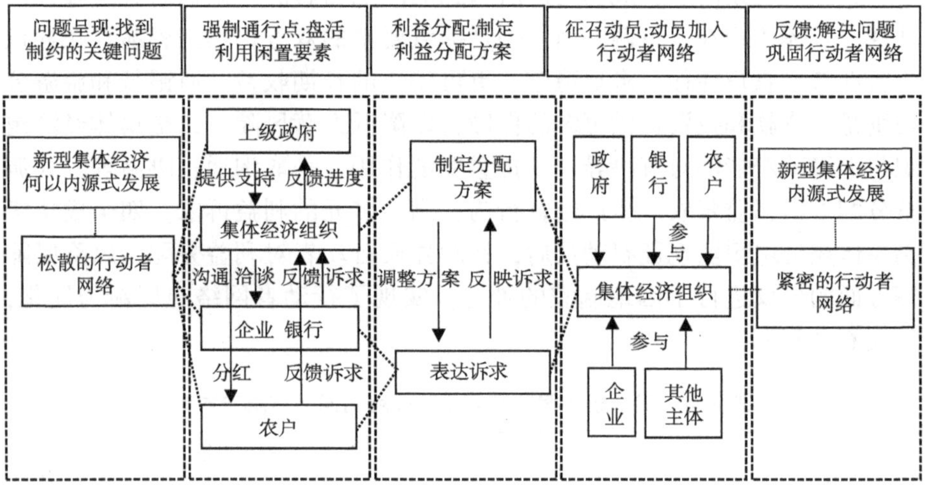

图 6-5　新型集体经济内源式发展的形成与运作机制

1. “低收入农户+银行+担保公司”的房东经济型模式

资源方面，红星村将盘活利用闲置宅基地、精准扶贫、发展新型集体经济相结合，让贫困户分享更多宅基地增值收益，使得闲置宅基地成为脱贫的有效载体，有效盘活了闲置的资源要素。参与方面，镇资产运营公司为农户提供担保，镇农商行向农户提供贷款，搭建出“低收入农户+银行+担保公司”的发展模式，同时低收入农户也通过出租房屋与就业的方式实现增收。赋能方面，村集体对低收入农户进行培训，将保洁维护、治安管理等日常工作交其负责。截至 2021 年底，红星村开展盘活利用闲置宅基地发展房东经济项目已盘活宅基地 28 处，集体增收约 14 万元，帮助低收入农户增收 135 万余元，户均增收 5 万余元。

2. “农户+劳务合作社”的就业型模式

资源方面，涂松村劳务合作社吸纳农户的剩余劳动力资源，对接劳动密集型企业的用工需求，实现了剩余劳动力资源的优化配置。参与方面，合作社积极对接周边企业的用工需求和劳动力资源，组织用工企业与农户签订长期务工合同，并按照约定向农户和企业提供薪酬与服务，成功探索出一条“农户+劳务合作社”的模式。赋能方面，针对企业个性化的用工需求，合作社针对性地开展农户就业培训与技术指导，为农户就业提供保障。截至2021年底，涂松村共有45户农户加入合作社中，到村集体、企业等不同的单位实现了就业，集体通过该劳务合作社增收约35万元，带动农户就业创业增收约200万元。

3. “集体+国有资本+社会资本”的乡村旅游型模式

资源方面，祁浜村充分利用当地的自然优势，广泛吸纳国有资本与社会资本投资，实现了要素与资本的有效衔接。参与方面，祁浜村通过与国有资本、社会资本联合出资成立水乡周庄旅游公司，吸纳各类主体参与到村集体经济的发展中，开展专业化经营，成功探索出一条“集体+国有资本+社会资本”的乡村旅游型发展模式。赋能方面，旅游公司支持农户自营民宿产业，为农户提供技术指导，并设立统一的经营标准，提升了农户自营民宿的专业化程度。截至2021年底，该项目共流转18处闲置宅基地，用以改造成10处民宿及接待中心、餐厅、会议室等配套设施，并租用了鱼塘15亩、桃园30亩用以打造农耕体验项目，年盈利能力超过95万元，集体增收30万余元，户均分红1 800余元。在项目的示范带动作用下，村里还有9户农户将自家房屋自发改造成民宿客栈，户均年家庭收入增加5万元以上。

4. “科研院所+合作社+农户”的创业型模式

戴家浜村构建一条由农户投资经营、科研院所提供技术、供销社负责销售的创业型模式。资源方面，戴家浜村劳务合作社利用外部主体的技术和销售渠道优势，集中收储农户的闲置承包地与剩余劳动力，实现了土地和劳动力要素的充分利用。参与方面，合作社同科研院所与供销社合作，负责为其提供科研基地和农产品供应。赋能方面，合作社为本村农户提供种苗、技术、施肥、调光到收获的全程种植技术指导服务，并筹措稳定的农产品销售渠道，为本村返乡农户提供创业与增收的机会。截至2021年底，共有18户农户、35亩承包地加入该项目中来，项目整体盈利能力达350万余元，集体经济组织增收50万余元，带动农户年增收12万余元。

四个成功案例实现内源式发展的成效如表6-5所示。

表6-5 四个成功案例实现内源式发展的成效

案例	发展模式	资源	参与	赋能
红星村	房东经济	闲置宅基地	资产运营公司、农商行、农户	就业培训

（续表）

案例	发展模式	资源	参与	赋能
涂松村	就业型	剩余劳动力	合作社、用工企业、农户	就业培训、技术指导
祁浜村	乡村旅游	自然优势、国有资本、社会资本	合作社、旅游公司、国有企业、民营企业	技术指导、经营标准
戴家浜村	创业型	投资、技术、销售渠道、闲置承包地、剩余劳动力	合作社、科研院所、供销社	技术指导、稳定销路

资料来源：根据调研资料总结。

（七）案例小结

通过对四个成功案例展开深入分析，结合行动者网络理论，尝试归纳出新型集体经济实现内源式发展的演化机理，如图 6-5 所示。从上述案例来看，一方面，集体经济组织是实现新型集体经济内源式发展的核心行动者，能够充分调动企业、科研院所、合作社、农户等多种主体的积极性，并形成紧密的利益联结机制，是发展新型集体经济的可行性路径。另一方面，新型集体经济组织根据自身的资源禀赋，有效利用外部政府、企业等多种主体的优势，因地制宜地选取新型集体经济发展模式，是新型集体经济得以实现内源式发展的关键，如图 6-6 所示。

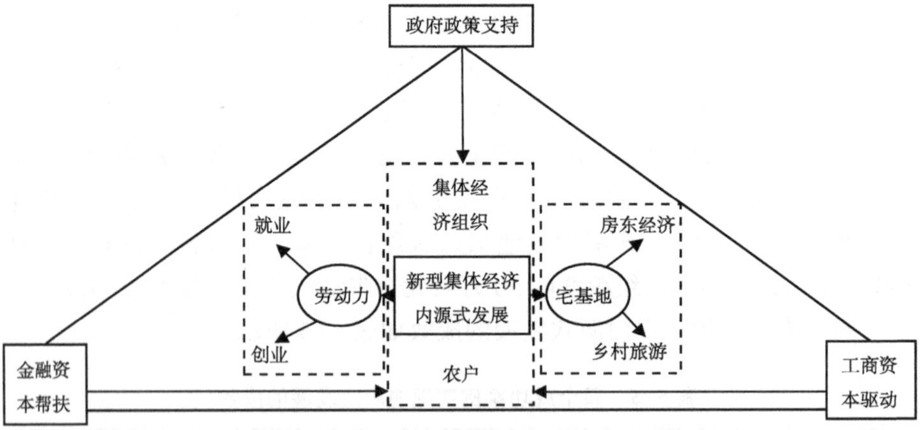

图 6-6　典型案例新型集体经济内源式发展的差异化路径

五、结论与展望

（一）研究结论

首先，集体经济组织是新型集体经济实现内源式发展的核心力量。集体经济组织扮演着核心行动者的角色，是发展新型集体经济的最核心主体。一方面，集体经济组织往往更加了解本村集体的实际情况，能够制定出因地制宜的发展方案。另一方面，集体经济组织能够根据自身的情况，对接上级政府的政策支持，与工商资本开展合作。

其次，利益联结机制是新型集体经济实现内源式发展的必要条件。集体经济组织往往势单力薄，缺乏人才、土地与资金要素支撑，发展新型集体经济存在着要素瓶颈。通过调动异质性行动者的积极性，构建紧密的利益联结机制，对新型集体经济实现内源式发展至关重要。四个案例均通过构建完善利益分配机制，实现多主体协同参与发展新型集体经济。

最后，"一村一策"是新型集体经济实现内源式发展的重要支撑。因地制宜的政策支持是对发展新型集体经济的重要保障。但从不少地方的实践来看，"大水漫灌""撒胡椒面""一刀切""整齐划一"式的政策支持往往起不到很好的效果。

（二）启示建议

首先，充分激发新型集体经济的内源式发展动力。一是发挥基层党组织的引领作用。探索党组织成员、村干部带领实施"村社一体、合股联营"改革，为新型集体经济创建组织基础。二是赋予集体更多的自主权。应给予集体经济组织在产业经营、土地利用、合作入股等方面更多的自主权，最大限度调动集体经济组织的积极性、主动性、创造性，充分带动农户增收。

其次，构建多方参与的紧密利益联结机制。一是建立紧密的利益联结机制。通过完善股份分红、利润返还、就业带动、服务带动等方式，构建多方协作的紧密利益联结机制。二是完善新型集体经济营商环境。建立良好的市场秩序，营造良好的交易环境，充分保障农户与集体的切身利益。三是统筹差异化的利益诉求。通过民主协商等方式妥善管控分歧，充分调动异质行动者的积极性，构建紧密的利益共同体。

最后，树立“一村一策”的扶持理念。一是出台因村施策的定向扶持政策。强化精准补贴政策导向，将财政扶持与考核机制相结合实现“以奖代补”，形成支持政策的正向激励效应，实现新型集体经济的内源式发展。二是建立新型集体经济专员制度。坚持一村一策的发展理念，为新型集体经济配备指导员，具体解决其痛点、难点、堵点问题。三是拓展政策支持方式。应通过抵押担保、金融授信、项目对接等多种方式，精准帮扶、科学施策，提升新型集体经济发展的效能。

（三）适用性与未来展望

适用条件方面，本研究所选取的成功案例位于江苏省苏州市，经济发展程度较高，外来务工人口较多，劳动力资源丰富，自然景观优美，城市居民消费水平高且旅游需求旺盛，对于经济发展水平较高或资源禀赋较强的地区具有重要的借鉴意义。因此，本研究对东部发达地区、中西部的劳动力、土地、文化与自然资源丰富地区如何发展新型集体经济提供了较强的借鉴价值。进一步，笔者将在未来的研究中，纳入中西部地区发展新型集体经济的案例，深入探究不同资源禀赋条件下发展新型集体经济实现内源式发展的演化机理，以期为突破不同地区新型集体经济发展困境提供实践指导。

第七章　新型农村集体经济推进集中连片社会化服务的创新探索

一、引　言

解决土地细碎化问题是当前阶段巩固和完善农村基本经营制度的重点。党的十九大报告和二十大报告均明确提出，巩固和完善农村基本经营制度。农村基本经营制度是关系到农业现代化、推进乡村振兴的重要制度安排（周振 等，2019）。2016 年 10 月，中共中央办公厅、国务院办公厅印发的《关于完善农村土地所有权承包权经营权分置办法的意见》指出，农户享有土地承包权是农村基本经营制度的基础，要稳定现有土地承包关系并保持长久不变。党的十九大报告明确提出，保持土地承包关系稳定并长久不变，第二轮土地承包到期后再延长三十年。经过一系列政策的落实，土地承包经营权长久不变作为一项制度安排稳定下来，给农民吃下了“定心丸”。然而，我国农地细碎化问题却不容乐观，已经成为巩固和完善农村基本经营制度的重要障碍。目前，中国有 2 亿多农户，户均耕地面积只有 7 亩多，仅相当于欧盟的 1/40、美国的 1/400。农业农村部大数据发展中心全国农村土地承包信息数据库的统计数据显示，2018 年确权完成后，全国农户户均承包地面积不到 7. 5 亩，地块数却多达 5. 5 块。

近年来，我国政府出台多部政策文件鼓励农户自发开展的互换并地，解决了农地细碎化问题，但市场机制引导下农户自发开展的互换并地，存在着组织成本高、实施难度大等诸多难题（刘同山 等，2023）。各地也纷纷探索解决农地细碎化问题的方法，“小田并大田”改革应运而生。2023 年中央一号文件提出，总结地方“小田并大田”等经验，探索在农民自愿的前提下，结合农田建设、土地整治逐步解决细碎化问题。由此可见，“小田并大田”是一项典型的诱致性制度变迁，为破解农地细碎化问题、巩固和完善农村基本经营制度提供了新的实现途径。近年来，湖北省公安县着力开展“小田并大田”改革，在解决耕地细碎化问题、完善农村基本经营制度等方面取得了显著的成效。

从已有的研究看，围绕农村基本经营制度的文献较多，有学者总结和分析了农村基本经营制度面临的困难和挑战，已经达成了一致的共识，集中于土地细碎化（罗必良 等，2014；高晶晶 等，2019）、村集体“统”的功能缺失（孔祥智 等，2013）、兼业化程度高（叶兴庆 等，2018；徐祥临，2021）等方面。实现形式方面，不少学者认为土地流转（陈锡文，2013）、社会化服务（罗必良，2014）、土地股份合作社（张云华 等，2013）、新型农业经营主体（许经勇，2020）是农村基本经营制度新的实现形式。也有部分学者将农业共营制这一地方新探索作为完善农村基本经营制度的重要途径（罗必良，2015；杨少垒 等，2018）。承包地互换方面，尽管农民自发地两两之间或多户之间或地块互换已经出现（王士海 等，2023），但农户互换土地往往因交易成本较高而难以推广（钟甫宁 等，2010）。由此可见，如何破解土地细碎化问题依旧未能找到答案。近年来，各地纷纷探索“小田并大田”这一完善农村基本经营制度的实现途径，2023 年中央一号文件也明确提出要总结地方“小田并大田”等经验，然而目前还鲜有研究对这一地方自发的创新探索进行总结和阐释。具体而言，“小田并大田”这项诱致性制度变迁缘何产生，如何解答巩固和完善农村基本经营制度的问题，需要作出解释。

以上文献为本章的研究奠定了很好的基础，但亦有可拓展的空间，主要表现在以下几个方面。第一，“小田并大田”作为地方自发的实践，是一项典型的诱致性制度变迁，其自发出现的缘由还需要进一步提炼，现有的文献更多的是从地方工作经验的视角分析“小田并大田”实现的方式，尚未提炼出“小田并大田”的产生逻辑，即尚未有研究回答“小田并大田”改革为什么会产生这一重要问题。第二，许多文献注意到了农村基本经营制度的创新实现形式，但鲜有文章就“小田并大田”改革这一创新形式展开分析，究竟“小田并大田”改革弥补了当前农村基本经营制度的何种弊端，尚未有研究给出答案。第三，已有的“小田并大田”实践，通过何种方式巩固和完善了农村基本经营制度，又有何种政策价值，尚鲜有文章予以解答。为此，本研究将从完善农村基本经营制度的视角，分析湖北省公安县推进“小田并大田”的创新探索，为完善农村基本经营制度、推进“小田并大田”改革提供政策启示。

二、推动完善农村基本经营制度的时代背景

随着农业现代化与农村人口城镇化的推进，我国农地细碎化和农户兼业化引发的问题开始显现，推进农地规模经营日益受到党中央的重视。近年来，在建设农业强国、保障国家粮食安全的政策引导和城镇化的外部驱动下，农户“离农”“背农”的倾向愈发明显、普遍对土地流转的需求越发迫切。应对这种情况，21 世纪以来，多个中央一号文件都对破解农地细碎化问题、加快土地流转、促进规模经营作出了具体安排。

（一）打造具有竞争力的农业强国

未来一段时间“三农”工作要全面推进乡村振兴，到 2035 年基本实现农业现代化，到 21 世纪中叶建成农业强国。建设农业强国既是全面建成社会主义现代化强国的重要组成部分，也是立足基本国情农情、坚定不移走中国特色社会主义道路的必然要求。其中，竞争能力强是中国农业强国建设的“五强”特征之一。然而，我国是典型的农业大国，但还称不上农业强国，“大而不强”是现阶段的典型特征，农业劳动生产率增长后劲不足。自 20 世纪 90 年代以来，无论是与其他国家相比，还是与国内的非农产业相比，我国的农业劳动生产率提高都过于缓慢。从国际对比角度看，我国与世界主要国家的农业劳动生产率差距持续扩大，不仅低于巴西、俄罗斯等金砖国家，我国与美国、日本等发达国家的农业劳动生产率的绝对差距进一步扩大。虽然新时期以来，随着城镇化加速和农村劳动力转移加快，农业劳动生产率有所提高，但与非农产业相比，仍然有很大差距。截至 2022 年底，全国第一产业就业人数为 17 663万人，占全国就业人数的 24. 1%，而第一产业增加值仅占国内生产总值的 7. 3%。据此可以算出，2022 年，非农产业劳动生产率仍然为农业劳动生产率的 4. 03 倍。当前小农户经营的大背景下，农地经营规模较小、农技推广受阻、农业生产力水平偏低，已经成为提升我国农业竞争力、建设农业强国的重要阻碍。因此，通过推进“小田并大田”改革，解决当前制约提升我国农业竞争力的难点和堵点，提升我国农业整体竞争力，实现农业大国到农业强国的转变，对建设现代化农业强国具有重要意义。

（二）保障国家粮食安全的需要

党的二十大报告指出："全方位夯实粮食安全根基，全面落实粮食安全党政同责，牢牢守住十八亿亩耕地红线……确保中国人的饭碗牢牢端在自己手中。"对于我国这样拥有 14 亿人口的大国而言，保障国家粮食安全是一个永恒课题，任何时候这根弦都不能松。尽管我国粮食产量实现了"十九连丰"，但粮食产需紧平衡态势明显，结构性、深层性矛盾突出，玉米等饲料粮产需缺口不断扩大。2022 年我国进口玉米超过 2 000 万吨，预计到 2035 年玉米饲料粮缺口将超过 8 800 万吨。经济合作与发展组织（OECD）和 FAO 联合发布的 Agricultural Outlook 报告显示，2023—2032 年我国三大主粮消费量将从 5.85 亿吨增加到 6.18 亿吨，年均增加 0.54%，其中玉米需求增长尤为明显，增速超过其他粮食品种，从 2.93 亿吨增加到 3.19 亿吨，年均增加 0.88%。自 2004 年以来，我国农产品进出口从长期的贸易顺差变为贸易逆差且基本呈逐年递增态势，对外依存度越来越高（孔祥智，2023）。中国人的饭碗任何时候都要牢牢端在自己手中，我们的饭碗应该主要装中国粮。2014 年中央一号文件提出了"以我为主、立足国内、确保产能、适度进口、科技支撑"的新时期国家粮食安全战略。自此，历年的中央一号文件和相关会议都重点阐述粮食安全问题。目前我国多数地区土地的严重细碎化已经阻碍了农业综合生产力的进一步提高和农业现代化进程。农地细碎化导致中国农地的有效耕种面积被缩小了 5%～10%。换言之，即使农业生产效率不变，只要有效解决农地细碎化的问题，我国的农业产出就有可能增加 5%～10%。有的学者计算，如果让所有家庭的零散土地完全归整，即如果每户只有一块土地，则我国的粮食产量每年可以增加 7 100 万吨。在保障粮食安全政策不断加码的大背景下，中央政府为地方政府设置了粮食产量考核指标，地方政府积极主动通过推进"小田并大田"改革，解决因农地细碎化、农户兼业化产生的土地撂荒问题，有效保障国家粮食安全。

（三）"土地流转"第二次高峰期的到来

进入 21 世纪以后，党中央出台了一系列政策，逐渐拆除了阻碍农村劳动力向城市流动的各种藩篱，劳动力流动的速度大大加快。与此同时，在政府的强力推动和政策补贴下，土地流转比例也呈现出持续上升的趋势。20 世纪末期，土地流转面积占家庭承包经营面积的比重为 1%左右，到了 2008 年就达到了 8.9%，流转面积达到了 1.09 亿亩。从 2012—2014 年，土地流转率分别增长 4.3、4.5、4.4 个百分点。2015 年，土地流转率增幅降至 2.9 个百分点，2019 年更是下降 3.0 个百分点，2020 年仅恢复增长 0.3 个百分点。2020 年，全国农村土地流转面积为 5.32 亿亩，比 2010 年的 1.87 亿亩增加了 184.5%，约占 2020 年家庭承包经营耕地面积的 34.08%。从农业生产成本看，2003 年三大主粮亩均土地成本为 52.73 元，2022 年提高至 280.10 元，年均增长 11.97 元，这也使得我国农产品国际竞争力减弱。2008 年以后土地流转加快主要是由政府推动的。全国大多数省（自治区、直辖市）颁布了省级党委或政府有关推进农村土地承包经营权流转的文件，绝大部分市、县都有相应的推进土地流转的举措。一些地区还有专门的奖励措施，如一些地区对转出和转入方各奖励 100 元，有的则各奖励 300 元。很多村专门成立了由村党支部书记或村委会主任牵头成立的土地流转合作社或土地股份合作社，对于促进土地流转起到了十分重要的作用。然而，有些地方政府对农民意愿不够尊重，对农民的利益考虑不够充分，在土地流转时存在行政手段强制流转、流转后利益分配不公等现象，引发了一些矛盾。因此，土地流转日益成为影响农业发展和农村社会稳定的重要问题，亟待通过完善农村基本经营制度加以解决。

近年来，随着农户兼业化程度不断提高和农业社会化服务不断深化，举家搬迁的农户数量逐年提升，新型经营主体蓬勃发展，承包地对农户生计的重要程度不断降低，农户内生的“背农”“离农”倾向愈发明显。一方面，外出务工农民有转出农地的现实需要。我国有 2.96 亿农村劳动力外出打工，按 2 亿农户计算，每户至少有 1 名劳动力在外务工，这就在客观上产生了把土地流转出去的强烈需求。其中，外出务工的农民工和年末在城镇居住的进城农民工分别为 1.72 亿人、1.33 亿人，分别占农民工总数的 58.11%和 44.93%。这表明已经有相当一部分外出就业农民工实现了完全离农，这也进一步催生了农民转出农地的需求。另一方面，新型农业经营主体有转入农地的需要。改革开放 40 多年来，在农户分化过程中形成了一支庞大的新型农业经营主体队伍。截至 2023 年 10 月底，纳入全国家庭农场名录管理的家庭农场近 400 万个，依法登记的农民合作社 221.6 万家，组建联合社 1.5 万家；全国有超过 107 万个组织开展农业社会化服务，服务面积超过19.7亿亩次，服务小农户9 100多万户；其中，种粮家庭农场场均种粮面积148.8亩，农民合作社社均拥有土地经营权作价出资面积460.1亩。这些专业化的农业经营主体的蓬勃发展为土地流转提供了强大的需求。因此，现阶段的土地流转促进了农业经营规模的扩大，有利于推动现代农业发展；吸引了各方面资金投向农业，实现了农业投入主体多元化；转出方和转入方实现了利益双赢，有利于促进农民增收；有利于提高农产品供给水平，促进农业结构优化升级。而且，土地流转机制的建立改变了一部分农民"亦工亦农、亦商亦农"的长期兼业化状态，解除了土地对这些农民的束缚，使他们能够成为彻底的工商业从业人员。可以预见的是，"土地流转"的第二次高峰期即将到来。农地细碎化是阻碍土地流转与社会化服务的重要瓶颈（Zheng et al.，2003），因此"土地流转"的第二次高峰期必然会推动"小田并大田"改革。

三、当前我国农村基本经营制度面临的问题和挑战

在不同时期，农村基本经营制度的内涵和完善的要点会有所差异（孔祥智，2022）。农村改革以来，尤其是21世纪以来，农村经济社会快速发展，使得基本经营制度的一些固有缺陷开始显现，集体经济组织"统"的职能发挥不足、家庭经营过于分散等方面的原因导致农民增收、农业增效的难度加大。同时，工业化、城镇化快速推进，导致青壮年农村劳动力持续流失，影响农业综合生产力的提高，加剧了农业兼业化、农民老龄化，甚至出现农地撂荒的现象，难以适应新时期农业农村现代化的发展需要。

（一）集体经济组织"统"的职能发挥不足

实行家庭承包经营之后，集体经济组织逐渐退出了农业生产活动，经营活动逐渐向非农产业转移，其"统"的职能也转变为农业社会化服务，主要负责组织农民进行农田水利建设和向农民提供某些生产服务等。当前农村集体经济组织为农户提供的社会化服务具有以下三个特征。一是集体经济组织为农户提供的服务种类普遍较少，且项目之间被提供的频率具有较大差异。被提供最多的几项服务分别为灌溉服务、技术指导、信用评级证明和政府法律信息、技术培训和购买良种。二是集体经济组织提供的社

会化服务以产前、产中服务为主，产后服务比较薄弱。服务主要集中在灌溉、购买良种等产前、产中环节，而产后环节的服务，如种植业产品的包装、储藏、运输等则很少被提供。三是集体经济组织提供的社会化服务大多是自发性的，收费的服务项目比较少。无论是农田灌溉服务、技术指导和技术培训服务，还是政策法律信息服务、良种购买服务等，绝大部分都是集体经济组织主动为农户免费提供的。造成集体经济组织“统”的职能发挥不足，为农户提供的社会化服务普遍较少、可持续性差、覆盖的生产环节不全面的主要原因可以归结为以下方面。

首先，集体经济实力薄弱，无力向农户提供高水平的农业社会化服务。2015—2020 年，全国村集体经济组织的补助收入由 866. 7 亿元增至 1 731. 3亿元，占村集体经济组织总收入的比重由 21. 1%提高至 27. 4%，依靠政府“输血”的问题愈发严重。此外，东、中、西部地区村级集体经济组织收入差距悬殊，东部地区高达 193. 5 万元，而中部和西部地区则低至 83. 7 万元和 52. 3 万元。村级集体经济的收入十分微薄，集体经济实力普遍不强，受其制约，为农户提供服务的能力也就颇为有限。

其次，集体经济组织涣散，难以有效承担提供农业社会化服务的职能。“统”的职能，或者说农业社会化服务体系，需要通过相应的组织架构才能实现。但是，由于集体经济组织收入微薄，部分村级集体组织已经不能正常运转，村级组织的凝聚力很弱，村干部的积极性不高，为农户提供服务的能力不足。此外，虽然党中央多次强调集体经济组织在农业社会化服务体系建设中的重要作用，并明确集体经济组织开展的服务应以统一机耕、排灌、植保、收割、运输等为主，引导其将服务的重点放在产中环节，但是实际上大部分村集体经济组织根本没有能力提供全面的产中服务。

最后，集体经济组织缺乏外部支持，开展农业社会化服务的能力受到限制。这种限制来自两方面：一是少数农户的“搭便车”行为使村级社会化服务难以有效开展；二是政府扶持的缺位导致村级社会化服务难以正常开展。2006 年全面取消农业税导致不少村级集体经济组织在承包地中所能发挥“统”的功能越来越有限，也日益陷入“空壳化”的困境（郑淋议，2020）。截至 2020 年底，没有经营收益或经营收益在 5 万元以下的集体经济组织为 24. 6 万个，占比仍高达 45. 6%。

（二）城镇化进程加快使得农户普遍兼业化

自20世纪末以来，城乡壁垒逐渐被打破，农村青壮年劳动力大量流入城市，成为城市社会群体中重要的组成部分。据国家统计局统计，2003年，我国有1.139亿农村劳动力外出务工；到了2023年底，这一数量已经增加到2.975亿，增加了1.6倍多。城镇化对农村人口进城务工、就业具有积极作用。一方面，它弥补了城镇劳动力供给的结构性不足，有效地控制了劳动力成本，为发挥劳动力资源优势、提高我国企业的竞争力作出了不可磨灭的贡献。另一方面，它也减少了农民的隐蔽性失业，提高了农民的绝对收入，改善了农民的生活状况。但是，因工业化、城镇化快速推进而诱发大量青壮年劳动力持续离开农村，也给农业农村发展带来了诸多挑战。具体来看，这些挑战集中体现在三个方面。

首先，“谁来种地”问题突出。自20世纪末以来，我国工业化、城镇化推进加快，农村劳动力持续向城市转移，不少农村出现务农劳动力老龄化现象，农业劳动力结构性不足的问题日益凸显。调查发现，目前从事农业生产的劳动力平均年龄在50岁以上，其中上海等经济发达地区务农农民年龄已接近60岁。全国农村固定观察点农户调查数据表明，21世纪以来我国农业劳动力的平均年龄持续增加。2003年60岁及以上的务农者占比为8.15%，至2019年已激增至27.25%，提高了19.1个百分点。“老人农业”现象已成为困扰中国农业发展的现实难题。

其次，农户兼业化程度不断提高。改革开放以来，我国农户的收入水平不断提升，非农业收入比重也呈现出上涨的趋势，兼业化程度逐步提高，农户的“离农”“背农”倾向愈发明显（徐雪高 等，2017）。1998年，我国农村居民人均纯收入为2 171元，经营净收入为1 473元，工资净收入为571元，经营净收入和工资净收入占农村居民人均纯收入的比重分别为67.85%和26.30%；2022年，我国农村居民人均可支配收入增至20 133元，其中经营净收入和工资净收入分别为6 972元和8 449元，占比分别为34.63%和41.97%。由此可见，全国农村居民人均可支配收入中工资性收入的比重逐步提升，但经营性收入的比重却在逐渐下降，表明农户非农收入逐步提升，兼业化程度不断提高。并且，工资性收入对农村居民增收贡献最多，增收贡献率高达40.9%。这意味着以工资性收入为主的非农收入占据农户收入的主体地位，在农户增收中发挥的作用逐步提升。另外，农村劳动力逐步向城市流动，农业兼业化程度不断提高，农业对农户的重要程度逐渐降低，农村劳动力结构性问题凸显，耕地抛荒等问题层出不穷（李永萍，2018）。

最后，农业副业化现象越来越突出。在市场、政策和科技等因素驱动下，乡村产业步入发展快车道，对农户副业化产生了较大的影响。2021年，全国农产品加工转化率达到70.6%。全产业链产值超百亿元的产业集群达到112个、超10亿元的镇达到174个、超1亿元的村达到249个；全国各类涉农电商超过3万家，农产品网络零售额达4 200多亿元；全国休闲农庄、观光农园、农家乐等达到30多万家，年营业收入超过7 000亿元。2022年，我国农业及相关产业增加值超19万亿元，规模以上农产品加工企业营业收入超19万亿元。2023年农产品网络零售额0.59万亿元；2023年，我国新建50个国家现代农业产业园、40个优势特色产业集群、200个农业产业强镇，创建100个农业现代化示范区。这些新产业新业态无疑为农户通过就业形式增收发挥了重要作用。为了实现收益最大化，农户必须充分利用其劳动能力，兼业化、副业化往往成为第一选择。2022年，我国本地就业的农民工数量为12 372万人，且呈现出逐年增长的趋势，比2021年增加293万人，增长2.4%，因此农业副业化现象越来越突出。

（三）现行土地制度难以满足现代农业发展的需要

当前，农村土地细碎化严重，制约了农业规模经营发展。虽然在实行家庭承包经营制度时，为体现公平、减少矛盾，各地主要采取了按人头把土地分给农户的“均田制”，即在土地按优劣分级之后，把每一等级的耕地都在村民之间平均分配，以保证同一集体组织内部的每一农民家庭都拥有本村各个等级的土地。这就导致了一片土地可能被分成很多小块，每户的耕地都散落在不同的地块上。

一方面，农户众多导致的细碎化。20世纪，以家庭承包经营为基础的经营体制塑造了我国“大国小农”的基本农情。第三次农业普查的数据显示，2017年全国共有耕地面积20.2亿亩，户均耕地10.1亩，较新中国成立初期下降了6.2亩。农业农村部政策与改革司的数据显示，2020年全国承包地流转面积为5.32亿亩，占家庭承包地总面积的34.08%。可见，仍有超过65%、13亿亩的耕地分散在小农户手中。

另一方面，“一户多田”导致的细碎化。受地块质量差异的影响，大多数村庄在家庭承包时往往采取“肥瘦搭配”的方式分配地块，导致我国农地细碎化严重（刘同山 等，2023）。根据全国农村固定观察点的数据，2003 年，全国农户户均分得 5.7 块耕地，平均每块地 1.3 亩（许庆 等，2007）。而根据全国土地承包信息数据库的数据看，2018 年，全国农户户均耕地地块数仍高达 5.5 块。由此可见，“一户多田”的细碎化问题依旧较为严重。

四、“小田并大田”改革完善农村基本经营制度的公安实践

基本经营制度是党的农村政策的基石。自 1984 年中央一号文件提出“继续稳定和完善联产承包责任制”以来，如何稳定和完善这一基本制度，一直受到党中央的高度关注。近年来，湖北省公安县率先开展“小田并大田”改革，为新时期如何完善农村基本经营制度提供了参考与借鉴。公安县地处湖北省中南部、长江中游南岸，隶属荆州市，位于江汉平原粮食主产区。全县共有耕地面积 195 万亩，人均耕地面积仅有 1.4 亩，户均 2~3 块农地，以种植粮食为主，部分乡镇农户会种植柑橘、葡萄等经济作物。2022 年，公安县城镇化率达到 47.07%，农村居民人均可支配收入达到 23 994元，农户兼业化程度不断提高，土地流转率不断提升。近年来，公安县开展“小田并大田”成效明显。2022 年 6 月底，公安县 28 个村已经全部实现了整村土地流转，全县土地流转面积已达到 147 万亩，高出湖北省平均水平 30 个百分点，取得了显著的成效。综上所述，公安县具有农地细碎化程度高、兼业化程度高的典型特征，与全国大部分地区具有较强的相似性。因此，以公安县“小田并大田”作为典型案例，研究“小田并大田”对完善农村基本经营制度的贡献和价值，具有较强的代表性和前瞻性。

（一）充分尊重农户意愿，解决农户差异化诉求问题

尊重农民意愿是巩固和完善农村基本经营制度的重要原则。2018 年第二次修订的《中华人民共和国农村土地承包法》第 10 条明确规定，国家保护承包方依法、自愿、有偿流转土地经营权，保护土地经营权人的合法权益，任何组织和个人不得侵犯。该法第五十八条还明确规定，承包合同

中违背承包方意愿的约定无效，为尊重农户意愿、保障农户权益通过法律的形式予以体现。早在2016年，《全国农业现代化规划（2016—2020年）》明确指出，要在尊重农民意愿和保护农民权益的前提下，……，以解决农村土地的细碎化问题。2023年中央一号文件也提出，要在农民自愿的前提下，结合农田建设、土地整治逐步解决细碎化问题。提及“农民意愿”的既有政策法律文本和政策文件几乎覆盖了农村工作的方方面面。因此，我国政府在推进“三农”工作过程中高度重视农民意愿，要求在不违背农民意愿的前提下开展农业农村改革。为此，公安县主要通过以下两方面措施在充分尊重农户意愿的前提下，开展“小田并大田”改革。

第一，村集体充分摸清农户意愿。公安县农户分化较为严重，部分长期外出务工的农户想把承包地租出去，也有一些职业农民想要流转承包地从事农业生产。为确保改革的成效，公安县要求以村民小组为单位推进“小田并大田”改革，改革前以摸清农户意愿为主要任务。首先，宣传政策。公安县政府在政策宣传、典型示范、专项工作经费等方面给予支持，并要求村干部召集村民召开集体经济组织成员大会，全面了解本村集体农户的农地耕种意愿，帮助农户算清“小田并大田”改革的“经济账”和“效益账”。其次，分类登记。公安县“小田并大田”改革中根据不同农户的意愿，将愿意流转、短期不愿流转、长期不愿流转的承包地划分为“流转田”“待转田”和“自种田”①。进一步，试点村集体根据农户的耕种意愿及其土地确权面积，按田块类型分户登记，确定各村民小组“流转田”“待转田”以及“自种田”三类田块的应有面积。最后，稳定土地承包经营关系。村集体农户可以将全部承包地交给村集体开展“小田并大田”，也可以不参与或仅将部分承包地参与改革。对于已有流转关系或代耕代种的土地，征求原承包户的意愿，调整农地位置，划分为“待转田”或“自种田”；不愿参与“小田并大田”模式的农户则保持原流转关系不变。

第二，优先保障农户耕种需求。公安县在推进“小田并大田”改革中，注重保障农户的土地承包经营权，充分尊重农户的意愿和诉求。对于有短期种地和长期种地需求的农户，村集体分别规划“待转田”和“自种

① “流转田”指农户愿意将土地经营权让渡给村集体，经村集体进行统一调整，以供流转给新型经营主体的规模化农田。“待转田”指农户当前流转意愿不明确或短期不愿流转但长期会流转的规模化农田。按照公安县的规划，“待转田”要在“流转田”周围，以便于将“待转田”逐步转化为“流转田”。“自种田”指农户希望继续耕种的，经村集体统一调整后的农田。

田”，首先将易排易灌、方便自种、靠近水源、邻近住宅的承包地划定为“自种田”，其次按照田块的地理环境和位置，毗邻“自种田”划分“待转田”，最后确定“流转田”的位置，以切实维护农户的土地承包经营权。尽管“小田并大田”改革中存在着不同的诉求，但由于公安县充分保障农户耕地需求，提高了农户从事农业生产的积极性，使得“小田并大田”改革能够顺利开展。

（二）开展调田并地工作，解决农地细碎化问题

互换并地是巩固和完善农村基本经营制度的重要突破口。2002 年颁布的《中华人民共和国农村土地承包法》明确了“增人不增地、减人不减地”的原则，规定在承包期内，农村集体经济组织不得调整承包地。这说明我国政府对稳定土地承包关系作出了明确的规定，明确要求承包地地块不允许调整。然而，需要注意的是，该法也并非完全限制了承包地互换的空间。该法第 40 条明确规定，承包方之间为方便耕种或者各自需要，可以对属于同一集体经济组织的土地承包经营权进行互换。同时，2009 年第一次修正和 2018 年第二次修正的《中华人民共和国农村土地承包法》中仍然保留了这一规定。2007 年实施的《中华人民共和国物权法》第 128 条指出，土地承包经营权人依照农村土地承包法的规定，有权将土地承包经营权采取转包、互换、转让等方式流转。2013 年中央一号文件明确提出“鼓励农民采取互利互换方式，解决承包地块细碎化问题”。2016 年和 2017 年中央一号文件也均提出，鼓励互换并地，实现连片耕种。2016 年印发的《关于完善农村土地所有权承包权经营权分置办法的意见》明确指出，“要充分维护农民集体对承包地发包、调整、监督、收回等各项权能”，表明我国政府赋予了村集体土地调整的权利。2019 年，中共中央、国务院印发的《关于保持土地承包关系稳定并长久不变的意见》中明确提出“各地可在农民自愿前提下结合农田基本建设，组织开展互换并地，发展连片种植”。由此可见，在承包期内，农户之间仍然能够在集体经济组织内部互换并地的方式，实现农户“一家一块田”、村集体“小田并大田”。而异质性较强的小农户自发难以达成调田并地的集体行动（周小平 等，2021；王海娟 等，2018），因此由村集体统筹开展的“小田并大田”改革便尤为重要。从当前现实看，农地细碎化问题是高标准农田建设的重要障碍，这也提高了地方政府推进“小田并大田”的积极性。为此，公安县主要通过以

下两方面措施在制度规定的框架下，开展调田并地工作。

第一，村集体统筹规划布局。公安县综合考虑土地质量、田块地理位置、市场主体需求、农户耕种需求等多方面因素，要求村集体严格遵守重大事项“四议两公开”程序，讨论制定“小田并大田”实施方案，确定流转田、待转田、自种田的面积和位置，并形成高标准农田建设方案。“小田并大田”改革三类承包地的布局遵循相对集中且互相毗邻的原则，便于根据农户流转意愿及时调整田块类型。具体来说，在公安县政府的指导下，试点村将靠近水源和房屋的承包地确定为“自种田”以方便农户耕种、将靠近公路的承包地划分为“流转田”以承接规模化产业发展、两类田块之间的农地划分为“待转田”。

第二，村集体主导互换并地。首先，重新换地。公安县试点村按照农户的意愿将全村参与“小田并大田”改革的承包地分为“流转田”“待转田”“自种田”三类。村集体分别在“三块田”内给农户重新换地，保证农户在三个类型的地块中均实现“一户一块田”。其次，公平程序。为保障公平和减少纠纷，试点村通过集体经济组织成员大会确定“流转田”“待转田”“自种田”的划分起点及划分顺序，并在村集体的公证下完成换地。第一次抓阄确定农户二次抓阄的顺序，第二次抓阄确定农户划田顺序。最后，划界定田。根据换地结果，组织村民代表到田实测，依据划田起点和顺序，按照农户在三类地块的登记面积划界定田。

（三）成立三类合作社提供服务，解决“统一”经营不足的问题

农村土地集体所有前提下的双层经营体制，是党在农村的政策基石。习近平总书记在深入农村调研的基础上明确提出：“坚持农村土地农民集体所有，这是坚持农村基本经营制度的‘魂’。农村土地属于农民集体所有，这是农村最大的制度（中共中央党史和文献研究院，2019）。”作为习近平“三农”思想的根基，坚持农村土地集体所有制，就是要求不管怎么改，都不能把农村土地集体所有制改垮（程恩富 等，2020）。《中华人民共和国物权法》第 60 条规定，集体土地所有权的主体是乡镇农民集体、村农民集体以及村民小组（村内）农民集体。2016 年印发的《关于完善农村土地所有权承包权经营权分置办法的意见》也明确指出“要始终坚持农村土地集体所有权的根本地位”“土地集体所有权人对集体土地依法享

有占有、使用、收益和处分的权利”“发挥土地集体所有的优势和作用”，这表明我国政府对发挥村集体“统”的功能、完善农村基本经营制度给予了高度重视。2018年修订的《中华人民共和国农村土地承包法》第13条明确规定，农民集体所有的土地依法属于村农民集体所有的，由村集体经济组织或村民委员会发包。以上政策文件均表明，集体经济组织是农村集体土地的所有者，是发挥“统”功能的主体。进一步，《中华人民共和国农村土地承包法》第15条明确规定，集体经济组织承担组织本集体经济组织内农业基础设施建设的任务。这对集体经济组织的责任和义务提出了更为明确的要求。由此可见，党和国家始终认为，集体经济组织的“统”是必要的，因为在分散经营的情况下，有许多事是一家一户办不了、办不好，或者办了也不合算的，农民在大型农机具的使用、农田水利设施的建设、农业中某些环节的服务等方面确实有相互合作和“统”的需要（孔祥智 等，2013）。然而，当前我国农村基本经营制度中村集体“统”的功能却明显缺位。为此，公安县主要通过以下三方面措施发挥集体“统”的功能，保障“小田并大田”改革的成果，进一步巩固和完善农村基本经营制度。

第一，土地股份合作社对接主体。“小田并大田”使规模化经营、对接“大市场”成为现实。试点村通过成立土地股份合作社积极引进新型农业经营主体，依据经营主体需求流转农地，发展规模化特色产业。近年来，公安县依托新型农业经营主体，大力发展虾稻共作产业、光伏产业、葡萄、蔬菜、吊瓜种植基地、生态园等，有效促进村集体、农民、经营主体三方共赢。另外，土地股份合作社还采取“保底收益+盈余分红”的利益方式为农户分红。根据章程规定，每亩土地每年均可获得700～1 200元的保底收益。在保底收益的基础上，合作社和村集体分别提取净利润的10%作为公积金与公益金，合作社总收入扣除土地保底收益、公积金、公益金后，剩余部分按照持股比例进行分红。此外，《中华人民共和国农村土地承包法》第45条还要求，县级以上地方人民政府应当建立社会资本通过流转取得土地经营权的资格审查、项目审核和风险防范制度，对当地政府防控土地流转风险作出了明确规定。为防范化解土地流转面积过大造成的经营风险、损害农户利益的问题，公安县成立“三资”智慧平台统筹土地流转监督与指导工作，与省农村“三资”智慧服务平台对接，防止“一家独大”引发的经营风险，形成了全方位、全流程、全区域的土地流转信息监管体系。

第二，资本合作社提供居间服务。公安县要求推进“小田并大田”的试点村成立资本合作社，开展高标准农田建设，提供良种良机农机与基础设施维护服务。一是推进高标准农田建设。开展“小田并大田”后，承包地实现了集中连片经营，为公安县高标准农田建设扫清了障碍。因此，公安县将财政资金分配给资本合作社，再由资本合作社在本村统筹开展高标准农田建设。二是积极推广农机良种良技服务。资本合作社整合本村分散的农业机械、农机手、专业技术人才等资源，统筹开展代耕、代种、代收、代管等农业生产社会化服务，平均服务价格较市场平均价格低10%~15%。此外，公安县广泛遴选优良种质资源，并通过资本合作社向农户传播推广。资本合作社还统一为农户提供测土配方施肥、秸秆还田等技术。截至2023年6月底，全县农作物测土配方施肥面积达到100万亩以上，秸秆还田面积达到80万亩以上，主要农作物耕种收综合机械化作业率已达80%以上。三是基础设施建设服务。资本合作社为流转土地的新型农业经营主体提供供水、供电、道路维护等基础设施维护服务，每年每亩收取10~20元的居间服务费。

第三，劳务合作社提供就业创业岗位。尽管随着城镇化的推进，部分农民正逐步摆脱对农地的依赖，但截至2023年底，常年生活在农村的人仍然占全国总人口的33.84%。即使到2030年前后，我国城镇化率达到70%，仍有4亿多人生活在农村。如何保证这部分农民在为城镇居民提供充足的优质农产品的同时达到和城镇居民相近的收入水平，是一个大问题。这要求做出相应的制定安排，为以种植业为主要从业行业的农民获得更多土地从而获得与城镇居民相近的收入提供基础条件。目前，农村社会保障制度还不够完善，土地对农民的生存和生活保障功能依然十分突出，对农村土地的合理利用和管理不仅关系到农民收入、粮食安全和经济发展，还关系到社会稳定。为此，公安县要求各个试点村通过成立劳务合作社积极为农户提供就业创业岗位。一方面，为农户提供就业岗位。近年来，公安县引导各村成立劳务合作社将村内剩余劳动力组织起来，为经营主体提供水电、道路等居间服务。农户加入劳务合作社后，每天可以获得80~100元的务工收入。从开展“小田并大田”的试点村看，平均每个村每年雇用5~10名劳动力，相关农户户均增收1.5万余元。另一方面，为农户提供创业机会。为了将更多的增值收益留在农村，公安县通过发展龙头企业、合作社、家庭农场等方式，不断培育新型农业经营主体，引导农户积极开展适度规模经营。

（四）案例小结

在外生拉力和内生推力的共同作用下，“小田并大田”改革应运而生。当前的农村土地制度是适合中国实际情况的，虽然一家一户的小规模耕作不能满足现代农业发展的需要，但这个问题可以借助土地流转和新型经营主体的规模经营来解决。从湖北省公安县的改革实践看，公安县各试点村充分尊重农户意愿，开展调田并地工作，成立三类合作社提供流转、农机、基础设施建设与维护、就业创业等服务，有效解决了当前农村基本经营制度存在集体“统”的职能发挥不足、农户普遍“离农”“背农”、土地制度不满足现代农业发展的问题，探索出一条完善农村基本经营制度的新实现形式，如图 7-1 所示。其成效主要体现在如下五方面。

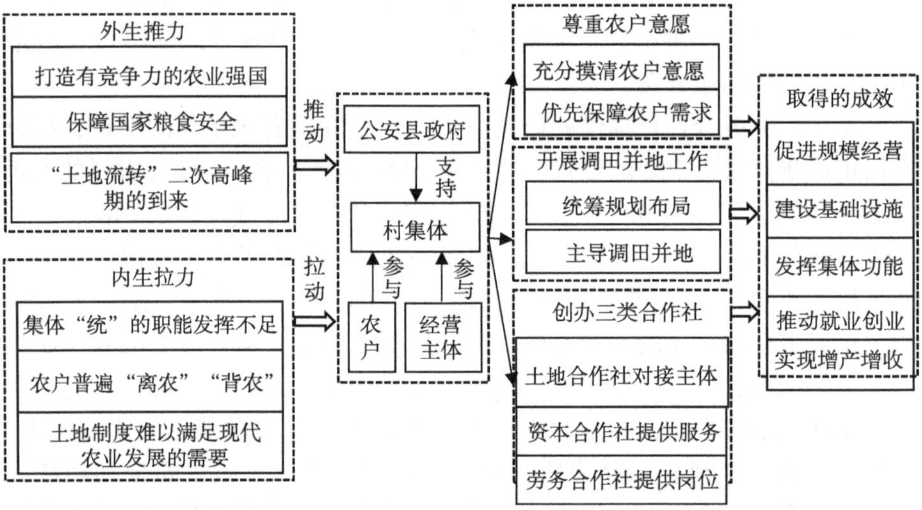

图 7-1　公安县“小田并大田”改革完善农村基本经营制度的创新探索

第一，有效促进了规模经营。公安县“小田并大田”改革为土地流转破除了物理藩篱，降低了流转的交易成本，促进了土地流转面积的迅速提升。截至 2022 年底，全县已有 28 个村实现整村流转，公安县土地流转面积已达到 147 万亩，高出全省平均水平 30 个百分点。由于“小田并大田”中耕地荒弃的余角荒边、减少的田埂等都转化为新增的耕地，公安县通过

“三块田”改革新增耕地面积达6 200余亩。此外，“小田并大田”改革后，全县主要农作物耕种收综合机械化率达87%，较2016年提高了21个百分点。

第二，推进了高标准农田建设。公安县以“小田并大田”改革，全力整合细碎化耕地，积极推进高标准农田建设，改善农田灌溉及耕作条件，形成了“田成方、渠相通、路相连、旱能浇、涝能排”的高标准农田。截至2022年底，公安县高标准农田建设总投资共计17.139亿元，建设完成145余万亩高标准农田，占全县耕地总面积的74.8%。

第三，村集体功能得到有效发挥。一方面，集体“统”的功能得以有效发挥。通过三类合作社开展“居间服务”，村庄的灌溉、道路、供电等基础设施得到有效强化，还通过规模化土地流转提高了土地流转租金，相较于农户流转溢价10%~15%。另一方面，增强了村集体的凝聚力。公安县试点村集体带领农户探索推进“小田并大田”破解发展难题，实现农业的节本增收，不仅提升了村集体的声望，还让农民与村集体的联系更加密切，村党组织的凝聚力、战斗力进一步增强。

第四，推动劳动力就业创业。创业方面，全县积极引导返乡农民工、退伍军人回乡领办创办100余家家庭农场、农民专业合作社，发放创业贷款1 000余万元。截至2023年6月底，公安县新培育1 200余家新型农业经营主体，其中规模在2 000万元以上的经营主体有11家。就业方面，开展“小田并大田”改革的村集体已经通过居间服务等方式带动238名农民增收，人均增收1.5万余元，实现了“人有所劳、劳有所得”。

第五，推动农户与集体增产增收。一是实现增产与增收。“小田并大田”改革后，相较于小农户经营，规模经营的种植成本下降10%以上、粮食增收10%以上、综合收益提升20%以上，种粮户每亩每年可增收200元。2017—2021年，公安县粮食种植面积增加近58万亩，总产量增长近22万吨，公安县连续多年获评“全国粮食生产先进县”。二是实现集体与农民双增收。农户增收方面，得益于“小田并大田”将分散的耕地资源集中盘活，公安县新培育的新型经营主体平均经营规模在120亩，每家主体增收15万余元。此外，农户通过为经营主体、村集体提供劳务服务，户均增收2万余元。村集体增收方面，开展“小田并大田”的试点村每年居间服务稳定获得收入10多万元。

五、结论与启示

农村改革40多年的历史表明，以家庭承包经营为基础、统分结合的双层经营体制具有优越性。但是在实践中，各地或者仅注重“分”忽视了“统”，或者在“统”的方面缺乏行之有效的措施。农户经营规模过小，统一经营不够，是我国农村基本经营制度的缺陷。同时，随着农村转移劳动力数量的增加，农民老龄化、农业兼业化副业化的态势越来越明显，再加上农业生产经营组织化程度低，农业社会化服务体系和国家农业支持保护体系不健全，农业持续发展面临着巨大挑战；并且，随着经济发展、农民收入水平的提高，以及广大农民视野、就业和发展的机会的扩大，土地已经由20世纪80年代的社会保障和生存资料演变为社会保障和发展资料。本研究基于湖北省公安县推进“小田并大田”的案例剖析，解释了“小田并大田”改革产生的缘由，还进一步分析了公安县“小田并大田”改革的创新探索，在推进适度规模经营、完善基础设施建设、发挥集体功能、帮助劳动力就业创业、实现农户集体增收方面发挥了重要作用。

本研究的结论主要体现在以下两方面。一方面，“小田并大田”是一项典型的诱致性制度变迁，其产生的缘由存在外部推力和内部拉力。其中，外部推力指“小田并大田”改革所面临的战略机遇，包括打造具有竞争力的农业强国、保障国家粮食安全、“土地流转”第二次高峰期的到来；内部拉力指当前我国农村基本经营制度面临的问题和挑战，包括集体“统”的职能发挥不足、农户普遍“离农”“背农”及土地制度不满足现代农业发展需要。另一方面，公安县“小田并大田”改革是巩固和完善农村基本经营制度的创新实践。具体来讲，公安县“小田并大田”改革的举措分为充分尊重农户意愿、开展调田并地工作和成立三类合作社提供服务，分别解决了农户差异化诉求问题、农地细碎化问题和“统一”经营不足的问题。在尊重农户意愿方面，试点村村集体在改革前充分了解和掌握农户调田并地的意愿，改革中优先保障农户耕种需求，充分尊重了农户的意愿，保障了农户的利益不受损。在开展调田并地方面，试点村村集体按照法律法规与政策规定的要求，统筹规划布局，主导互换并地，实现了“一户一块田”与“一主体一块田”。在成立合作社提供服务方面，公安县各试点村村集体成立土地股份合作社、资本合作社、劳务合作社三类合作社。其中，土地股份合作社主要负责向新型农业经营主体统一流转农地；资本合作社开展高标准农田建设，为经营主体提供基础设施维护服务，还提供农业社会化服务；劳务合作社主要为当地剩余劳动力提供就业服务，优先雇用本村村民到合作社中就业，还通过技术推介、培训指导等方式培育家庭农场、农民专业合作社等新型农业经营主体。

研究结论有如下政策启示。第一，推动“小田并大田”改革必须要注重发挥集体所有的优势。应该充分发挥“统”的优势，发挥村集体的统筹作用和农业生产的规模效应。村集体作为拥有承包地所有权的主体，也更了解村庄与农户的基本情况，更容易整合不同农户的诉求，推进“小田并大田”，破解土地细碎化问题。另外，村集体通过成立土地股份合作社发挥“统”的功能，推进高标准农田建设，统一对接新型农业经营主体，实现农业规模经营。这表明破解当前农村基本经营制度“统得不足、分得过度”的困境，可以将村集体作为推进“小田并大田”的政策重点。第二，“小田并大田”改革要注重尊重农民利益。在改革过程中，需要重点关注农户的意愿与诉求，发挥好耕地最基本的生活保障作用。此外，还要发挥“小田并大田”的就业创业效应，积极促进农户就业，引导农户返乡创业，培育新型农业经营主体。第三，推动“小田并大田”改革必须要注重后续保障。通过资质审查、抵押担保等方式，切实保障土地流转面临的经营风险问题，保障农户的基本收益不受损。此外，村集体还应通过提供社会化服务、就业岗位等方式，解决土地撂荒和农户就业问题。

第八章　盘活“三块地”对新型农村集体经济发展的影响研究

一、引　言

农村“三块地”是中国农村最重要、最庞大的资本存量，即农地、宅基地和集体建设用地（罗必良，2021）。盘活“三块地”是推动农民增收的有效途径，也是乡村振兴的必由之路。发展壮大村级集体经济是新时期解决“三农”问题的重要举措，也是加快农业农村现代化、全面推进乡村振兴的重要抓手。近年来，党中央、国务院高度重视盘活土地资源与发展集体经济。历年中央一号文件均明确指出要盘活农村闲置土地资源，发展壮大集体经济。《国家乡村振兴战略规划（2018—2022年）》指出，激活农村土地资源资产，推进农用地和低效建设用地整理，发展新型农村集体经济，引导农村集体经济组织挖掘土地资源和资产潜力。《“十四五”规划》中指出，探索通过土地要素使用权增加中低收入群体要素收入，发展新型农村集体经济。历年中央一号文件也高度重视“三块地”改革与发展新型集体经济。

近十年来，党和国家高度重视盘活“三块地”工作，并将其作为发展集体经济与助农增收的重要抓手。早在2014年，我国首先在33个试点地区开展土地制度改革试点任务，其中开展农村集体经营性建设用地入市的试点任务有15个、开展宅基地制度改革的试点地区各15个。2017年，原中央全面深化改革领导小组决定将宅基地制度改革拓展到全部33个试点县（市、区）。截至2018年底，33个试点县（市、区）集体经营性建设用地已入市地块1万余宗，面积9万余亩，总价款约257亿元，腾退出零星、闲置的宅基地约14万户、8.4万亩①，取得了较好的成效。另外，我国政

① 资料来源：国务院关于农村土地征收、集体经营性建设用地入市、宅基地制度改革试点情况的总结报告，http：//www.npc.gov.cn/npc/c12491/201812/3821c5a89c4a4a9d8cd10e8e2653bdde.shtml。

府高度重视集体经济的发展。2016 年，中共中央、国务院印发的《关于稳步推进农村集体产权制度改革的意见》指出，探索集体经济新的实现形式和运行机制。党的十九大报告明确指出要壮大集体经济。截至 2020 年 9 月，全国 87.2%的村有集体经济组织，年经营收入 5 万元以上的占 70%①，发展壮大集体经济取得显著成效。此外，农村居民收入持续较快增长，2023 年农村居民人均可支配收入为21 691元，城乡居民收入比进一步缩小到2.39∶1。其中，脱贫地区农村居民人均可支配收入16 396元，实际增长8.4%。那么，盘活“三块地”与发展集体经济、农户增收之间是否存在着必然联系，换言之，盘活“三块地”是否能够促进集体经济与农户增收，这一问题尚未得到验证。

纵观已有研究，不少学者已经在盘活农村土地要素和集体经济发展方面展开了大量的研究。盘活宅基地方面，盘活农村宅基地主要是宅基地流转（李文谦 等，2009；朱新华 等，2009）和宅基地退出（卢艳霞 等，2012；魏后凯 等，2016）两种途径。盘活建设用地方面，大量学者就盘活建设用地的制度设计（温世扬，2015）、流转收益（王小映，2014）、问题难点（孔祥智 等，2014）等方面开展了丰富的研究。盘活承包地方面，现有文献主要集中于确权颁证（丰雷 等，2020）、承包地退出（刘同山 等，2019）、“三权分置”制度（高圣平，2018）。集体经济发展方面，大量学者就发展集体经济存在的问题（黄延信，2015；李韬 等，2021）、对策建议（张洪振 等，2020）、典型模式与发展路径（苑鹏 等，2016；高强 等，2020）等方面展开了深入的研究。

纵观已有的研究，由于缺乏集体经济组织相关数据等原因，大多数文献采用典型案例的研究方法探讨发展集体经济的相关问题，鲜有研究通过实证分析的方法研究集体经济发展相关的问题。尽管张洪振等（2020）通过实证研究表明大学生村官这类人力资本能够推动村级集体经济发展，但大学生村官仅属于农村人力资本的一部分，且土地、资本等其他要素在推动集体经济发展中也发挥着较大的作用，但鲜有学者就“三块地”对发展集体经济的作用展开分析。因此，本章提出如下研究问题：盘活利用农村“三块地”是否能够推动集体经济发展？又是否能够推动农户增收？为解

---

① 资料来源：关于政协十三届全国委员会第三次会议第 2667 号（农业水利类 237 号）提案答复的函，http：//www.moa.gov.cn/govpublic/XZQYJ/202009/t20200918_6352317.htm?keywords=+2667。

决上述问题，本章利用全国农村改革试点县四川省内江市市中区的调研数据，实证分析了农村“三块地”对集体经济与农户增收的影响，以期为未来的政策制定提供依据。鉴于此，本章根据课题组在盘活利用闲置宅基地、集体经营性建设用地入市、深化集体经济股份权能改革试验区内江市市中区获取的集体经济组织调查数据，对宅基地改革、集体经营性建设用地入市、承包地改革前后集体经济组织与农户的收益进行深入分析，探究“三块地”改革对发展集体经济与农户增收的作用，为深化盘活“三块地”改革、发展壮大集体经济提供决策参考。

二、研究区域概况

四川省内江市市中区（以下简称“市中区”）位于四川省东部、内江市中部，为四川省内江市辖区，地处成渝经济圈中心地带，全区辖 7 镇 5 街道，建成区面积 32 平方千米，户籍总人口 42.4 万人，乡村人口 20.9 万人。市中区在地理位置上距离重庆经济集聚地区较近，具有明显的区位优势。

选择市中区作为调研区域的原因是：首先，市中区具有浓厚的改革氛围，在农村改革方面做出了不少探索。市中区是国家级和省级农村改革试验区，先后承担 13 项国家级农村改革任务，具有丰富的改革经验。其次，市中区的农村改革工作与本研究主题高度契合。市中区承担过土地承包经营权退出、农村承包土地的经营权抵押贷款试点、发展农村集体经济、创新农村建设用地利用机制试验、探索宅基地所有权、资格权、使用权“三权分置”试点、盘活集体建设用地使用方式试点、探索农村集体经济新的实现形式和运行机制试点、全国农村集体产权制度改革试点、盘活利用闲置宅基地发展壮大农村集体经济试验任务等。近年来，在区委、区政府等多部门的积极推动下，市中区开展在盘活“三块地”、发展集体经济等方面积累了丰富的经验，取得了显著的成效，与本研究的主题具有高度契合性。最后，市中区的探索为本研究提供了符合科学研究范式的准自然实验。市中区于 2018 年承担农村集体经济新的实现形式和运行机制拓展试验任务，市中区农业农村局在区委、区政府的支持下，在全区大力开展相关工作，为本研究提供了优质的准自然实验。

本研究选择计量分析方法的原因主要有以下两方面。一方面，市中区先后承担盘活“三块地”、集体产权制度改革与发展新型集体经济试验任务，并在全区范围内开展试验任务，具备一定的规模性。市中区全区共701家组级集体经济组织，至少承担一项“三块地”改革试验任务的集体经济组织有526家。另一方面，课题组收集的样本中，有213家组级集体经济组织至少开展一项“三块地”改革试验任务，具备开展计量分析的样本规模。

市中区通过盘活“三块地”，形成了多元化的集体经济发展模式，有效促进了集体与农户增收。盘活承包地方面，市中区探索形成了承包地“三换”模式，推广土地承包经营权退出换现金、换股份、换保障，累计盘活承包地6 005亩，用于发展藤椒、雷竹、柑橘等特色产业。盘活闲置宅基地方面，市中区积极探索宅基地“三权分置”的有效实现形式。确保集体所有制的基础上，探索资格权自愿有偿退出，盘活闲置农房和宅基地，用于发展民宿、农旅等产业。2021年6月底，市中区累计实现宅基地资格权退出2.76亩、使用权流转800亩，集体增收40万元/年，户均增收0.4万元/年。盘活农村集体建设用地方面，市中区探索出“作价联营”盘活集体建设用地的新模式，构建起集体经济长效增收机制，走出强村富民的新路径。2021年6月底，市中区共清理出闲置集体建设用地3 750宗、862.40亩供产业发展使用。例如，朝阳镇黄桷桥村将11.54亩经营性建设用地40年使用权作价290.16万元，入股竹苑水乡农旅项目，集体经济年增收约12万元。市中区集成多项改革发展集体经济，全区农村集体经济收入从2014年几乎为零，到2020年底累计达到1 527万元。全区153个行政村有集体经济收入的147个，占96%，其中50万元以上的3个、20万~50万元的7个、10万~20万元的18个、1万~10万元的119个。截至2021年6月底，全区实现集体经济纯收入85.95万元，发展集体经济取得显著成效。

三、机理分析

土地制度是我国政治经济制度的基础性安排，是我国改革全局的关键区域（刘守英，2017），是农业供给侧结构性改革的重点（孔祥智，2016）。农村集体土地所有权实现是集体经济发展壮大的基本前提，通过有效利用承包地、宅基地、集体建设用地可使全国绝大部分农村形成集体经济稳定的收入来源（朱建江，2019）。集体经济组织拥有农村“三块地”的所有权，农户拥有承包地的承包权和宅基地的使用权，两者能够通过将闲置的“三块地”盘活利用，促进农户与集体经济组织共同增收。据此本研究提出假说1（H1）。

H1：盘活“三块地”能够显著发展集体经济，促进农户增收。

土地流转是盘活农村承包地、提高土地生产率、助农增收的重要举措。党和国家高度重视在土地流转中保护农户的合法权益。土地流转往往无法显著增加转出农户收入（郭君平 等，2018），转出土地的农户通常是劳动力已经实现非农就业或因其他原因缺乏农业劳动力的农户，农地的流转对劳动力的释放影响不显著。尽管，村集体能够在土地流转中发挥重要的作用，限于土地流转的增收作用有限，也并不能发展集体经济。据此，本研究提出待检验假说H1a。

H1a：流转承包地不能显著地发展集体经济，也不能促进农户增收。

集体经济组织在盘活利用闲置宅基地中能够发挥较大作用，集体经济组织用回购或流转的宅基地，通过创业或租金分配的方式，能够有效增加农户的经营性收入和财产性收入（斯达威 等，2015）。宅基地是农户的重要资产，通过盘活利用闲置宅基地对农户增收具有显著的正向影响（夏丹波，2020）。盘活利用闲置宅基地不仅对农户增收具有重要作用，还能够促进集体增收（张勇，2020）。据此本研究提出待检验假说H1b。

H1b：盘活宅基地能够发展集体经济，能够显著地促进农户增收。

盘活集体建设用地是我国城市化发展过程中优化土地资源配置的必然性选择，其在严格保护耕地、加快农村经济发展、增加农民财产性收入等方面发挥着十分重要的作用（刘卫东 等，2013）。农村集体建设用地作为农村“三块地”中价值最大的土地，其盘活利用得到了政府、集体、个人的重视（杨庆媛 等，2017）。盘活集体建设用地对农户收入具有显著的正向影响（高欣 等，2018），对增加集体收入也具有重要作用（文兰娇 等，2018）。因此，盘活利用建设用地能够显著推动集体经济发展与农户增收。据此，本研究提出待检验假说H1c。

H1c：盘活集体建设用地能够显著地推动集体经济发展，也能够促进农户增收。

根据以上假说，本研究提出盘活“三块地”发展壮大集体经济与助农增收的分析框架，如图 8-1 所示。

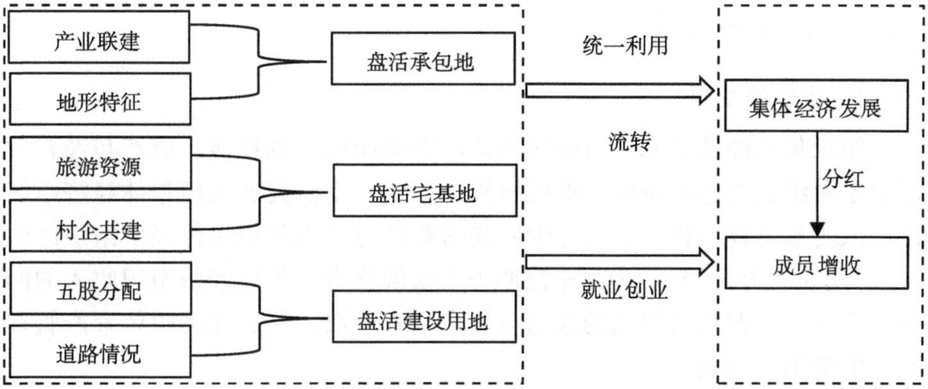

图 8-1　盘活“三块地”发展集体经济与助农增收机制

四、数据与变量

（一）问卷调查

本研究使用的数据来自课题组于 2020 年 10 月在四川省内江市市中区开展的集体经济组织抽样问卷调查。在调研期间，课题组首先通过与四川省内江市市中区委、区政府、农业农村局多位同志开展座谈，深入掌握了市中区的集体经济组织与涉农产业、乡村产业的空间分布情况。其次，课题组根据市中区集体经济组织情况选取村组级集体经济组织理事长为调研对象，样本区域选择为龙门镇、永安镇、史家镇、全安镇、白马镇、朝阳镇、凌家镇七镇①。再次，课题组要求问卷调查覆盖到每个行政村，每个行政村选择 5~10 个村组级集体经济组织，由经过培训的调查员与村组级集体经济组织理事长一对一访谈完成调查问卷。最后，课题组共访谈 322 位组级集体经济组织成员理事长并获得相应的调研问卷数据，剔除被访谈

①　四川省内江市市中区共有 1 街道、7 镇，共有村组级集体经济组织 801 个。乐贤街道有集体经济组织 23 个，仅占全区的 2.9%，且该街道集体经济组织以租赁经济为主。故本次问卷调查仅覆盖市中区 7 镇。

对象回答前后矛盾或缺失的无效问卷，最终获得有效问卷300份，问卷有效率93.17%。

（二）变量设计

1. 被解释变量

组级集体经济收入。市中区集体经济组织成立到组级，资产与经营情况也是由组级集体经济组织单独核算。因此，本研究选取组集体经济组织的收入为被解释变量，在问卷中设置的题目为"当年组集体经济组织的收入"，单位：万元/年。为规避被调查者错误报告本集体经济组织收入的问题，课题组将调查后得到的数据与市中区农业农村局成立的集体资产管理平台的数据进行比对。

人均可支配收入。由于集体经济组织盘活"三块地"获得的收益由集体经济组织和农户分配。换言之，集体经济组织获得了部分收益，其他收益分配给拥有宅基地使用权、承包地经营权的农户，因此将第二个解释变量设置为集体经济组织通过盘活"三块地"对农户增收的情况，在问卷中设置的题目为"本村集体经济成员（农户）人均可支配收入多少万元？"本研究设置可支配收入的原因在于：盘活农村"三块地"不仅能够使农户通过直接的租金或间接的分红增收，还有可能通过带动就业等方式增加收入，因此采用直接增收的方式量化助农增收情况，显然低估了实际的增收效果。另外，为了克服量纲的差异，本题目以"万元/年"为单位。先前的研究表明，被访者在访谈中往往有低报收入的倾向（王有捐，2006），进而导致结果产生偏差。为解决收入偏差问题，课题组调研结束后，将所获得的数据与市中区统计调查队进行比对。

2. 解释变量

盘活承包地面积。该变量关注组级集体经济组织盘活承包地的面积，在问卷中设置的题目为"当年通过集体经济组织层面盘活流转承包地的面积"，单位为亩。市中区以承接农业农村部的"探索农村集体经济新的实现形式和运行机制"试验任务为契机，推广承包地经营权换现金、换股份、换保障的"三换模式"，现已流转土地6 005亩，发展藤椒、雷竹、柑橘等特色产业，实现土地向项目集中、项目向产业集中的集约化发展取得了较好的成效。因此，笔者将“盘活承包地面积”作为核心解释变量之一。

盘活宅基地面积。该变量关注组级集体经济组织盘活宅基地面积，在问卷中设置的题目为“当前通过集体经济组织层面盘活宅基地的面积”，单位为亩。市中区在“探索农村集体经济新的实现形式和运行机制”试验任务中，放活使用权入股、联营、转让等改革，盘活闲置农房和宅基地，用于发展民宿、农旅等产业，增加农民财产性收入，推动集体经济发展壮大。目前，累计实现资格权退出 2.76 亩、使用权流转 35 亩，户均增收 4 000余元，取得了显著的成效。因此，笔者将“盘活宅基地面积”作为核心解释变量之一。

盘活集体建设用地面积。该变量关注组级集体经济组织盘活集体建设用地面积，在问卷中设置的题目为“当年通过集体经济组织层面盘活集体建设用地面积”，单位为亩。市中区在“探索农村集体经济新的实现形式和运行机制”试验任务中，探索出“作价联营”盘活集体建设用地的新路径，构建起集体经济长效增收机制，走出了强村富民的新路子，取得了明显的成效。因此，本研究将“盘活集体建设用地面积”作为核心解释变量之一。

3. 控制变量

产业联建。市中区在辖区内开展村级产业联建，重点发展藤椒、雷竹、柑橘等特色产业，实现特色产业规模化、集约化发展，对市中区以盘活承包地发展壮大集体发挥了重要作用。因此，本研究认为特色产业联建对以盘活承包地发展集体经济与助农增收具有重要影响，在问卷中设置的题目为“本村组是否参与特色产业联建”。

地形特征。根据张洪振等（2020）的研究，地形因素是发展集体经济的重要制约因素。村庄地形较为崎岖往往不具备发展农业的灌溉条件。笔者认为地形特征对以盘活承包地发展集体经济与助农增收具有重要的异质性影响。在问卷中设置的题目为“本村组的地形主要特征是?”分为平原、丘陵、山地三种类型。

旅游资源禀赋。市中区旅游资源丰富，先后荣获全国书画艺术之乡、中国夏布画绣之乡、中国白乌鱼之乡、四川省乡村旅游示范区等荣誉称号。近年来，市中区创建省级乡村旅游示范乡镇、示范村各 3 个，乡村旅游点 25 个，上腾新村被评为“思创圣乡村旅游精品村”，央视“美丽乡村快乐行”节目走进尚腾新村，在美丽乡村博鳌国际峰会上，喜获“美丽乡村示范基地”殊荣。因此，本研究认为旅游资源禀赋较强的村，通过盘活宅基地发展民宿等农业产业新业态，能够获得更好的绩效。在问卷中设置的题目为“本村组所在的行政村或乡镇是否为乡村旅游示范村（乡镇）？或本村组所在的行政村是否有乡村旅游示范点？”

村企共建。市中区通过“村集体+公司（合作社）”，围绕重点产业，分享村级建制改革成果，“合”村变“活”村，规模化发展产业，重点发展内江黑猪养殖、大棚蔬菜种植等产业，现已投产的村组集体经济组织平均增收逾 8 万元。因此，本研究认为发展村企共建的村，更加有可能将集体建设用地盘活发展产业，以此带动集体经济发展和农户增收。在问卷中设置的题目为本村组是否发展村企产业联建。

五股分配。为充分调动集体经济组织理事长及理事会成员参与发展壮大集体经济的积极性，市中区创新制度设计，采取五股分配的集体经济组织成员分红模式。其中，管理股用于集体经济组织管理人员分红，原则上不超过 30%；发展股用于村集体后续生产发展；公益股用于贫困户分红和公益设施建设等；人头股用于所有集体成员分红；土地股用于退出或流转土地给村集体发展产业的农户二次分红。根据调研情况，本研究认为五股分配是以盘活建设用地发展集体经济与助农增收具有重要的异质性影响。在问卷中设置的题目为“本村组集体经济组织是否开展五股分配”。

道路情况。在盘活集体建设用地方面，市中区“就地盘活”5 宗集体建设用地，主要用于发展乡村产业。发展乡村产业，道路因素是非常重要的影响因素。在交通不便、道路以土路为主的村庄，发展乡村产业必然面临诸多障碍。因此，道路情况对盘活集体建设用地发展集体经济与助农增收具有异质性影响。在问卷中设置的题目为“本村组的道路以哪类为主？”

其他变量。为控制其他因素的影响，本研究将常住人口、组织力量、补贴情况、人力资本及交通、生产、生活、经济条件等变量设置为控制变量。主要变量描述性统计如表 8-1 所示。

表 8-1 描述性统计

变量名称	英文名	变量定义	单位	均值	标准差	最小值	最大值
组集体经济收入	Vincome	村组集体经济组当年收入	万元	6.79	3.00	3.36	13.90
人均可支配收入	Hincome	村小组人均可支配收入	万元	0.73	0.28	0.30	1.68
是否盘活“三块地”	Land	本村是否通过集体经济组织盘活“三块地”?	是=1；否=0	0.71	0.47	0	1
是否盘活承包地	culland	本村是否通过集体经济组织盘活承包地?	是=1；否=0	0.52	0.50	0	1
是否盘活宅基地	homeland	本村是否通过集体经济组织盘活宅基地?	是=1；否=0	0.28	0.45	0	1
是否盘活建设用地	conland	本村是否通过集体经济组织盘活建设用地?	是=1；否=0	0.18	0.38	0	1
盘活承包地面积	cularea	村组内通过集体经济组织盘活的承包地面积	亩	0.22	0.43	0	2.55
盘活宅基地面积	homearea	村组内通过集体经济组织盘活的宅基地数量	宗	22.32	27.69	0	98
盘活建设用地面积	conarea	村组内通过集体经济组织盘活的建设用地面积	亩	0.21	0.53	0	3
产业联建	industry	本村组是否参与特色产业联建	是=1；否=0	0.22	0.41	0	1
地形特征	terrain	本村组地形主要特征	山地=3；丘陵=2；平原=1	1.88	0.61	1	3

（续表）

变量名称	英文名	变量定义	单位	均值	标准差	最小值	最大值
乡村旅游	travel	本村组所在的行政村或乡镇是否是乡村旅游示范村（乡镇），或是否拥有乡村旅游示范点	是=1；否=0	0.81	0.39	0	1
村企共建	enterprise	本村组是否发展村企产业联建	是=1；否=0	0.38	0.33	0	1
道路类型	way	本村组内部道路的主要类型	沥青路=5；水泥路=4；砖石路=3；砂石路=2；土路=1	2.91	1.22	1	5
人口数量	population	常住人口数量	人	306.54	96.07	72	650
组织影响力	cadres	所在行政村的村党支部书记、村民委员会主任已经担任届数	届	1.75	1.28	0	3
补贴情况	subsidy	所在的村级集体经济组织获得补贴规模	万元	20.32	43.28	0	200
教育情况	degree	村组内大学以上学历家庭的比重	%	10.62	10.17	6	33
公共交通情况	bus	所在村组 2 千米范围内是否通公交车	是=1；否=0	0.73	0.34	0	1
农业生产情况	irrigate	村组内可灌溉耕地比重	%	70.95	14.41	38.54	95.01
生活情况	culture	村中是否修建公共文化娱乐设施	是=1；否=0	0.73	0.85	0	1
经济条件	car	村组内有小汽车的家庭比例	%	24.12	18.99	1	80

五、模型设计与实证分析

（一）模型设定

在分析农村“三块地”对集体经济发展与农户增收的影响时，除盘活承包地面积、宅基地数量、建设用地面积外，本研究同时引入了其他解释变量，建立如下计量模型：

$$Vincome_i = \alpha_0 + \alpha_1 land_i + \sum_{i=1}^{n} \beta X_i + u \tag{8-1}$$

$$Hincome_i = \alpha_0 + \alpha_1 land_i + \sum_{i=1}^{n} \beta X_i + u \tag{8-2}$$

$$Vincome_i = \alpha_0 + \alpha_1 homeland_i + \alpha_2 conland_i + \alpha_3 culland_i + \sum_{i=1}^{n} \beta X_i + u \tag{8-3}$$

$$Hincome_i = \alpha_0 + \alpha_1 homeland_i + \alpha_2 conland_i + \alpha_3 culland_i + \sum_{i=1}^{n} \beta X_i + u \tag{8-4}$$

$$Vincome_i = \alpha_0 + \alpha_1 homearea_i + \alpha_2 conarea_i + \alpha_3 cularea_i + \sum_{i=1}^{n} \beta X_i + u \tag{8-5}$$

$$Hincome_i = \alpha_0 + \alpha_1 homearea_i + \alpha_2 conarea_i + \alpha_3 cularea_i + \sum_{i=1}^{n} \beta X_i + u_i \tag{8-6}$$

其中，$Vincome_i$表示集体经济组织 i 的年收入，衡量集体经济的发展水平；$Hincome_i$表示村组 i 的农户人均可支配收入。$land_i$表示集体经济组织 i 是否盘活“三块地”，为虚拟变量；$culland_i$表示集体经济组织 i 是否盘活承包地；$homeland_i$表示集体经济组织 i 是否盘活宅基地；$conland_i$表示集体经济组织 i 是否盘活建设用地；$cularea_i$表示集体经济组织 i 盘活承包地的面积；$homearea_i$表示集体经济组织 i 盘活宅基地的面积；$conarea_i$表示集体经济组织 i 盘活建设用地的面积；X_i表示其他控制变量，控制其他因素对集体经济发展与农户增收的影响；u_i为随机干扰项。另外，为进行稳健性检验，本研究还通过以 $homearea_i$、$conarea_i$、$cularea_i$ 三个变量替换式（8-3）、式（8-4）两式中的 $homeland_i$、$conland_i$、$culland_i$ 进行检验，见式（8-5）、式（8-6）。

鉴于盘活“三块地”与村集体增收与农户人均可支配收入可能存在着因互为因果而导致的潜在内生性问题，本研究进行内生性处理。在使用处理内生性问题时，首先需要找到至少一个工具变量。在本研究中，该工具变量需要满足如下两个特征：一是该工具变量能够影响到盘活“三块地”的数量；二是该工具变量不影响集体经济与农户收入。根据刘同山、孔祥智（2020）的研究，农村土地的流转市场具有区域性特征（赵昶 等，2021），换言之，盘活“三块地”的数量会受到附近区域“三块地”流转情况的影响，但并不会影响到本村组集体经济与农户收入。因此，笔者选用所在行政村的组级平均土地流转面积、盘活宅基地数量、盘活建设用地面积作为工具变量。检验发现，该工具变量有效。

（二）基准结果分析

本研究使用最小二乘法（OLS）对式（8-1）和式（8-2）进行估计，为了消除异方差和自相关的影响，本研究采用稳健标准误进行估计，估计结果如表 8-2 所示。结果（1）和（2）的估计结果表明，盘活“三块地”对集体经济与农户收入的影响具有正向的显著影响。进一步，本研究将核心解释变量替换为 $homeland_i$、$conland_i$、$culland_i$ 进行估计，估计结果见结果（3）和（5）。估计结果表明，盘活宅基地、建设用地面积对集体与农户收入具有显著的正向影响，但盘活承包地面积对集体与农户收入的影响则不显著。本研究还将核心解释变量替换为 $homearea_i$、$conarea_i$、$cularea_i$ 进行估计，证明了估计结果的稳健性，结果见（4）和（6）。在考虑内生性的情况下，本研究还采用 2SLS 模型进行实证估计，结果（7）和（8）估计系数的方向和显著性水平与之前的结果相一致。

表 8-2 盘活“三块地”对集体与农户收入的基准回归结果

变量	(1) *Vincome*	(2) *Hincome*	(3) *Vincome*	(4) *Vincome*	(5) *Hincome*	(6) *Hincome*	(7) *Vincome*	(8) *Hincome*
land	0.946*** (0.175)	0.195*** (0.022)						

（续表）

变量	(1) Vincome	(2) Hincome	(3) Vincome	(4) Vincome	(5) Hincome	(6) Hincome	(7) Vincome	(8) Hincome
homearea			0.562*** (0.151)		0.114*** (0.019)		0.778*** (0.176)	0.144*** (0.023)
conarea			1.961*** (0.129)		0.263*** (0.016)		2.688*** (0.167)	0.371*** (0.022)
cularea			0.005 (0.003)		0.002 (0.002)		0.006 (0.003)	0.002 (0.003)
homeland				0.753*** (0.118)		0.152*** (0.013)		
conland				3.394*** (0.160)		0.470*** (0.018)		
culland				0.372 (0.205)		0.114 (0.112)		
subsidy	0.006* (0.002)	0.001* (0.000)	0.001 (0.002)	0.001 (0.001)	0.000 (0.000)	0.000 (0.000)	−0.001 (0.002)	−0.000 (0.000)
share	0.452 (0.250)	0.064* (0.032)	0.309 (0.190)	0.267 (0.159)	0.040 (0.024)	0.034 (0.018)	0.238 (0.198)	0.024 (0.026)
enterprise	−1.724*** (0.263)	−0.249*** (0.033)	−0.641** (0.213)	0.226 (0.192)	−0.096*** (0.027)	0.035 (0.021)	−0.153 (0.229)	−0.019 (0.030)
industry	−0.051 (0.244)	0.002 (0.031)	0.003 (0.186)	0.073 (0.155)	−0.005 (0.023)	0.007 (0.017)	0.031 (0.195)	−0.008 (0.025)
travel	−2.077*** (0.271)	−0.231*** (0.034)	−1.861*** (0.205)	−1.738*** (0.172)	−0.194*** (0.026)	−0.181*** (0.019)	−1.806*** (0.212)	−0.182*** (0.028)
irrigate	0.601 (0.535)	0.086 (0.068)	0.178 (0.402)	0.181 (0.339)	0.015 (0.051)	0.028 (0.037)	0.081 (0.416)	−0.001 (0.054)
population	−0.001 (0.001)	−0.000 (0.000)	−0.000 (0.001)	0.000 (0.001)	0.000 (0.000)	0.000 (0.000)	0.000 (0.001)	−0.000 (0.000)
cadres	−0.020 (0.063)	−0.004 (0.008)	−0.010 (0.047)	−0.001 (0.040)	−0.001 (0.006)	−0.002 (0.004)	−0.014 (0.049)	−0.002 (0.006)
bus	0.426 (0.237)	0.051 (0.030)	0.313 (0.181)	0.254 (0.151)	0.030 (0.023)	0.020 (0.017)	0.268 (0.188)	0.025 (0.025)
car	−0.002 (0.004)	−0.000 (0.001)	−0.001 (0.003)	−0.003 (0.003)	0.000 (0.000)	−0.000 (0.000)	−0.001 (0.003)	0.000 (0.000)
degree	−0.006 (0.008)	−0.001 (0.001)	0.003 (0.006)	0.001 (0.005)	0.000 (0.001)	0.000 (0.001)	0.006 (0.006)	0.001 (0.001)
way	0.396*** (0.072)	0.039*** (0.009)	0.308*** (0.054)	0.309*** (0.046)	0.030*** (0.007)	0.029*** (0.005)	0.255*** (0.056)	0.022** (0.007)
terrain	−0.137 (0.165)	−0.008 (0.021)	−0.081 (0.124)	−0.188 (0.104)	0.004 (0.016)	−0.013 (0.011)	−0.093 (0.129)	0.004 (0.017)

（续表）

变量	(1) Vincome	(2) Hincome	(3) Vincome	(4) Vincome	(5) Hincome	(6) Hincome	(7) Vincome	(8) Hincome
culture	0.091	−0.001	0.122	0.081	0.010	0.002	0.141	0.014
	(0.165)	(0.021)	(0.126)	(0.106)	(0.016)	(0.012)	(0.130)	(0.017)
_cons	8.061***	0.858***	7.188***	6.185***	0.733***	0.579***	6.733***	0.654***
	(0.709)	(0.090)	(0.538)	(0.459)	(0.068)	(0.051)	(0.560)	(0.073)
N	300	300	300	300	300	300	300	300
r^2	0.627	0.661	0.791	0.852	0.810	0.898	0.763	0.771

注：括号内为标准差，* 表示 $p<0.05$，** 表示 $p<0.01$，*** 表示 $p<0.001$，下同。

（三）进一步探讨：异质性分析

1. 盘活承包地对集体经济发展与农户增收的制约因素分析

市中区根据不同地形特征的承包地，采取产业联建的方式发展集体经济，促进集体与农户增收。因此，本研究选取产业联建与地形特征两个变量研究盘活承包地对集体经济发展与农户增收的异质性影响。表 8-3 为对产业联建与地形特征进行异质性检验的结果。产业联建方面，尽管从总体来看盘活承包地对集体与农户增收并不显著，但开展产业联建的集体经济组织以盘活承包地显著促进集体与农户增收。地形特征方面，尽管盘活承包地对集体与农户增收均不显著，但地形特征以山地或丘陵为主的集体经济组织盘活承包地能够促进集体与农户增收。原因在于，以平原为主的集体经济组织主要以种粮为主，可开发空间较小，而地形以丘陵和山地为主的集体经济组织，由于难以灌溉，存在较多闲置承包地。市中区农业农村局以发展壮大集体经济为契机，重点在丘陵与山地发展雷竹与柑橘产业，并构建包含企业、集体经济组织、农户在内的利益联结机制，实现集体经济组织与农户增收。

表 8-3　盘活承包地对集体经济发展与农户增收的制约因素分析回归结果

变量	(1) Industry =0 Vincome	(2) Industry =1 Vincome	(3) Industry =0 Hincome	(4) Industry =1 Hincome	(5) plain Vincome	(6) hills Vincome	(7) mountainous Vincome	(8) plain Hincome	(9) hills Hincome	(10) mountainous Hincome
culearea	0.002	0.003***	0.003	0.002***	0.012	0.001***	0.017***	0.003	0.002***	0.003***
	(0.003)	(0.000)	(0.002)	(0.000)	(0.006)	(0.000)	(0.003)	(0.005)	(0.000)	(0.000)

（续表）

变量	(1) Industry =0 Vincome	(2) Industry =1 Vincome	(3) Industry =0 Hincome	(4) Industry =1 Hincome	(5) plain Vincome	(6) hills Vincome	(7) mountainous Vincome	(8) plain Hincome	(9) hills Hincome	(10) mountainous Hincome
控制变量	YES	YES	YES	YES	YES	YES	YES	YES	YES	YES
_cons	5.601*	6.956***	0.606	0.664***	3.126	6.769***	12.037**	0.164	0.698***	1.425*
	(2.239)	(0.552)	(0.324)	(0.068)	(1.704)	(0.536)	(4.326)	(0.218)	(0.068)	(0.599)
N	65	235	65	235	73	189	38	73	189	38
r^2	0.615	0.736	0.576	0.760	0.638	0.803	0.520	0.591	0.821	0.545

2. 盘活宅基地对集体经济发展与农户增收的异质性分析

市中区重点以丰富的旅游资源为着力点，引进工商资本投资宅基地盘活利用项目，采用村企共建的方式发展乡村旅游新业态。因此，本研究选取旅游资源与村企共建两个变量研究盘活宅基地对集体经济发展与农户增收的异质性影响。

表 8-4 是以旅游资源与村企共建为分组依据的回归结果。旅游资源方面，相比于不具有旅游资源的村庄，具有旅游资源的集体经济组织盘活闲置宅基地对集体与农户的影响为正且显著，说明具有资源的集体经济组织能够通过盘活宅基地能够显著提高集体与农户收入。村企共建方面，有村企共建的集体经济组织对集体与农户收入的影响为正且显著，说明开展村企共建的集体经济组织能够通过盘活宅基地显著促进集体与农户增收。综上，旅游资源与村企共建是盘活宅基地发展集体经济与助农增收的异质性影响因素，假说 3 得证。

表 8-4　盘活宅基地对村庄与农户增收的异质性分析

变量	(1) Travel=1 Vincome	(2) Travel=0 Vincome	(3) Travel=1 Hincome	(4) Travel=0 Hincome	(5) Enterprise =1 Vincome	(6) Enterprise =0 Vincome	(7) Enterprise =1 Hincome	(8) Enterprise =0 Hincome
homearea	0.839***	−0.125	0.161***	0.002	0.889***	0.436	0.166***	0.055
	(0.173)	(0.801)	(0.021)	(0.107)	(0.185)	(0.793)	(0.023)	(0.099)
控制变量	YES	YES	YES	YES	YES	YES	YES	YES
_cons	5.226***	2.915	0.485***	0.208	6.753***	2.568	0.652***	0.207
	(0.489)	(2.681)	(0.060)	(0.357)	(0.547)	(3.249)	(0.069)	(0.406)

（续表）

变量	(1) Travel=1 Vincome	(2) Travel=0 Vincome	(3) Travel=1 Hincome	(4) Travel=0 Hincome	(5) Enterprise=1 Vincome	(6) Enterprise=0 Vincome	(7) Enterprise=1 Hincome	(8) Enterprise=0 Hincome
N	243	57	243	57	264	36	264	36
r^2	0.660	0.432	0.702	0.513	0.696	0.667	0.711	0.713

3. 盘活建设用地对集体经济发展与农户增收的制约因素分析

市中区本着“要致富，先修路”的理念，为集体建设用地投资修建道路基础建设，还通过五股分配的方式激发集体经济组织带头人的积极性，鼓励其参与盘活集体建设用地项目。因此，本研究选取五股分配与道路特征两个变量研究盘活集体建设用地对集体经济发展与农户增收的异质性影响（表8-5，表8-6）。

在五股分配方面，各分组回归结果均对集体与农户收入在1%的统计水平下显著。开展五股分配的集体经济组织回归系数要明显高于未开展的组，表明五股分配能够显著促进盘活建设用地对集体与农户收入的影响。原因在于，五股分配制度更好地激发了集体经济组织理事长的主观能动性，通过分红的方式给予其激励，进而显著促进集体经济发展与农户增收。

道路特征方面，尽管道路特征为土路和砂石路为主的集体经济组织盘活利用闲置宅基地对集体与农户收入的系数为正但并不显著；道路特征以砖石路、水泥路与沥青路为主的集体经济组织盘活建设用地对集体与农户收入的系数为正且显著，并且随着道路条件的改善，系数逐渐升高。可能的原因是，道路条件是影响建设用地价值的重要因素。这与“要致富、先修路”的道理是一脉相承的。

表8-5　建设用地对村庄与农户增收的异质性分析结果——以五股分配为分类变量

变量	(1) Share=1 Vincome	(2) Share=0 Vincome	(3) Share=1 Hincome	(4) Share=0 Hincome
conarea	2.739*** (0.358)	2.419*** (0.204)	0.375*** (0.048)	0.351*** (0.026)
控制变量	YES	YES	YES	YES

（续表）

变量	(1) Share=1 *Vincome*	(2) Share=0 *Vincome*	(3) Share=1 *Hincome*	(4) Share=0 *Hincome*
_cons	7.163 *** (1.710)	6.852 *** (0.595)	0.680 ** (0.228)	0.659 *** (0.077)
N	65	235	65	235
r^2	0.739	0.713	0.718	0.731

表 8-6　盘活建设用地对村庄与农户收入的异质性分析——以道路特征为分类变量

变量	(1) 土路 *Vincome*	(2) 砂石路 *Vincome*	(3) 砖石路 *Vincome*	(4) 水泥路 *Vincome*	(5) 沥青路 *Vincome*	(6) 土路 *Hincome*	(7) 砂石路 *Hincome*	(8) 砖石路 *Hincome*	(9) 水泥路 *Hincome*	(10) 沥青路 *Hincome*
cularea	1.031 (0.159)	1.121 (0.734)	2.102 *** (0.205)	3.075 *** (0.585)	3.406 *** (0.422)	0.383 (0.294)	0.359 (0.303)	0.307 *** (0.027)	0.380 *** (0.069)	0.452 *** (0.065)
控制变量	YES	YES	YES	YES	YES	YES	YES	YES	YES	YES
_cons	7.171 *** (1.867)	4.626 *** (0.370)	9.168 *** (0.677)	12.835 ** (3.914)	3.267 (2.448)	0.641 ** (0.231)	0.375 *** (0.052)	0.862 *** (0.090)	1.255 ** (0.459)	0.144 (0.379)
N	48	49	131	28	44	48	49	131	28	44
r^2	0.695	0.582	0.690	0.758	0.759	0.756	0.746	0.705	0.803	0.674

六、研究结论与政策建议

在发展壮大集体经济的大背景下，本研究分析了集体经济组织盘活“三块地”对推动集体与农户增收的机理，利用课题组在四川省内江市市中区的调研数据，实证分析了盘活“三块地”对集体经济与农户增收的影响，并对产业联建、地形特征、旅游资源、村企共建、五股分配、道路特征六种不同的情形展开异质性分析。结果发现，第一，总体来看盘活“三块地”能够显著促进集体与农户增收。第二，总体来看盘活承包地并不能促进集体与农户增收，但开展产业联建与以丘陵或山地为主要地形特征的集体经济组织盘活承包地能够显著提高集体与农户收入。第三，总体来看盘活宅基地能够促进集体与农户增收，但由于旅游禀赋和村企共建的差异，盘活宅基地对集体与农户收入的影响存在异质性。第四，总体来看盘活建设用地能够显著促进集体与农户增收，但由于五股分配与道路特征的差异，盘活建设用地对集体与农户收入的影响存在异质性。以上研究结论主要有以下四点政策启示。

第一，结合特色优势发展集体经济。盘活“三块地”是发展壮大集体经济助农增收的重要举措。需要充分利用当地资源禀赋，将当地的人才、资本、信息、技术等各类资源有效利用起来，注重产业对农户就业增收的带动作用，推动集体经济发展与农户增收。

第二，推动集体经济组织抱团发展。市中区成立了以村和组为单位的两级集体经济组织，但实力往往较为单薄，往往难以与大型龙头企业对接，为此农业农村部门与乡镇主管部门应广泛地开展组织工作，通过组织产业共建或成立乡镇级联合社的形式，实现集体经济组织抱团发展。

第三，充分激发集体经济组织内生动力。人才是发展的第一要义，集体经济组织作为一种参与市场经营的组织，其领导者的主观能动性至关重要。通过制度创新给予集体经济组织理事长或理事会成员分红的形式，激发领导者的增收积极性，对发展壮大集体经济尤为重要。

第四，推进农村基础设施建设。通过市中区的调研发现，道路是集体经济促进集体与农户增收的重要影响因素，因此加快人居环境整治、完善农村道路交通网、因地制宜地建设村庄，推进农村基础设施建设，是发展壮大集体经济与助农增收的必要保证。

第九章　整市推进新型农村集体经济发展的临汾探索

山西省临汾市位于山西省西南部，是华北地区重要的粮食生产基地。近年来，临汾市委组织部以党建引领新型集体经济发展为契机，扎实开展、稳步求进，坚持“党建引领+市场推动”的新型集体经济发展机制，现已构建市、县、乡、村四级联动的新型集体经济集团化发展的临汾模式，取得了显著的经济与社会效益。因此，中国合作经济学会课题组对临汾市以党建引领新型农村集体经济高质量发展的实践与探索开展了深入调研。课题组先后到临汾经济开发区、洪洞县、浮山县、蒲县开展调研，全方位、多角度、深层次地调研党建引领集体经济发展情况。

一、党建引领农村集体经济高质量发展的创新举措

自开展党建引领集体经济发展壮大与集体产权制度改革工作以来，临汾市认真贯彻落实党中央决策部署，按照规定的时间节点推进各项改革任务，并将党建引领集体经济高质量发展作为全市组织工作的重中之重。通过实施组织引领、机构设置、产业建设、市场导向、农民参与、因地制宜、制度规范七方面创新举措，临汾市现已构建党建引领、“四级联动”、产业升级、集体发展、农民增收、灵活施策、资产监管的党建引领集体经济发展新机制。

（一）强化组织引领，构建党建引领的统筹带动机制

《中共中央　国务院关于稳步推进农村集体产权制度改革的意见》中提出“围绕巩固党在农村的执政基础来谋划和实施农村集体产权制度改革”。《中国共产党农村工作条例》第 19 条指出：乡镇党委和村党组织全面领导乡镇、村的各类组织和各项工作。党的十九届四中全会要求把党的领导落实到国家治理各领域各方面各环节。党的领导要贯穿集体经济组织

治理的全过程和各方面，是引领新型农村集体经济发展的总价值观。主要实施方式包括交叉任职、党管干部、党管人才、“三重一大”决策等。同时，要按照党中央文件精神，推进政经分离，切实维护集体经济组织成员的民主权益、财产权益，推动党建引领新型农村集体经济高质量发展。

为确保党建引领农村集体经济发展工作落地落实、顺利开展，临汾市委、市政府坚持把发展新型农村集体经济作为全面推进乡村振兴的重大举措以及提升基层治理能力的重要抓手来抓，纳入全市经济社会发展布局统筹谋划、高位推进。一是规划先行。临汾市制定出台《临汾市“十四五”发展壮大村级集体经济规划》《临汾市村级集体经济壮大提质三年行动方案》等多部政策文件，推动县乡村“一县一总规、一乡一规划、一村一计划”，全面加强集体经济发展规划布局，分门别类按照班子强和条件好的先行示范一批、有基础和潜力大的加快推进一批、条件差和难度大的兜底保障一批的“三个一批”思路分类推进实施。二是政策支持。临汾市制定出台《临汾市“党建引领+市场推动”壮大提质村级集体经济若干措施》，从责任、机制、工作、政策、保障 5 个方面提出具体政策，优化了村级集体经济发展的政策环境。2022 年，全市落实中央、省、市财政资金 6 200 万元，用于扶持 291 个村级集体经济发展。三是落实责任。从市级层面明确了各级各部门的职责任务，其中组织部门牵头抓组织、抓制度、抓人才，农业农村部门具体抓规划、抓政策、抓示范，财政、金融等相关部门各司其职、齐抓共管，推动形成了全市大抓集体经济的合力。

（二）完善机构设置，构建“四级联动”的协调发展机制

党的十九大报告提出实施乡村振兴战略，要“深化农村集体产权制度改革，保障农民财产权益，壮大集体经济”。乡村振兴首要是产业兴旺，乡村产业发展需要依托村集体经济组织，不断激活集体经济运行的“人、财、地”等资源要素，改革集体经济组织的运作机制、模式和管理方式，推动党建引领新型农村集体经济高质量发展，实现乡村振兴与共同富裕目标。

临汾市率先在全省市级层面组建了农村集体经济发展（集团）公司（简称市村发集团），构建了“1+17+N”市、县、乡、村四级联动壮大提质农村集体经济市场主体体系，引导各类新型集体经济与农业新型经营主体强化市场主体意识、坚持市场化发展导向，形成了“三级四主”的新型

农村集体经济发展职责定位。一是市级公司“四主”——主推市场、主担风险、主建机制、主拓多元。主推市场方面，市村发集团充分发挥市级国有企业组织、资源、人才的优势，积极对接优质企业和重点项目，打通农产品生产、供应、销售渠道。主担风险方面，针对“挣得起赔不起”的问题，市村发集团为集体经济组织发展产业设立了农村集体经济发展基金，切实降低集体经济组织的经营风险。主建机制方面，市村发集团着力构建“以工哺农、以农补链、以链促升”“工农城乡双循环”的融合发展机制，实现农业增效、农民增收、集体壮大、园区发展多方共赢。主拓多元方面，市村发集团与国内500强及上市企业谈合作、学经验，形成了国有企业与优质民营企业参股经营、携手各级集体经济组织共同发展的新型农村集体经济合作模式。二是县级公司“四主”——主推服务、主抓基地、主上项目、主搞示范。主推服务方面，各县村发公司围绕集体产业项目产前产中产后提供包括能力孵化、品牌营销、运营管理、咨询顾问、资源对接在内的全链条服务。主抓基地方面，县级村发公司根据地方优势资源禀赋，谋划发展特色农产品产业基地，促进新型集体经济增收提效。主上项目方面，县级村发公司积极谋划特色农业产业项目，整合资金与土地，支持社会资本与集体经济组织开展联营与合作。主搞示范方面，县级村发公司打造优势特色产品品牌，实行统一标准、统一品牌、统一溯源、统一工艺、统一推广的“五统一”服务，推动特色新型农村集体经济产业发展。三是乡村两级“四主”——主推合作、主清资源、主联农户、主业种养。主推合作方面，乡村两级集体经济组织广泛开展各类特色农产品经营合作，实现农业产业的规模化效应。主清资源方面，全市清理合同总数10.239 4万份，其中不规范合同7.082 5万份，整改完善合同7.081 7万份。主联农户方面，各个县市区通过社会化服务、带动就业创业等方面将小农户纳入党建引领新型农村集体经济发展的轨道上来。翼城县在全县推广“土地入股+集体经营+全产业链托管”，146个村集体共托管7.7万余亩土地，实现了单季经营性收入1 442万元，村均增收24.4万元。主业种养方面，乡村集体经济组织以种植和养殖业为主，发挥新型农村集体经济组织的经营优势。

（三）推进产业建设，打造集体经济产业化发展的动力机制

产业振兴是乡村振兴的重中之重，要坚持精准发力，立足特色资源，

关注市场需求，发展优势产业，促进一二三产业融合发展，更多更好地惠及农村农民。新型农村集体经济作为农村组织载体的重要表现形式，在推动乡村产业提档升级、迈向高质量发展道路发挥了重要的作用。

近年来，临汾市在以党建引领农村集体经济高质量发展的过程中，注重培育产业基础，为临汾市新型农村集体经济产业高质量发展奠定了坚实的基础。一是积极探索发展战略性新兴产业。积极招引高新技术企业与市村发集团开展合作，打造以污水处理、新能源为载体的龙头企业。目前，与村发集团签约的污水处理、新能源产业均已落地生产。此外，临汾市还以村发集团为载体，引进了以从事农业开发为主、投资达百亿元的世界500强企业成都大陆希望集团光伏组件和农光互补项目，填补了临汾市经济开发区首家世界500强企业落户的先河。二是积极打造乡村富民产业“新样板”。根据中央一号文件所提出的“培育壮大县域富民产业”的要求，临汾市积极支持各地以发展壮大新型集体经济为抓手，因地制宜地打造县域富民产业。以洪洞县为例，按照“一河两带”的总体布局绘制了洪洞县特色农产品分布图，谋划发展了富硒、甘薯、蔬菜和花卉、果业经济林、中药材、乡村旅游康养、农牧生态循环7个特色产业集群，全县集体经济收入增收4 000余万元，打造出乡村富民产业的洪洞“新样板”。三是积极探索集体经济发展二三产业。临汾市依托开发区的机制、资源、人才等优势，以甘亭工业园区作为新型农村集体经济产业项目集群的重点，实现了工业反哺农业、城市支持农村、工业带动农业的新型农村集体经济发展新局面。2022年，临汾市经开区已启动实施20个新型集体经济项目，总投资27.87亿元。项目建成后，预计年产值达到6.2亿元，实现利税5 900万元，带动村集体经济增收1 499.56万元。

（四）坚持市场导向，构建集体经济的稳步增长机制

农村集体经济作为社会主义市场经济的重要内容，必须坚持按照市场经济规则办事，充分发挥市场经济制度优势。“党建引领+市场推动”四级联动促进集体农户双增收的创新举措，是临汾市发展新型农村集体经济的新探索，有效解决了新型农村集体经济发展动能不足、市县乡村联结不紧等问题。

面对党的二十大提出的发展新型农村集体经济，临汾市委、市政府积极谋划、大胆探索，创造性提出了“以三化促三变”的改革方案。其中，

“三化”指国有化牵引、市场化运营、机制化共赢。“三变”指发展农村集体经济乡村两级单打独斗变为市县乡村四级联动，主要依靠组织推动变为“党建引领+市场推动”两手发力，集体组织各自为战变为国企、集体、民企融合发展、互促互动。一是加大政策支持力度。一方面，完善政策支持方式。强化对集体经济发展的资金、项目、土地、税收等方面的政策支持。临汾市制定出台《临汾市“党建引领+市场推动”壮大提质村级集体经济若干措施》，从责任、机制、工作、政策、保障5个方面提出18条具体政策，为新型农村集体经济发展提供全方位的政策保障。另一方面，加强多元政策之间的整合。注重扶贫、农业发展、乡村旅游等多元政策与新型农村集体经济发展之间的有机衔接，将多元支农政策导引至集体经济发展方向，形成合力。二是创新多元发展模式。探索特色产业、乡村旅游、资产盘活、资源开发、资本运营、物业服务及支部领办、村民合作、村企联合、联村共建等多种集体经济发展模式，发展光伏、旅游、购置商铺、出租土地、种养业等项目，村集体的“造血”功能得到增强。2022年，临汾市全市实现农村集体经济收入7.3亿元，同比增长45.27%。其中，经营性收入达到5.43亿元，同比增长107.87%；全面消除了10万元以下的“薄弱村”；年收入30万元以上的村达到了46%，其中102个行政村达到百万元以上，222个行政村达到50万元以上，620个行政村达到30万元以上，全市农村集体经济呈现蓬勃发展态势。

（五）注重农民参与，构建农民增收的利益平衡机制

发展乡村产业，要突出农民主体地位，始终把保障农民利益放在第一位。农民应成为党建引领新型集体经济发展的主要参与者和受益者，要通过在增强农民参与动力、拓展农民参与平台、优化农民参与收益以及健全农民参与保障等方面持续发力，让农民更好地参与党建引领村集体经济发展，进而把农民对美好生活的向往转化为推动乡村振兴落地见效的根本动力。

近年来，临汾市在推进以党建引领集体经济高质量发展工作时，始终将农民增收放在集体经济发展工作的重中之重。首先，增强农民内生动力。一是提高农民人力资本水平。在尊重农民意愿的基础上，始终坚持把维护农民权益作为完善利益联结的出发点和落脚点，创立多个职业农民技能培训基地与红色教育培训基地，打造特色产业种植培训示范园，广泛开

展电商和新农人培训，聘请全国知名农业专家进行指导培训，加快培育新型职业农民，通过科学培训和典型示范，帮助引导农民更好处理短期利益和长期利益之间的关系。二是注重支持新型经营主体发展壮大。深化与拓展“公司+合作社+基地”发展模式，以特色产业为抓手，培育一批有带动能力的农民专业合作社、家庭农场、专业大户等新型农业经营主体。其次，拓展农民参与平台。一是选准产业方向。各个县市区选出符合资源禀赋、具有比较优势的产业方向，既要充分听取技术和经济专家意见，又要充分吸收农民的意见建议，反复进行思想动员。二是找好经营主体。支持有条件的村或立足实际自己培育经营主体，通过村集体领办、乡贤能人领办、农民自办等方式，建立专业合作社、市场化公司等带动农民参与。三是走对发展路径。通过“公司+集体经济组织+农户”促进三产融合，有效延长农村经济、文化、生态价值链，提高附加值，使农业生产、农产品加工、乡村文化旅游有机贯通，为农民开拓出农村电商、乡村养老、休闲农业等新就业空间。最后，优化农民参与收益。一方面，构建“公司+集体+农户”的“三重收益”分配机制。采取股权分红收益和产业项目收益两种方式，切实打通利益分配渠道。探索农民“保底收益+增值分红”的分配机制，让农民更多分享产业增值收益。另一方面，探索成立各类风险保障金。临汾市村发公司设立政府性风险补偿保障金，有效推广特色农产品保险，切实有效地降低了集体与农户的经营风险。

（六）强调因地制宜，构建集体经济的灵活施策机制

新修订的《中国共产党农村基层组织工作条例》规定，党的农村基层组织应当因地制宜推动发展壮大集体经济。坚持从实际市情、县情、乡情出发，因地制宜、挖掘潜力、打优势牌、谋特色路，充分依托闲置土地、劳动力丰富、交通便利等资源优势，利用基础设施配套、园区建设、乡村建设等诸多颇具影响的有利条件，做足做好结合文章，使资源优势转化为经济优势，不断增强新型农村集体经济实力。

临汾市各县市区根据自身资源禀赋，因地制宜地探索村级集体经济发展思路与举措，实现农民积极参与、村级集体经济稳步壮大、农民稳定增收致富的良好局面，推动乡村产业振兴迈上新台阶。一方面，因地制宜发展特色产业。依据各地区集体经济组织所拥有的资源、资产和资本的数量与质量，以农业和农产品加工为基础，按照单建、联建或“飞地”的模

式，选择粮食、水果、蔬菜、养殖等具有比较优势的特色农业产业，做强地方特色，强化“临汾优选”地域品牌。另一方面，因地制宜盘活资源要素。临汾市以党建引领新型农村集体经济高质量发展，盘活土地、人才、资本、数据、信息等多种要素，现已探索出特色产业、乡村旅游、资产盘活、资源开发、资本运营、物业服务及支部领办、村民合作、村企联合、联村共建十种发展模式。例如，临汾市村发集团在洪洞县襄汾燕村、洪洞羊獬村有效利用数据、土地、人才、资本等各类要素投资发展智慧农业项目。目前，该项目已经流转并整治1 000余亩土地，配套建设信息化大数据平台，有效提高了集体与农户的收入水平。

（七）突出制度规范，构建集体资产监管的长效机制

集体经济资产监管是关系到党建引领新型农村集体经济高质量发展的关键。近年来，为进一步巩固提升集体产权制度改革发展成果，做好改革“后半篇”文章，全国各地不断加强完善新型集体经济运营、管理、监督机制，集体资产管理逐步走上规范化的轨道，为新型农村集体经济高质量发展提供坚实的制度保障。

为促进党建引领新型农村集体经济高质量发展，临汾市把农村集体资产监管服务平台建设工作作为抓手，将经济发展与强化监管相结合，在推动党建引领新型农村集体经济发展过程中，同步完善农村集体“三资”管理的管理制度和信息平台，以农村集体资产、资源、资金提级监管，实现村与集体经济组织政经分离，防止农村“微腐败”，构建集体资产监管的长效机制，促进新型农村集体经济高质量发展。一方面，完善“国企+”的集体“三资”监管。通过引入国有资本，构建“国有资本+集体资产”的公有制资产管理体系，为新型农村集体经济资产保驾护航。通过制定集体资产管理制度实现有章可循，通过建立集体资产管理平台实现实时监督，通过强化集体资产的部门监管实现常态化管理。另一方面，完善市县村发公司领导人员管理监督体系。把党内监督、监察监督同出资人监督、审计监督、职工民主监督、舆论监督贯通起来，增强监督合力，提高监督效能。市县纪检监察机关将村发公司纳入监督巡察范围，加强对领导班子和领导人员履行职责、行使权力的监督，坚决惩治和有效预防腐败。

二、党建引领农村集体经济高质量发展的主要成效

临汾市党建引领农村集体经济高质量发展实现了综合性的经济社会效益。基层干部和群众对于集体经济发展具有较高的满意度，集体经济收益分红和公共福利的增加增强了农民的幸福感和获得感。

（一）形成了党建引领农村集体经济发展的格局

临汾市坚持把发展壮大村级集体经济作为各级党组织的一项重大任务，通过组织领跑、扶持带跑、改革助跑，以党建引领村级集体经济实现高质量发展，为乡村振兴赋能蓄势。一是使党委成为新型农村集体经济的“引路人”。通过“四级联动”的体制机制建设，市级层面明确了组织部门牵头抓组织、抓制度、抓人才的工作思路，将新型农村集体经济发展工作提高到党委主要工作的高度，科学制定村级集体经济发展规划，切实提高了新型农村集体经济发展的质量和效率。二是使基层党组织成为新型农村集体经济的“主心骨”。临汾市在基层党组织用人机制中突出市场经营能力的导向，选派优秀的干部到村中担任第一书记，切实发挥农村基层党组织对集体经济的领导核心作用，充分调动党员群众的积极性和创造性，激发农村发展的内生动力。三是使村干部成为新型农村集体经济的“领头羊”。近年来，临汾市各县市区广开门路，支持把政治上过硬、致富带动能力强、群众公认的农民专业合作社负责人、外出务工经商返乡人员、返乡创业大学生等充实到村“两委”班子中，使用乡镇事业编制为全市2 071个行政村每村招聘 1 名全日制本科以上学历大学生到村工作，把村“两委”干部打造成带领村级集体经济发展的“领头羊”。

（二）激发了农村基层党组织的活力

一是基层党组织的群众号召力得以增强。在发展新型集体经济过程中，坚持党的核心领导地位，产业规划、项目分包、农产品产销等各个环节均在基层党组织的领导下实施。另外，新型农村集体经济的发展和集体资产积累的增加提升了村集体为集体成员分红和为村民提供公共服务的能力，从而提高了基层党组织在农民群众心目中的威信。二是农民的集体意识得以激活。临汾市党建引领集体经济发展强化了集体与农民之间的利益

联结机制。农民在新型农村集体经济发展的过程中既看得见改革红利，又摸得见集体资产，在集体事务中农民将自身角色定位由“看客”转变为主人翁，集体的凝聚力和向心力得以增强。

（三）厘清了新型农村集体经济的多元发展路径

近年来，临汾市党建引领新型农村集体经济发展的探索取得了显著的成效，构建了项目化推进集体经济发展的路径，找准了多元化的新型农村集体经济发展方向，擘画出党建引领集体经济发展的十种模式，找到了一条具有临汾特色的新型农村集体经济多元化发展路径。一是构建了项目化推进集体经济发展的路径。2022 年，临汾市村发集团实施的 18 个项目总投资 2.87 亿元。项目建成后，预计年产值达到 6.2 亿元，年底预计分红 1 000万元。正在实施的中央厨房、宏淼服饰、智慧农业、农村污水治理等项目，将有效推动一二三产业融合发展，促进村集体和农民实现双增收。二是找准了多元化的新型农村集体经济发展方向。临汾市在全市域构建了横向到边、纵向到底的“1+17+N”市县乡村四级联动壮大提质农村集体经济市场主体体系，赋予了 17 个县级村发公司更大的自主权，使其能够在地方优势资源禀赋的基础上实现差异化发展。17 个县级公司也立足实际作了创新探索。例如，蒲县聚合人才、资金、资产、项目、市场五要素，组建 65 个产业联盟，探索建立“公司+乡村合作社+产业联盟”机制，带动村均增收 12 万余元。三是擘画出党建引领集体经济发展的十种模式。临汾市根据地方特色产业优势和资源禀赋条件，支持各县级村发公司因地制宜地开展农业特色产业，探索多种经营模式，发展乡村产业新业态，现已探索出包括“以工促农+集体分红”的产业带动型、“土地托管+土地流转”的规模经营型、“项目承建+集体承揽”的生产服务型、“特色产业+村企合作”的资源开发型、“乡村旅游+文化挖掘提升”的文旅拉动型、“物业服务+劳务输出”的物业经营型、“美丽乡村+生态文旅”的三产融合型、“特色产业+品牌打造”的电商驱动型、“三资融合+产业发展”的资本运营型、“队伍联建+产业联合”的联村共建型的党建引领集体经济发展十种模式。

（四）提升了新型农村集体经济的高质量发展水平

临汾市党建引领新型农村集体经济的经营能力和产业化水平有效提

升，全面提升了新型农村集体经济的高质量发展水平。一方面，临汾新型农村集体经济的经营能力显著提升。临汾市坚持以党建引领新型农村集体经济发展，明确了村发公司“三级四主”的工作定位，对市级村发公司主推市场、县级村发公司主推服务、乡村两级集体经济组织主推合作进行了明确的规定，使得临汾新型农村集体经济的经营性水平得以有效提升。2022年，临汾市农村集体经济经营性收入达到5.43亿元，同比增长107.87%。此外，2022年，临汾市启动实施农村集体经济项目2 393个，新建农业产业基地415个，农村集体经济总资产量达到194.4亿元。另一方面，临汾新型农村集体经济的产业化水平明显提高。通过承接县乡村发公司项目的村集体经济组织发挥了乡村发展运营和乡村资源整合的平台载体功能。对外，可与社会资本对接；对内，可盘活集体闲置的资源；对上，可承接和直接运营各级政府的项目；对下，可组织分散化的村民。临汾市对不同发展水平的村集体制定了切合实际的产业和项目，切实提高了临汾新型农村集体经济的产业化发展水平。

（五）夯实了宜居宜业和美乡村建设基础

临汾市以党建引领新型农村集体经济发展的同时，在提高农民可支配收入，完善农村基础设施，改善农村人居环境等方面持续发力，为宜居宜业和美乡村打下坚实的基础。一方面，有效推进了美丽乡村建设。临汾市各县市区持续探索整合乡村旅游资源和乡村振兴项目成果，完善实体化运营管理模式，以固定租金、股份分红等形式反哺村集体经济，将美丽乡村建设、人居环境提升的工作成效转化为村集体经济增收壮大的新动能。霍州市整合各类资金，采用PPP的方式发展冯南垣富民项目，将冯南垣片区打造为红色教育基地和党性教育基地、黄土高原地质公园研学基地、绿色低碳转型发展新农村示范基地，极大地提高了冯南垣村的环境。另一方面，完善了农村基础设施建设。临汾市村发公司依托临汾农村集体经济环保设备基地，积极推进农村生活污水治理，部分村民已经用上干净、环保、绿色的中水循环处理系统，有效解决了农村污水处理的难题。

（六）增强了农民的获得感和幸福感

临汾市党建引领集体经济发展通过集体分红与带动就业创业，极大地增强了农民的获得感和幸福感。一方面是形成了农民的集体收益分红。临汾市农村集体经济发展直接形成了农民的集体收益分红。2022 年，临汾市农村集体经济收入 7.3 亿元，同比增长 45.27%，且全面消除了 10 万元以下的“薄弱村”，切实让每位临汾农民都享受到了党建引领集体经济发展带来的政策红利。洪洞县通过主抓基地工程，兴建 7 个特色产业基地，为 12 个乡镇集体增收4 450余万元。浮山县通过整合扶持补助资金1 900万元，与民营公司合作发展特色产业项目，每年村均集体增收 2.5 万元。另一方面是带动农户实现就业创业增收。乡宁县村发公司通过打造乡宁优选区域公共品牌，帮助农户销售苹果 10 万余斤（1 斤=0.5 千克）、蔬菜 5 万余斤、鸡蛋 1 万余斤，手套 2 万余双，带动农户创业达2 000余户。侯马村发公司在侯马农发行进行融资贷款5 000万元，修建新田乡垤上村农贸市场提档升级改造项目，为村民提供1 000多个就业岗位。

三、党建引领农村集体经济高质量发展的典型模式

党的二十大报告指出，“全面推进乡村振兴”与“发展新型农村集体经济”。2023 年中央一号文件强调：“探索资源发包、物业出租、居间服务、资产参股等多样化途径发展新型农村集体经济。”发展新型农村集体经济，不仅要实现集体经济可持续发展，而且要在带动农户增收、发展特色产业等方面发挥重要的作用。近年来，临汾市以“党建引领+市场推动”推动新型集体经济高质量发展，推动 17 个县（市、区）根据地方禀赋优势和特色产业，因地制宜地与采取和运用差异化发展模式，对推动党建引领新型农村集体经济高质量发展提供了重要支撑。

（一）“以工促农+集体分红”的产业带动型发展模式

特色产业和社会资本是党建引领集体经济高质量发展的两大重要生产要素。一方面，要适应产业发展和规模经营需要，农村集体经济组织立足特色产业，紧扣市场需求为产业发展提供有偿的经营性服务，实行产业服务规模经营。另一方面，要积极引入社会资本投资集体经济，或农村集体经济组织将集体所有的资源资产使用权作价入股到外部经营主体，与社会资本合作开发，发展混合经营。2022 年以来，临汾经济开发区着眼于以发展壮大农村集体经济促进乡村振兴带来的大市场、项目建设大盘子，依托开发区的机制、资源、人才等优势，积极探索“以工哺农、以农补链、以

转促升”的发展路径，组建成立临汾市村发集团，走出了一条富有临汾特色的、以新型集体经济园区经济为载体的、“以工促农+集体分红”的产业带动型新模式。

通过在全市域构建起“1+17+N”的四级农村集体经济市场主体体系，临汾市村发集团实施了智慧绿色数字农业示范基地、城乡污水处理、服饰加工及劳保用品生产销售等项目，部分项目已经投产运营。其中，临汾市村发集团引进了以从事农业开发为主、投资25亿元的成都大陆希望集团光伏组件项目。目前，该企业已成为区内新链主企业。此外，临汾市村发集团还引进投资2.5亿元的水生态科技、投资1亿元的中央厨房、投资1 500万元的宏淼服饰加工等农村集体经济相关产业项目，已经实现当年签约、当年动工、当年投产。此外，村发集团启动实施的20个项目，总投资27.87亿元。项目全部落成后，预计年产值达到6.2亿元，实现利税5 900万元，带动村集体经济增收1 499.56万元。

（二）“土地托管+土地流转”的规模经营型发展模式

新型集体经济是实现小农户与现代农业发展有机衔接的重要抓手，也是解决当下“谁来种地”这一关键和根本性问题的重要载体。农村集体经济组织作为农户承包地流转的中介组织，既可提供有偿流转服务，收取服务费，也可将承包地集中整理后代耕代种、统一经营、获取经营收益，该模式可在土地资源丰富的农业类村庄推广。近年来，临汾市因地制宜地开展盘活承包地、保障国家粮食安全的诸多探索，现已构建“土地流转规模化经营+土地托管规模化服务”的规模化经营模式，探索出一条党建引领新型集体经济高质量发展的“统分结合”新路子。

土地托管方面，以蒲县的玉露香梨种植产业联盟和果蔬大棚种植产业联盟为例，在“党建引领+市场推动”发展壮大村级集体经济框架下，蒲县村发公司发挥品种试验、技术推广、人才培养、品牌创建四大优势，对玉露香产业实行统一规划、统一管理、统一标准、统一实施、统一销售“五统一”精细化管理，提高果品质量，带动产业增效、农民增收、集体增益。挂果前项目年收益360余万元，村均增收22.5万元；挂果后增收4 900余万元，村均增收300余万元。此外，蒲县村发公司还大力发展设施农业“土地托管”模式，同时，成立党员服务队、生产服务队和销售服务队3个志愿服务队，为农户提供蔬菜大棚的全链条、保姆式服务。该项目吸纳周边剩余劳动力 80 余人，农户户均增收 5 万元以上，村集体增收 37 万余元。土地流转方面，以翼城县为例，在“党建引领+市场推动”发展壮大村级集体经济框架下，翼城县村发公司积极盘活当地的承包地发展以土地流转带动农业规模化经营项目。根据地形特征因地制宜地种植粮食作物。目前，已经在县内平原区发展面积 500 亩，主要种植玉米、小麦；山区以隆化镇紫金洼自然村为核心，发展 300 亩精品谷子，打造紫荆洼小米高端品牌。尧都区村发公司以乔李镇南羊村进行试点，投资 20 万元同乔李镇南羊村股份经济联合社共同合作流转土地 230 亩，已播种小麦 230 亩实行规模化种植，争取 2023 年土地流转规模达到 1 000亩。此外，吉县村发公司与吉美御坊公司合作打造黄土高原花生有机旱作全产业链项目，总规划种植花生 5 万亩，其中 2023 年在全县规划种植花生 1 万亩，目前正在开展土地流转等前期工作。

（三）“项目承建+集体承揽”的生产服务型发展模式

新型农村集体经济立足基础设施建设和现代服务业发展，组织当地农民有偿承接本地和周边区域劳务服务、建筑施工服务等农村各类生产生活服务，能够有效推动集体创收和农民就业。该模式可在劳动力资源相对富余的村庄推广，也是解决农村外出务工人员返乡就地就近就业的可行途径。2022 年以来，根据“党建引领+市场推动”的发展思路，浮山县村发公司以臣南河村省级乡村振兴示范村建设项目为契机，积极争取“村级小额工程集体建”政策支持，依托镇公司和村集体经济合作社，在承接镇、村工程项目建设上做了大胆尝试和积极探索。

“村级小额工程集体建”项目的运行机制主要有以下三方面。一是全过程自建。由镇村发公司和村集体合作社组织村民参与从原材料购买到工程施工全过程，村民以提供劳动力的形式参与工程建设，并按计酬标准结算工资，最大限度保障农户的切身利益。二是劳务发包。由镇村发公司和村集体合作社作为发包方，提供工程所需的建筑材料，将劳务进行统一发包。优先使用本村劳动力，本村劳动力不能满足需要的，由镇村发公司在全镇范围内统筹调配，优先考虑有劳动能力的脱贫户与监测户。三是多主体监督。项目由镇村发公司和村合作社作为共同实施主体，组建项目部和项目监督组，分别负责具体实施和全程监管；集体经济所承接的项目由村集体经济合作社提出建议名单并经村务联席会议讨论通过后，成立工程领导小组和监督小组，并负责工程的组织实施和全程监督。

（四）“特色产业+村企合作”的资源开发型发展模式

“土特产”是农民增收致富的关键，是巩固拓展脱贫攻坚成果、全面推进乡村振兴的重要抓手。2022年底召开的中央农村工作会议上，习近平总书记明确提出做好“土特产”文章，为以特色产业发展推动乡村振兴，进一步提供根本遵循。因此，特色产业是全面推进乡村振兴、实现党建引领集体经济高质量发展的重要维度。临汾市也高度重视特色产业推动新型农村集体经济发展的相关工作，17个县市区开展了各具特色的探索。

一是打造特色农产品品牌。2022年，浮山县按照临汾市委“党建引领+市场推动”工作思路，打造了县乡村三级市场主体平台。大棚樱桃标准化种植项目是县红扁担公司成立后实施的第一个产业发展项目，共涉及50个行政村，采取“基地+示范园”的模式，打造“浮山樱桃”特色产业品牌，带动村集体和群众双增收。洪洞县注册了“老家洪洞”公用品牌商标，将县内各类特色产品进行统一商标、统一品牌、统一策划、统一设计、统一包装、统一销售，进一步提高洪洞特色产品的知名度和市场占有率。二是创建特色农业产业集群。以洪洞县为例，按照“一河两带”的总体布局，洪洞县村发公司绘制了洪洞县特色农产品分布图，重点谋划发展了富硒、甘薯、蔬菜和花卉、果业经济林、中药材、乡村旅游康养、农牧生态循环7个特色产业集群。三是发展特色产业项目。浮山县采用“公司+基地+合作社+农户”模式，以中央和省财政扶持资金为契机，统筹38个村的扶持补助资金1 900万元，招商引资引入民英公司投资合作樱桃标准化种植项目，负责投资建设33座大棚及配套基础设施，每村每年收益2.5万元。

（五）“乡村旅游+文化挖掘提升”的文旅拉动型发展模式

2025年的中央一号文件对新时期“三农”问题和乡村振兴重点工作作出全面部署，其中也对乡村旅游发展提出了新的要求。几乎每年的中央一号文件都强调旅游在乡村发展中的重要作用。近年来，临汾市不少县乡村依托当地优质自然资源与传承保护乡村文化、转化发展，开发出旅游品质较高的“小而精”乡村产业新业态，撬动当地旅游经济发展，带动当地创业就业、经济社会发展等效益明显。

一是依托地方优势特色文化资源。以古县为例，依托牡丹景区、张家大院、云顶小镇及太岳军区第一军分区司令部旧址等旅游资源，在三合镇、古阳镇、北平镇发展游乐园、农家乐、采摘园、红色旅游等项目，村均增收超过10万元。二是整合项目资金支持。乡宁县将持债经营项目资金8 818万元投放给云丘山旅游公司、戎子酒庄等14个经营主体，在扶持这些龙头企业加强高品质特色基地建设的同时，又能将部分收益分配到集体。三是成立公司化的运作机制。吉县农村集体经济发展有限责任公司联合其他公司成立山西吉美齐晋盆景艺术有限公司，主要负责种植与销售园艺产品与花卉等，现已承接了壶口景区、县城部分办公场所的绿化美化业务，并参与吉县的“国储林+生态旅游”项目。

（六）“物业服务+劳务输出”的物业经营型发展模式

有效利用集体资产，是党建引领集体经济高质量发展的重要方式。农村集体经济组织通过出租、改造、购置、新建等方式，利用房屋、建筑物、专业市场等经营性固定资产，发展物业经济和商贸流通业，辅以带动农户就业与增收，增加村集体与农户收入。近年来，临汾市下辖县市区通过盘活集体固定资产、抱团合作共赢的路子，激活村级集体经济“造血”新功能，探索出一条发展“物业服务+劳务输出”的集体经济发展模式。

一方面是开展“劳务订单”合作。襄汾县农村集体经济发展有限责任公司成立襄汾县绿地劳务服务有限公司。该劳务公司与襄汾开发区签订了物业管理协议，为社区与企业提供劳务服务、食堂管理等业务，现已带动7名农村剩余劳动力实现就业，年收入30余万元。另一方面是提供物业管理服务。建立“专业化、市场化”服务机制，针对多样化生产生活需求，因地制宜提供货物运输、物业管理、农机设备等各类服务，有效带动了集体与农户增收。此外，蒲县村发公司还建立物业服务产业区，带动周边11个村实现要素共享、携手发展。

（七）“美丽乡村+生态文旅”的三产融合型发展模式

自党的十九大提出实施乡村振兴战略与建设美丽中国目标以来，建设美丽乡村一直是其重要组成部分。近年来，临汾市在推动党建引领集体经济高质量发展以来，也加快美丽乡村建设步伐，先后打造多个省、市级美丽乡村示范村。美丽乡村的建设带动了农村基础设施的完善和村容环境的提升，为党建引领集体经济高质量发展提供了强有力的支撑。

以冯南垣村为例，2022 年初，霍州市委、市政府成立了冯南垣示范片区创建工作领导小组，立足“省级乡村振兴样板示范村”战略定位，将冯南垣村打造为红色教育基地和党性教育基地、黄土高原地质公园研学基地、绿色低碳转型发展新农村示范基地，全力打造冯南垣乡村振兴先行示范区。在带动周边农户就业创业与集体经济发展等方面取得了显著的成效。一是打造教育与文化示范基地。2022 年，霍州市在冯南垣村成立具有特色资源、特色课程、特色教学方式的党性教育平台和红色教育阵地。此外，冯南垣村还与山西农业大学、山西大学美术学院、山西省摄影家协会等开展多方面合作，对当地特色的地质构造、形态特征、水文特征等进行研究与开展，打出省校合作助力乡村振兴“组合拳”，充分发挥乡村文化振兴的优势。二是打造农文旅融合示范区。霍州市村发公司在冯南垣村已建成知青大院、知青食堂，为参加研学人员提供讲解、接待、餐饮、住宿等综合服务，集中展销特色优质农产品，着力打造成为集“红色研学+农文旅”融合发展的示范点，带动周边村农户就业增收。三是打造特色农产品品牌。村发公司积极打造“霍嬷嬷”品牌产业集群，促进霍州年馍向商品化、产业化、规模化迈进，增强农户在冯南垣片区农文旅融合发展中的满足感与获得感。截至 2023 年 3 月底，累计接待 120 余家企事业单位、5 万余人次来冯南垣参观学习和旅游。项目建成后，预计年收入可达4 300余万元，带动就业 220 余人。

（八）“特色产业+品牌打造”的电商驱动型发展模式

农村电商是数字化时代推进党建引领新型农村集体经济高质量发展的重要抓手。利用农村电商平台整合农业资源，进行集约化、规模化的订单式农业生产，并通过网络平台拓展市场，形成产、供、销紧密衔接的产业链，已经成为越来越多新型集体经济的选择。农村电商发展为新型农村集体经济注入了新的活力，也为乡村振兴添加了新动能。近年来，临汾市瞄准市场发展方向，找准电商需求与产业结合点，通过村发公司带动、镇村集体合作社支持等途径，整合推介本地特色农产品和企业产品，以产业引领带动群众增收致富、助力村集体经济发展，推动电商经济良性发展和产业结构优化升级，探索出一条“特色产业+品牌打造”的电商驱动型发展模式。

一是成立电子商务运营中心。霍州市村发公司通过成立霍州市电子商务运营中心，培育农村电商，并打造全民直播基地，推广年馍等特色农产品，用线上销售平台解决农产品销售难的问题。襄汾县村发公司还成立了农村公共电商服务中心，定期举办电商与直播带货培训班，现已培训学员65名。二是打造优质电商特色农产品品牌。在发展绿色种植的基础上，洪洞县实行股份制管理，采用宣传推广+网络直播+网络销售的经营模式，打造花卉电商品牌，年销售额1 200万元，村均收入100万元。乡宁县村发公司成立了乡宁优选电商公司，致力于利用“互联网+”、直播带货等新模式对接产销，打造乡宁优选区域公共品牌，农产品电商销售额已超过150万元。三是构建“电商+”的体制机制。汾西县将“三级平台+电商平台”纳入县级村发公司的营收主平台，打造统一包装与经销的汾西优选农产品。大宁县则打造集果业生产、包装等公共服务、仓储物流、电商销售等多功能于一体的产业体系，有效提高了当地特色农产品的附加值和影响力。

（九）“三资融合+产业运营”的资本运营型发展模式

农村集体经济组织打破区域界限，与国有资本、社会资本广泛开展合作，能够拓展新型农村集体经济的发展空间。近年来，临汾市在以党建引领集体经济发展时，充分采用“政府+国企+民企”的三方项目合作模式，充分发挥各自的技术和资源优势，在特色农产品研制开发、宣传推广、市场开拓、保障农户利益等方面开展强强合作，实现资源共享、优势互补，助推发展新型农村集体经济。

一方面是保证国有资本在集体经济发展中的主导地位。临汾市各级村发公司的性质均为国有控股有限责任公司，并通过“投、划、募、争、整”等多种方式，持续扩充村发公司的国有资本份额，切实保障集体经济姓“党”的属性。另一方面是广泛同大型国企开展各类合作。浮山县村发公司将县乡村等机关事业单位屋顶资源让渡给红扁担集体经济公司，招揽国有大型光伏企业合作，每年形成固定收益分配给村合作社。截至2023年3月底，该项目已完成9个屋顶光伏设备，投资共计600万元。该项目预计可利用面积22万平方米，预计年租金200万元。另外，大宁县与大型燃气国企开展合作，开展煤层气资源开采项目。初步确定大宁县村发公司占股40%，宁东恒瑞燃气有限公司占股60%。

（十）“队伍联建+产业联合”的联村共建型发展模式

近年来，临汾市按照“地域相邻、产业相近、优势互补”的原则，适应片区发展规划，创新党组织设置，通过队伍联建、困难联办、资金联用、产业联合，让区域相邻村握指成拳，实现了抱团发展。

以安泽县“小飞·田园综合体村村联合党委”为例，充分考虑小黄、大黄、飞岭三个村的关联度、依存度、融合度、互补度，切实把党组织建在产业上，把党员聚在产业上，让群众富在产业上，将党组织优势转化为发展优势。一是队伍联建。通过乡镇党委委员担任联合党委书记，团结和带领三个村的党支部书记谋事干事，共同发展，形成心往一处想、劲往一处使的良好态势。二是产业联合。联合党委以“沁河两岸、绿水青山”为纽带，在飞岭村建立游客接待中心、村史馆，在小黄村建立农产品展销中心，在大黄村加工农副产品，打造了集现代农业、休闲旅游、田园社区为一体的“小飞田园综合体”。三是集中经营。成立统一对外的旅游发展公司，通过串点成线、串线成景，打造观光一日游、两日游的不同线路，实现承接游客、食宿标准、用工调配“三个统一”。

四、深化对党建引领农村集体经济高质量发展的认识

通过对临汾市党建引领农村集体经济高质量发展的调研，同时结合前期课题组对临汾市党建引领集体经济发展的材料进行总结和分析，可以发现临汾市切实把这项改革作为下一步农村改革的突破口，对巩固党的基层执政地位、赋予农民更加充分的财产权益、培育农村新的组织形态等方面具有重要的意义。

（一）党建引领新型集体经济在巩固党的基层执政地位上具有关键性

提升党的组织力是党的十九大报告和党的二十大报告对基层党建提出的要求。通过临汾市党建引领集体经济发展工程，发展壮大了新型农村集体经济，增加了集体经济收入，办成了以前办不成、办不好的事情，能够更好地发动群众和组织群众，基层党组织的执政地位得到巩固。在临汾市

的山区县，党建引领集体经济发展在巩固党的基层执政地位方面的作用尤为明显。临汾市蒲县蒲城镇红道村、薛关镇劝学村的村民觉得这项改革政策让他们过上了好日子，他们都支持党的政策。正是由于尝到了党建引领集体经济发展的甜头，感受到了党建引领集体经济发展带来的好处，农牧民深刻体会到了基层党组织对他们的关怀和帮助，从而也更愿意支持和拥护党的领导。临汾市党建引领集体经济发展和党的基层治理形成了良性循环，营造了农村发展的良好局面。

（二）党建引领新型集体经济在赋予农民更加充分的财产权益上具有开创性

全面推进乡村振兴，关键在于增加农民收入。党建引领新型农村集体经济发展，对于农民增收意义重大，赋予了农民一家一户相应的集体资产权利和收益权利，让农民分享到集体资产的收益，感受到农村集体经济的优越性，是缩小城乡居民收入差距新的政策着力点。从实践看，临汾市的不少村社人均分红可达到可支配收入的20%～30%。先行试点的意义在于给了农民一个信号，“党建引领集体经济发展了，财产性收益也随之而来”，要用发展的眼光去看待新型农村集体经济发展的作用。

（三）党建引领新型集体经济在萌生农村新的组织形态上具有突破性

推进党建引领新型农村集体经济发展，为探索集体经济的有效实现形式提供了一种新路径。从集体单打独斗的统一经营到党建引领“四级联动”的新型农村集体经济发展，不仅是一种经营方式的转变，更是一种可以在更大范围推广的实现形式革新，是一项管长远、管根本、管全局的重大制度创设。农村集体经济组织作为新的组织载体，有助于优化农村资源配置方式，拓展了农村双层经营体制的新内涵。临汾市在推进党建引领新型农村集体经济发展的进程中，对农村集体经济组织的权利进行规范，完善农村集体经济运行机制，使集体经济组织成为农村组织的重要组成部分。另外，临汾市在明确集体经济组织市场主体地位方面，还进行了大胆的尝试，通过成立多级村发公司为新型农村集体经济提供制度保障。临汾市还为集体经济发展创造良好制度环境等方面持续突破，填补了以往集体经济组织的缺位，为未来进一步发展壮大集体经济奠定了坚实基础。总之，临汾市党建引领新型农村集体发展在萌生农村新的组织形态上的突破性成效，会随着集体经济的不断发展而逐步体现。

（四）发展壮大新型集体经济应高度重视理念落地的区域适应性

在推进党建引领新型农村集体经济发展时，需考虑地域间禀赋差异，提高改革的地区适应性。一是妥善处理法律法规与村规民约的关系。党建引领新型农村集体经济发展要在法律框架下依法开展，然而农村改革的复杂性在于，乡土社会习惯于通过村规民约解决内部问题的运行逻辑，很可能会和依据法律的方式产生矛盾、在正式的法律法规与非正式的村规民约之间实现平衡，是各地推进新型农村集体经济发展过程中面临的现实问题。改革需要让全体农民平等分享收益，寻求改革最大公约数要处理好法律法规与村规民约的关系。二是妥善处理借助外力和激发内力的关系。释放党建引领新型农村集体经济发展的红利，要求激活集体经济组织的发展动力。在集体经济组织的起步阶段，给予一定的政策引导和资金刺激，有利于帮助集体经济组织迈过发展初期的门槛，具有一定合理性，但不能培育出“长期扶持型”或“政策依赖性”集体经济，要聚焦造就“自主发展型”集体经济，让集体经济组织拥有自力更生的能力、手段和方式。三是妥善处理整体推进和个体提升的关系。党建引领新型农村集体经济发展要覆盖全部农村，既要突出特色典型村，也要照顾落后薄弱村。可以采取个体试点带动全面推进的工作思路，但要高度关注改革过程中的不平衡问题。党建引领新型农村集体经济发展不是要消除村庄之间的发展差距，但要妥善处理整体推进和个体提升的关系。

（五）发展壮大新型集体经济应高度关注政策落实的实地操作性

在开展党建引领新型农村集体经济发展工作中，应该高度重视提高政策落地的可操作性，推动党建引领新型农村集体经济发展工作顺利进行。一是要加深政策理解。临汾市推进党建引领新型农村集体经济发展工作，主要依靠当地的组织队伍和农经工作队伍。组织部门抓集体经济发展保证了各级各部门对党建引领新型农村集体经济发展的全程参与，增强了政策在管理上的延续性，但也对各级农经部门工作人员理解政策、宣传政策、执行政策的业务能力提出了更高的要求。课题组在其他地区的调研过程中，发现部分县市区农经机构归口管理不统一、人员配备不足，部分参与者对集体经济发展的理解还存在欠缺，甚至对一些基本概念、基本政策认识不清，影响了党建引领新型农村集体经济发展的质量和进度。二是要加强队伍建设。准确理解政策是基础，具备专业人才队伍是保障。临汾市在市县一级的人才队伍建设方面相对比较完备，但镇村一级的人才队伍还需要提升。在乡镇层面，由于工作人员改革经验不足，许多身兼数职，党建引领新型农村集体经济发展工作中出现的个性问题一时无法立刻解决。

五、推进党建引领农村集体经济高质量发展的政策建议

通过对临汾市党建引领农村集体经济高质量发展实践探索的调研，同时结合课题组掌握的其他地区的改革实践，现提出以下政策建议，以供参考。

（一）创新思路，强化乡村振兴战略协同推进

党建引领农村集体经济发展并不是一项孤立的工作，需要置于全面深化农村改革的总体框架下，结合农业农村领域的其他重大改革事项和发展任务，多措并举，协同推进。

一是促进党建引领集体经济发展与巩固提升集体产权制度改革成果相结合。集体经济是中国农村特有的经济发展形式，源于农村集体所有制的制度基础。随着经济社会的进步，集体经济收入将会表现出越来越好的增长性，因此要保持充分的历史耐心。党中央高度重视农村集体经济的发展，因此要抓住机遇，全力推进，将党建引领集体经济发展与集体产权制度改革相结合，方能事半功倍。

二是促进党建引领集体经济发展与巩固拓展脱贫攻坚成果相结合。近年来，为实现全面建成小康社会的宏伟目标，从中央到地方均投入了大量的资金和项目。通过党建引领集体经济发展，能够为扶贫资金和项目的落地和运营提供一个有效的载体，让集体经济组织发挥项目开发、资金管理、日常监督的作用，既提高了资金利用效率，也防止了扶贫资金的流失和滥用。党建引领集体经济发展这项工作的推进，为发展集体经济创造了

条件，对提高脱贫农民收入有积极作用。将党建引领集体经济发展与巩固拓展脱贫攻坚成果结合，能够互相促进。

三是促进党建引领集体经济发展与全面推进乡村振兴相结合。乡村振兴战略是我国现阶段“三农”工作的总方略，实现乡村全面振兴需要深化农村改革作为突破口。党建引领集体经济发展作为农村改革的重要组成部分，既要在乡村振兴战略整体框架下，按照乡村振兴规划设定的方向持续推进，也要发挥创造性和创新性，为乡村振兴提供动力源泉。总之，将党建引领集体经济发展与乡村振兴战略相结合，能够谋划长远。

（二）多措并举，推动新型集体经济质量提升

针对临汾市地处中部地区，集体经济基础薄、起步晚、时间短的问题，仍需在专业人才队伍配备、产权交易平台建设、集体“三资”监管平台建设，支持集体经济发展方面给予政策倾斜。

一是加强专业人才队伍配备。党建引领集体经济发展，不仅需要有可以进行顶层设计、引领推进的上层领导，也需要有能够深刻领会意图、落实措施的基层人员。临汾地处中部地区，在吸引人才方面缺乏足够优势，给改革进展带来了一定影响，应该在专业人才队伍配备上给予政策支持。其一，安排有发展集体经济经验的中央和国家机关人才到临汾市挂职，对党建引领集体经济工作进行系统指导；其二，加强东西部协作，安排东部先行区的党建引领集体经济设计者或参与者到临汾市开展培训；其三，给予提拔、收入等方面的优惠政策，向临汾输入优秀的农业院校大学生。

二是建设农村产权交易平台。为充分释放党建引领集体经济发展和农村集体产权制度改革的红利，应该充分激活农村集体产权权能，促进农村集体产权的市场化交易。农村产权交易平台是农村产权交易市场化发展的重要载体，在广泛吸引金融与社会资本，提高全社会参与农业农村建设积极性方面发挥着重要作用。当前，临汾市尚未建立覆盖全市范围的农村产权交易平台。建议对临汾市提供一定的政策支持，从硬件和软件两个方面协助建设农村产权交易所或交易中心，同时在健全交易规则、明确交易品种、完善运行机制方面予以指导，保障农村集体产权交易公开、公正、规范运行。

三是完善集体经济发展扶持保障措施。农村集体经济的良好运行和持续发展，既需要明确发展方向、开拓发展思路，也需要立足当地实际、确

立主导产业、还需要有配套政策和资金支持。为帮助临汾市党建引领集体经济发展，可以考虑从中央层面提供一定政策支持。一方面，在产业项目资金上有所倾斜，向临汾市内具备一定条件的集体经济组织注入补贴资金，发展特色富民产业项目。另一方面，向临汾市输入东部沿海地区发展集体经济的经验和做法，让临汾市的农村和东部沿海地区的农村结对子，获得智力、财力、人力支持，助推集体经济发展。

（三）总结提炼，实现发展经验有效推广

建议临汾市在党建引领集体经济发展工作的基础上，及时总结典型经验和工作成果，找问题、出经验、树典型，进一步提升党建引领集体经济发展的质量和效果。

一是组织开展“回头看”。临汾市聚力推进党建引领集体经济发展工作取得了不少突破。但由于下辖县市区较多，资源禀赋、产业特征不尽相同，因此集体经济发展也具有较强的差异。在推进党建引领集体经济发展的同时，应该认真组织一次“回头看”，查找和深入分析县乡村三级在党建引领集体经济发展过程中面临的突出问题，明确进一步推进党建引领集体经济高质量发展的主要举措。

二是树立发展典范样板。临汾市在推进党建引领集体经济发展过程中，形成了一套完整的制度设计和规范的工作程序。同时，临汾市还要求各个县市区根据当地具体情况，因地制宜地进行制度设计。蒲县制定“县级统筹+村发公司+产业联盟”的“三位一体”推进机制，具有很强的借鉴意义。因此，要对各县区的成功做法进行系统总结和整体归纳，加强党建引领集体经济发展经验的推广应用。

三是提炼推广发展经验。现阶段，临汾市已经塑造了一批党建引领集体经济具有代表性的样板村庄，在发展壮大集体经济方面形成了一些可复制、可推广的做法，并且具有很好的地区适应性。可以考虑在市级或县级层面树立10~20个典型样板村，加大宣传力度，为改革取得更深层次的突破创造条件。

（四）构建党委主管的集体经济“三资”监管体系

建立健全县（区）镇两级集体资产监督管理委员会的监督管理机制，促进乡镇联合社（或村发公司）的资源整合、资产运营和财务管理规范

化，保障“三资”管得住、用得好。把集体经营性建设用地取得的收益纳入农村集体资产统一管理，落实“账款双托管”。

一是明确审计的主体职责。首先，加强乡镇联合社（或村发公司）经济责任审计和主要负责人（董事长或总经理）任期和离任经济责任审计。其次，镇党委、镇政府负有乡镇联合社（或村发公司）集体经济审计的主体责任，县（区）农业农村部门负有审计业务指导的责任，县（区）审计局负有指导和监督的责任。对审计查出侵占集体资金和资产问题的，责令当事人如数退还；构成违纪的，移交纪检监察部门处理；构成犯罪的，依法移送司法机关追究刑事责任。最后，农业农村部门应加强对乡镇联合社（或村发公司）集体财务的审计监督。充分发挥监事会的职责，采取内部审计、外部审计与第三方审计相结合的方式，对农村集体经济组织的财务账目和财务公开内容进行审计监督。

二是建立现代化的审计制度。首先，建立财务年审制度。对集体经济组织经营状况、集体资产增减变动情况进行年度审计。其次，制定收益使用和分配方案，收益分配及使用须经集体决策，严格审批手续，做到专款专用。坚决履行初始动议、决策留痕等民主程序要求。最后，加大财务公开力度，保障群众的知情权和监督权。每年定期向股东逐项逐笔公布明细账目，重点公开股东关注的各项目的收支情况。

三是规范集体资产审计流程。首先，作为集体经济组织性质的乡联社（或村发公司），应参照成熟运行的村级经济责任审计规范程序。其次，应强化第三方审计，主要负责人任期和离任经济责任审计工作由镇农村合作经济经营管理站负责。最后，明确审计内容，如经济责任目标完成情况、财务收支情况、生产经营和建设项目的发包管理情况、建设项目招标投标情况以及财务公开情况。

（五）重点开展集体经济产业转型升级行动

当务之急是做好对集体经济产业升级的指导服务。要依据宏观产业布局和不同区位功能定位，指导不同类型地区的集体经济做好产业发展规划，加快低端产业退出后的集体产业结构调整升级，既要避免低水平重复建设，也要避免出现产业升级断档。产业转型升级的实质是农业农村空间功能和布局的优化调整。总的方向是适应城乡一体化的总体要求，立足农村与城市功能的互补与融合，按照“党建引领+市场推动”的思路，优化空间与产业布局。

一是要坚持新型农村集体经济产业提档升级的发展方向。从长远来看，随着城乡融合进程向纵深推进，农村集体产业要在发展规模经济、培育专业化产业带的同时，积极适应逆向城镇化的大趋势，从一般竞争性产业向以高端服务业为主的现代服务业转变，因地制宜提供和发展文化创意服务、会议会展服务、医疗保健养老服务、生态涵养服务、都市服务型农业及市场竞争性较弱的基础设施维护和公共服务业。具体实施路径，可以参照北京、上海等地的集体土地建设租赁住房，北京郊区工业大院改造中的"腾笼换鸟"，浙江台州地区的"零地技改"，嘉兴平湖市转化集体经济薄弱村的联村异地投资物业等。

二是要以党建赋能发展壮大新型农村集体经济新兴行业。根据镇域发展实际与市场行情，充分发挥各村党总支在组织协调、生产加工以及市场化运作等方面积极作用，坚持推动产学研深度融合发展，持续提升"临汾优选"特色农产品的附加值，打通农产品种植、加工、研发、旅游、销售的上下游产业链，切实推动临汾新型农村集体经济产业链延链强链，打造临汾市新型农村集体经济的新兴产业。

三是要大力推行数字经济建设。加速推进信息技术在新型农村集体经济发展中的广泛应用，建立适应农产品网络销售的供应链体系、运营服务体系与支撑保障体系，促进农产品产销顺畅衔接。

第十章　脱贫地区新型农村集体经济发展的关岭实践

一、关岭县脱贫攻坚基本情况

关岭布依族苗族自治县（简称关岭县）位于贵州省中部，隶属安顺市。地处滇桂黔石漠化集中连片特困地区，属典型的喀斯特岩溶地貌，面积1 464平方千米，石漠化面积曾占42.5%，自然条件恶劣，土地破碎贫瘠，海拔落差超过1 500米。全县辖13个乡镇（街道）147个行政村，总人口40.42万人，少数民族占63.78%，民族村寨多位于深山区石山区，脱贫攻坚任务艰巨。2014年末，农村户籍人口349 870人，建档立卡贫困人口24 676户110 802人，88个贫困村中就有35个深度贫困村。在党中央、国务院和省、市党委政府的坚强领导下，全县聚焦“一达标两不愁三保障”，尽锐出战、精准扶贫、精准攻坚，2014年以来，地区生产总值从60.9亿元增长到94.67亿元（2018年），农民人均可支配收入从5 986元提升到9 749元，累计减少贫困人口23 156户105 581人，88个贫困村全部出列。脱贫攻坚工作开展以来，关岭县深入推进脱贫攻坚工作取得了显著的成效。通过打好发展农业产业、易地搬迁就业与社会力量帮扶“三大脱贫”攻坚战，为集体经济的发展奠定了坚实的基础。

（一）全力打好“发展生产脱贫一批”持久战

把发展产业作为长效脱贫根本之策，抓牢“八要素”，用好“五步工作法”，纵深推进农村产业革命，实现“村村有产业、户户有增收门路”，投入8.5亿元发展产业，覆盖带动贫困农户23 465户。一是围绕优势特色，纵深推进产业革命。统筹使用涉农资金、专项扶贫资金、对口帮扶资金、产业发展基金和小额扶贫信贷等，实行“按图作战”，深入推进结构调整和坝区建设。坚持“牛猪鹅菜果药+花椒+食用菌”为主导，突出“关岭牛+牧草”做大“一县一业”，2019 年 9 月，贵州省肉牛产业发展现场会在关岭召开，围绕生猪养殖发展饲料构树，围绕低热河谷发展精品水果、蔬菜，围绕搬迁群众就业发展食用菌，以花椒和皇竹草为主，推进石漠化治理与产业发展“双赢”，优势单品规模不断壮大，“一乡一特、一村一品”产业布局趋于合理。目前，关岭牛存栏 19.01 万头，年出栏 4.52 万头，牧草种植 10.5 万亩，生猪存栏 22.02 万头，家禽存栏 120 万羽，生态渔业 37 万尾，年轮种蔬菜 31 万亩，年培植食用菌3 300万棒，精品水果面积 15.02 万亩、生姜 2.5 万亩、花椒 3.5 万亩，提质改造 1 万亩火龙果。二是围绕技术支撑，强化农民培训。坚持培训跟着产业走，围绕群众所需、产业所需提高技术服务的针对性，确保培训内容实用、技术方法管用。围绕主导产业，从高校引进专业技术人才 28 名，与安顺学院联合举办培训班，与贵州省农业科学院签订战略协议，聘请省内科研院校 16 名专家教授为产业问诊把脉。深入实施“万名农业专家服务‘三农’行动”，省市县专家团队深入一线，农民培训、技术服务落实到村、到合作社、到项目、到地块，累计培训农民 150 期 1.3 万人次，实地技术指导 8.2 万人次。三是围绕群众受益，强化党建引领。充分发挥基层党组织政治优势，选优配强以“能人强人”为核心的班子，把支部建在产业上，以“三变”改革为统揽，深化“塘约经验”“大坝模式”，创新“五户联保”模式，突出党建引领、合作社带动。村“两委”干部带资入股并领办“村社合一”合作社，入股资金1 700万元，注入合作社的扶贫资金按“721”量化为股权联结贫困户，鼓励“田秀才”“土专家”以技术入股，明确不同利益主体在产业链、利益链中的份额，推动“抱团”发展，产业用工、土地流转、收益分红等拓宽贫困户增收渠道。坚持“强龙头、创品牌、带农户”，27 家省、市级龙头企业按“公司+合作社+农户”模式与合作社深度合作，大力培训县域市场主体，村集体经济实体化进程加快，全面消除“空壳村”。四是围绕市场需求，打通产销渠道。校农结合全面推开，配送公司紧密衔接县内 97 所中小学、县外 9 所高职院校和 83 个农民专业合作社，配送县内蛋禽、肉产品占比 100%，蔬菜占比 61%。加大农超农企对接，拓展消费市场，在青岛、城阳设中心或专柜，贵阳设体验店或专区，订单规模不断扩大，农产品销量快速上升。与“盒马鲜生”合作，电子商务进农村培育经济新动力，2019 年电商销售同比增长 327.79%。

（二）全力打好“易地搬迁脱贫就业一批”持久战

按照“应搬尽搬”原则，彻底解决“一方水土养不起一方人”问题。一是精准确定搬迁对象。重点围绕贫困户和生产生活环境恶劣、有地质灾害隐患、50户以下未通路的农户确定搬迁对象。二是全部实行集中安置。结合城镇化建设合理确定安置点选址，建成生态移民搬迁安置点2个，安置库区移民620户2 600人，建成易地搬迁集中安置项目14个（县城4个，城镇6个，中心村4个），住房5 291套，全面完成4 691户22 140人（贫困户4 165户19 771人）搬迁入住任务。三是完善“五个体系”提升管理服务水平。配套建设安置点中小学、幼儿园、卫生服务站和扶贫车间，满足搬迁群众就近入学、就医、就业需求。以党建为引领、以就业为重点加快“五个体系”建设，推进管理服务能力提升，确保搬迁群众“搬得出、稳得住、能脱贫”。培训群众10 897人次，实现就业创业8 826人，有劳动力搬迁家庭实现至少一人稳定就业。四是强化平台建设，提升就业服务水平。与城阳区、观山湖区建立协作关系，贫困劳动力输出和转移就业38 027人。整合资金建成22个扶贫车间，吸纳就业750人，让群众就近就业和居家就业。整合资源开发公益性岗位、机关单位扶贫专岗、就业扶贫援助岗位等3 148个，推进贫困户就业增收与公共服务管理“双赢”。累计发放创业担保贷款6 592.68万元，一次性创业补贴171.9万元，培训补贴118.16万元，金融支持社会创业带动就业2 977人（贫困户1 217人）。

（三）全力打响“社会力量帮扶脱贫”大会战

充分利用帮扶城市和帮扶单位优势资源补齐自身短板，社会帮扶出实招、见实效。青岛城阳与关岭携手共进，推动扶贫协作向深层次、多领域、全方位发展。互访交流，2019年，党政主要领导互访、召开联席会议4次，率队洽谈协作事宜20次，互派副县级干部挂职2人，分工聚焦扶贫协作。人才支援，派往关岭支医、支教、科技骨干25人，开展技术技能、师生心理健康和党政干部培训37期2 637人。资金投入，2019年投入帮扶资金1.06亿元，城阳区所辖街道援助资金240万元，社会各界捐赠596万元，安排实施教育、产业、残疾人帮扶等项目52个，消费扶贫金额1 344万元。产业合作，新签约青岛铜扣冠等3家企业，往年项目完成投资4.44亿元，项目带动脱贫610人，与青岛安之源公司合作4 000亩构树产业，

“3+2”模式见成效，年产构树饲料 500 余吨，农户分红 27.7 万元，7 个村集体有进账。劳动协作，援建 6 个扶贫车间提供 130 个就业岗位，带动居家就业 300 人，帮助贫困人口稳定就业 1 257人。结对帮扶，城阳区街道、社区、企业、社会组织，与关岭乡镇（街道）、村、医疗机构、学校签订 108 份帮扶协议。贵州省人力资源和社会保障厅、航空工业集团、贵州磷化集团等社会帮扶力量共同发力，在政策、资金、项目上给予了大力支持，共投入帮扶资金 1.87 亿元，分批选派副处级以上干部挂职，派出 60 名驻村帮扶干部和支教老师。

二、关岭县发展壮大集体经济的基本情况与主要举措

（一）关岭县发展壮大集体经济的基本情况

村级合作社是关岭县村集体经济发展的主要载体。截至 2022 年 6 月底，关岭县经市场监管局注册登记的合作社 775 家，“村社合一”合作社 143 个。从 2021 年集体经济的发展情况来看，关岭县村集体经济收入在 5 万元以下的 0 个，5 万~10 万元的 5 个，10 万~20 万元 22 个，20 万~50 万元 48 个，50 万~100 万元 22 个，100 万元以上 46 个，详见表 10-1。

表 10-1　2017—2021 年关岭县各村级集体经济组织收入情况统计

年份	5 万元以下	5 万~10 万元	10 万~20 万元	20 万~50 万元	50 万~100 万元	100 万~500 万元	500 万~1 000 万元
2017	3	65	24	25	9	17	0
2018	3	46	25	30	13	26	0
2019	2	10	34	37	15	33	0
2020	0	13	30	43	18	39	0
2021	0	5	22	48	22	45	1

资料来源：根据访谈资料整理。

（二）关岭县发展壮大集体经济的主要举措

一是加强政府引导，完善政策扶持。关岭县在脱贫攻坚期间，紧紧围绕特色产业和资源禀赋，因地制宜发展主导产业，印发《关岭自治县发展

壮大农民专业合作社助推脱贫攻坚三年行动方案》和《关岭自治县壮大发展农民专业合作社工作方案》，提出了发展壮大合作社的总体目标、行动计划及保障措施。为消除“空壳村”，从2017年起由县财政拨付专款向全县50个深度贫困村各注入壮大村集体资金100万元，共注入财政资金7 000万元，为发展壮大村级集体经济提供了资金保障。

二是坚持党建引领，实施人才带动战略。在村级组织配备中，各乡镇（街道）将懂农业、爱农村、善经营的农村致富带头人选拔到村支两委中来，最大限度发挥了基层党组织的战斗堡垒作用。同时，建立起系列议事决策工作机制，将农村致富带头人推选参与村级合作社经营管理，保证了合作社与村集体组织的同向同力、互促共进，壮大发展村级集体经济。如普利乡马马崖村选聘退伍军人、安顺市十佳农民卢长勇担任党支部书记，带领全村发展关岭牛养殖、花椒种植等壮大村集体经济和全村人民实现共同富裕；断桥镇戈尧村选聘致富能手杨文海担任村党支部书记，带领村集体合作社大力发展精品水果（五星枇杷），壮大村集体经济；上关镇宜所村选聘退伍军人杨兵担任党支部书记，依靠坝区优势发展蔬菜种植，壮大集体经济等。

三是突出优势产业，扎实推动村集体经济高质量发展。关岭县在产业发展中，紧扣农产品精深加工、产业链延伸、附加值提高、农产品加工转化率提升，着力推进一二三产业融合发展。首先是加快构建山地农业产业体系。严防死守耕地红线，杜绝耕地“非粮化”，遏制土地“非农化”，推进山地特色种植业规模不断发展壮大，依托“关岭牛”品牌全力打造生态畜牧业强县，林业经济和生态效益同步提升。花椒种植面积11万亩、精品水果16.4万亩、商品化蔬菜种植18.08万亩、食用菌种植1 470万棒、茶叶1.95万亩、中药材1.3万亩，牛存栏15.39万头、出栏1.74万头，生猪存栏14.45万头、出栏7.34万头，羊存栏3.16万只、出栏2.63万只，生态家禽存栏86.5万羽、出栏38.3万羽。其次是林业产业和林下经济提质扩面。用好地方公益林、国储林和商品林地，加大林业资源开发利用力度。调整优化林业结构，大力发展花椒、干（坚）果、花卉苗木、木本中药材等特色林业产业，林下经济利用林地面积达12.82万亩，林下经济全产业总产值1.72亿元。花椒种植从2020年5万亩增加到2021年的11万亩，花椒种植面积三年增加了266.7%，2021年投入550万元实施花椒产业提质增效1.2万亩。最后是实施科技赋能强农工程。加强现代农业产业技术体系建设，围绕全县九大农业特色优势产业，组织实施现代山地特色高效农业科技支撑项目。成立 13 个巩固拓展脱贫攻坚成果同乡村振兴有效衔接农业产业技术服务指导组开展技术服务指导与培训。2021 年全县选派科技特派员 14 名服务 88 个村，2022 年围绕肉牛、食用菌、大豆、大宗蔬菜、柑橘、肉羊及牧草产业，国家选派科技特派团 26 人服务关岭，通过科技服务支撑不断壮大村集体经济。

四是盘活“三资”管理，助力村集体经济持续稳定发展。首先是加强扶贫资产清理排查，充分发挥扶贫资产在助力村集体经济发展中的作用。在脱贫攻坚期间，各级各部门投入大量资金实施扶贫产业项目，为确保扶贫资产进一步发挥好作用助力村集体经济持续增长，关岭县在党中央和省、市的统一安排部署下，不断加强扶贫资产排查、登记和管理，纵向以扶贫资金项目走向为主线，成立“三级摸排、两级审核”机制。县、乡、村三级全面铺开，分类分年度建立经营性资产、公益性资产、到户类资产台账。截至 2024 年，关岭县共排查扶贫项目 1 302个，已摸排项目资金总规模 20. 89 亿元，形成扶贫资产 1 841项，形成资产原值合计 18. 26 亿元。对经营性资产加大管护和运营力度，助力村集体经济持续稳定增长。其次是盘活村集体资源助力村集体经济持续发展。关岭县地处滇桂黔石漠化集中连片特困地区，属典型的喀斯特岩溶地貌，土地较为破碎，规模化生产程度不高。为此，关岭县充分挖掘现有资源，围绕脱贫攻坚期县委、县政府产业发展定位，以“关岭牛”和花椒两大产业为抓手，大力发展清洁能源为补充，将石漠化荒山出租利用实施分带轮牧养殖“关岭牛”、种植“板贵花椒”和光伏发电等清洁能源项目，使全县石漠化资源得到很好利用，村集体经济收入持续稳定。最后是变群众资金为股金，充分调动群众参与产业发展的积极性。利用党中央、省和市县财政衔接资金补助政策，吸引能人、群众积极参与产业发展，将群众的资金作为产业发展的股金，财政衔接资金给予适当补助，在产业发展中建立好利益联结机制，确保脱贫人口分红收入的同时确保村集体经济也有一定的收益，促使村集体经济发展后劲更足，群众增收渠道更广。

三、各级各部门关于发展壮大集体经济的政策沿革

集体经济组织是推进组织振兴的重要力量。实践证明，坚持发展壮大

集体经济，推动新型农业经营主体助农增收，是实现小农户与现代农业发展有机衔接的重要举措，也是实现贫困地区集体经济发展壮大的重要途径。近年来，贵州省委、省政府高度重视贫困地区集体经济发展工作，对农村集体产权制度改革与发展壮大集体经济作出多项重要部署。

2014 年，贵州省人民政府印发《关于培育发展壮大村级集体经济若干政策措施的意见》，指出要突出示范引领的作用，培育一批人均纯收入超万元、集体经济收入超百万元的示范村。2020 年，中共贵州省委、贵州省人民政府印发的《关于抓好“三农”领域重点工作　确保如期实现全面小康的意见》中明确指出，要深化农村集体产权制度改革，推进“三变”改革向纵深拓展，以土地流转、务工收入、股份分红等形式拓宽农民增收渠道。同年，贵州省印发《农村集体经济组织登记赋码工作实施方案》，要求各级各部门要做好农村集体经济组织登记赋码工作，确保农村集体经济组织开展经营管理活动，为集体经济组织运营提供制度基础。同年，贵州省印发《农村集体经济组织示范章程》，为集体经济组织的运营提供基本的制度规范。2021 年，中共贵州省委、贵州省人民政府印发的《关于全面推进乡村振兴加快农业农村现代化的实施意见》指出，要拓宽盘活农村集体资源资产路径，创新集体资产运营机制和模式，发展壮大新型农村集体经济，提高集体经济经营水平和资产价值。2022 年，中共贵州省委、贵州省人民政府印发的《关于做好 2022 年全面推进乡村振兴重点工作的实施意见》指出，要推进经营性资产股份合作制改革，将农村集体经营性资产以股份或者份额形式量化到本集体成员，如表 10-2 所示。

表 10-2　近年来贵州省委、省政府关于推动贫困地区集体经济发展的相关政策

年份	文件名称	主要内容
2014	贵州省人民政府关于培育发展壮大村级集体经济若干政策措施的意见	激活农村各类生产要素潜能，努力培育一批人均纯收入超万元、集体经济收入超百万元的示范村，壮大村级集体经济实力，增加农民收入，实现民富村强
2020	贵州省农村集体经济组织登记赋码工作实施方案	做好农村集体经济组织登记赋码工作，确保农村集体经济组织开展经营管理活动
2020	贵州省农村集体经济组织示范章程	指导全省农民专业合作经济组织建设，规范农民专业合作经济组织的管理

（续表）

年份	文件名称	主要内容
2020	中共贵州省委 贵州省人民政府关于抓好“三农”领域重点工作 确保如期实现全面小康的意见	深化农村集体产权制度改革，推进“三变”改革向纵深拓展，以土地流转、务工收入、股份分红等形式拓宽农民增收渠道
2021	中共贵州省委 贵州省人民政府关于全面推进乡村振兴加快农业农村现代化的实施意见	依法确定农村集体经济组织的特殊法人地位，通过推动集体股份经济合作社与企业合作，使其成为农村产业革命的主力军。拓宽盘活农村集体资源资产路径，创新集体资产运营机制和模式，发展壮大新型农村集体经济，提高集体经济经营水平和资产价值
2022	中共贵州省委 贵州省人民政府关于做好2022年全面推进乡村振兴重点工作的实施意见	推进经营性资产股份合作制改革，将农村集体经营性资产以股份或者份额形式量化到本集体成员。对财政资金投入农业农村形成的经营性资产，鼓励各地探索将其折股量化到集体经济组织成员

注：根据相关文件整理。

安顺市也高度重视贫困地区发展壮大集体经济的相关工作。脱贫攻坚任务结束以来，各部门的工作重点转移到乡村振兴工作中来。为了推动集体经济在助农增收与乡村振兴中发挥更充分的作用，安顺市颁布了多项政策文件旨在推进贫困地区集体经济发展。2021年，安顺市人民政府印发的《关于安顺市“十四五”巩固拓展脱贫攻坚成果同乡村振兴有效衔接规划的批复》中明确指出，要扎实做好村级集体经济发展这一项重点工作。2021年，安顺市人民政府办公室转发的《市乡村振兴局市委农村工作领导小组办公室市财政局关于加强扶贫项目资产后续管理的工作方案的通知》中明确要求，要全面摸清扶贫项目资产底数，将扶贫项目资产合理纳入村集体资产管理体系或国有资产管理体系实施分类管理。同年，安顺市乡村振兴局印发的《关于加强扶贫项目资产后续管理的工作方案》指出，加强对各级财政资金投入形成的扶贫项目资产后续管理，持续发挥扶贫项目资产效益，巩固拓展脱贫攻坚成果，全面推进乡村振兴。2022年，安顺市人民政府办公室印发的《安顺市创新财政涉农产业资金投入推动农业产业高质量发展实施方案（试行）》中明确强调要保障集体经济组织与农户的利益，指出地方农投公司获得的收益以“4411”比例再分配，40%用于项目区农户分红，40%用于地方农投公司资本收益，10%用于村集体经济（村集体合作社），10%用于防返贫监测对象，如表10-3所示。

表 10-3　近年来安顺市关于推动贫困地区集体经济发展的相关政策

年份	文件名称	主要内容
2021	安顺市人民政府关于安顺市“十四五”巩固拓展脱贫攻坚成果同乡村振兴有效衔接规划的批复	扎实做好村级集体经济发展等重点工作
2021	安顺市人民政府办公室转发市乡村振兴局市委农村工作领导小组办公室市财政局关于加强扶贫项目资产后续管理的工作方案的通知	全面摸清扶贫项目资产底数，将扶贫项目资产合理纳入村集体资产管理体系或国有资产管理体系实施分类管理
2021	安顺市乡村振兴局关于加强扶贫项目资产后续管理的工作方案	加强对党的十八大以来使用各级财政资金投入形成的扶贫项目资产后续管理，持续发挥扶贫项目资产效益，巩固拓展脱贫攻坚成果，全面推进乡村振兴
2022	安顺市人民政府办公室关于印发《安顺市创新财政涉农产业资金投入推动农业产业高质量发展实施方案（试行）》的通知	地方农投公司获得的收益以“4411”比例再分配，40%用于项目区农户分红，40%用于地方农投公司资本收益，10%用于村集体经济（村集体合作社），10%用于防返贫监测对象

注：根据相关文件整理。

关岭县同样非常重视贫困地区发展壮大集体经济的相关工作。为了推动集体经济发展，关岭县颁布了多项政策文件旨在推进贫困地区集体经济发展。2018 年，关岭自治县人民政府办公室印发的《关于关岭自治县〈壮大发展农民专业合作社工作方案〉的通知》中明确指出要构建全覆盖的“村社一体”合作社体系。2021 年，关岭自治县扶贫开发领导小组印发的《关于〈关岭自治县扶贫资产管理办法（试行）〉的通知》指出，全面加强扶贫资金投入形成资产的管理，防止资产流失，切实管好用活扶贫项目资产，巩固和拓展脱贫攻坚成果，推动脱贫攻坚与乡村振兴有效衔接。同年，关岭自治县人民政府印发的《高质量推进易地扶贫搬迁后续扶持工作实施方案》中指出，要鼓励和支持安置区成立集体经济组织，促进集体经济组织标准化建设、规范化管理、高效化运营，扶持安置区发展社区集体经济，如表 10-4 所示。

表 10-4　近年来关岭县关于推动贫困地区集体经济发展的相关政策

年份	文件名称	主要内容
2018	关岭自治县人民政府办公室关于印发关岭自治县壮大发展农民专业合作社工作方案的通知	加强对合作社的管理与引导，构建全覆盖的“村社一体”合作社体系

（续表）

年份	文件名称	主要内容
2021	关岭自治县扶贫开发领导小组关于印发《关岭自治县扶贫资产管理办法（试行）》的通知	全面加强扶贫资金投入形成资产的管理，防止资产流失，切实管好用活扶贫项目资产，巩固和拓展脱贫攻坚成果，推动脱贫攻坚与乡村振兴有效衔接
2021	关岭自治县高质量推进易地扶贫搬迁后续扶持工作实施方案	鼓励和支持安置区成立集体经济组织，促进集体经济组织标准化建设、规范化管理、高效化运营，扶持安置区发展社区集体经济

注：根据相关文件整理。

四、关岭县发展壮大集体经济的主要成效与典型模式

经过数年的探索，关岭县发展壮大集体经济在农业特色产业、精准推进就业、强化资金监管、推进对口帮扶、构建示范村制度、人才内生动力六个方面取得了显著的成效，同时还探索出资产资源盘活型、产业发展引领型、区域品牌推进型等典型发展模式。

（一）关岭县发展壮大集体经济的主要成效

近年来，关岭县以村集体经济组织为抓手，统筹推进集体经济发展，在农业特色产业、精准推进就业、强化资金监管、推进对口帮扶、构建示范村制度、人才内生动力六个方面取得显著成效。

一是集体经济发展农业特色产业。以村集体经济为载体，紧扣精深加工、产业链延伸、附加值提高、农产品加工转化率提升，着力推进一二三产业融合发展，推动集体经济发展壮大。加快构建山区农业特色产业体系。严防死守耕地红线，杜绝耕地“非粮化”，遏制土地“非农化”，推进山地特色种植业规模不断发展壮大，依托“关岭牛”品牌全力打造生态畜牧业强县，林业经济和生态效益同步提升。花椒种植面积 11 万亩、精品水果 16. 4 万亩、商品化蔬菜种植 18. 08 万亩、食用菌种植 1 470万棒、茶叶 1. 95 万亩、中药材 1. 3 万亩，牛存栏 15. 39 万头、出栏 1. 74 万头，生猪存栏 14. 45 万头、出栏 7. 34 万头，羊存栏 3. 16 万只、出栏 2. 63 万只，生态家禽存栏 86. 5 万羽、出栏 38. 3 万羽。

二是村集体精准推进农户就业。关岭县全力推动集体经济发展壮大，

同时做好脱贫不稳定人口和易地搬迁人口等稳岗就业工作，确保家庭收入稳定、持续。首先是实施职业技能培训。围绕市场用工需求，各乡镇政府统筹各个村集体组织开展电焊工、电工、挖机、关岭中药材营销培训。截至2022年7月底，该项目已经培训2 324人，包含脱贫户591人、易地搬迁户195人。其次是推动构建就业创业服务平台。全县劳动力18.61万人，截至2022年7月底实现就业创业16.86万人，其中，县内6.12万人、县外省内1.82万人、省外8.92万人。全县农村劳动力17.23万人中，实现就业创业的有15.55万人，包括县内5.42万人、县外省内1.52万人、省外8.61万人，依托劳务公司、村（社区）就业服务站等平台，村“两委”、驻村工作队加大线上线下宣传力度，劳务输出组织化程度达70%以上。最后是帮扶车间带动就业。加大就业帮扶车间吸纳就业力度，促进群众实现家门口就业，就业帮扶车间12个，带动就业711人，其中245个脱贫户。此外，乡镇政府2022年还通过整合扶贫资金、就业专项资金等方式，通过清退、保留、新增等方式保持乡村公岗稳定。截至2022年7月底，已经提供乡村公岗人员5 612人，兑现补贴1 052.04万元。

三是强化集体资金监管力度。首先，提高资金使用效率。2022年以直接发展产业、量化入股、发展村集体经济等方式，紧紧抓住“关岭牛”和中药材两大特色优势产业培育壮大，延伸到茶叶、精品水果等优势产业做强，完善产业配套设施，推动产业发展，强化产业带动就业，确保低收入群体稳定增收。其次，全面盘活集体资产。对财政资金、对口帮扶和定点帮扶资金、社会捐赠资金等形成的资产进行全面清查，全力盘活闲置资产，确保集体资产实现保值增值，严防损失浪费。截至2022年6月底，共排查前期积累的扶贫项目1 302个，已摸排项目资金208 912.32万元，其中形成资产的项目资金总规模188 299.20万元。

四是全面推进对口协作帮扶制度。积极与广州市花都区对接，建立新型对口帮扶协作关系，两地党政代表团和教育、医疗、人社等领域积极行动，快速建立了紧密协作关系。一方面，与广州花都深入对接。两地互派党政挂职干部7人，互派教育、医疗专业技术人才20人开展交流学习。花都区下辖街道、村、企业、学校、医院分别与关岭乡村振兴重点乡镇、51个行政村、40个学校、15个医疗机构“结对子”。另一方面，确保项目谋划精准。围绕东西协作考核指标内容，结合关岭“三县一中心”建设实际，谋划2022年东西部协作资金项目20个，资金共计5 000万元，其中产业帮扶项目安排6个，投入2 780万元，占55.6%；围绕考核指标安排项目14个，投入2 220万元，占44.4%。

五是积极构建示范村集体制度。首先，着力推进示范村镇建设。根据全县行政村自然条件、经济基础、区位优势、资源禀赋、产业发展、基层组织等情况，确定乡村振兴引领示范村31个、重点推进村68个、重点帮扶村47个，乡村振兴引领示范乡镇3个、重点推进乡镇6个、重点帮扶乡镇4个。其次，重点以规划引领集体经济发展。制定《全面推进乡村振兴五年行动方案》《盘活乡村振兴领域“三资”化解债务专项行动方案》等六个专项行动方案，全力实施巩固拓展脱贫攻坚成果、发展乡村产业、农村人居环境整治提升、推进乡风文明建设、加强乡村治理“五大行动”和“六个专项行动”，为实现集体经济发展打下坚实基础。最后，建立示范试点建设工作联席会议制度。明确5个市级示范点和5个县级示范点包保县领导、包保企业、包干单位、驻村规划师和产业指导员等，整合各方面资源要素打造特色田园乡村·乡村振兴集成示范点。

六是以人才推进集体经济发展。坚持发展集体经济关键在人的理念，聚焦“引、育、用”三大环节，不断做大人才队伍总量、促进变量、盘活存量。首先，引导各类人才到村集体就业创业。做大农村人才总量。紧盯基层一线，鼓励支持急需人才流向农村、扎根农村、服务农村，通过人才补贴、专项招考等方式，鼓励引导76名本土大学毕业生和优秀人才到集体经济组织任职，村干部队伍学历、年龄实现“一升一降”。紧盯关岭牛产业实用技术人才不足问题，以培养养牛大村专职副主任或村合作社负责人为目的，动员17名关岭籍高职在校生到各大养牛场进行实训锻炼。其次，充分挖掘村集体的人才优势。向基层“问需”、向部门“问意”、向结果“问效”，精准选派驻村工作队，形成能人强人与村干部“互补”之势。从致富能人、退休干部、离任村干部、退伍军人、老党员中推选898人，按照“一村至少一团”原则组建乡村振兴“智囊团”，加大政策宣传和矛盾纠纷化解力度。7名企事业单位专业技术人才离岗到村创办企业或领办合作社，带动就业5 000人。最后，提升村集体的人才内生动力。“订单式”培养，有效提升人才队伍能力素质。办好领头雁“提升班”，与安顺职业技术学院联合办班，对217名村支书、村民委员会主任进行乡村振兴专题培训，定制畜牧兽医中技班培养“养殖能手”31名、农村医学班培养村医57名。

（二）关岭县发展壮大集体经济的典型模式

近年来，关岭县通过不断探索发展壮大集体经济的有效实现形式，现已总结出资产资源盘活型、产业发展引领型、区域品牌推进型三种典型模式。

一是资产资源盘活型。整合农村各类资源，采取集体单独或吸收其他资金参股联合的方式，合理开发集体山林、鱼塘、滩涂、“四荒”地等，将自然资源转化为发展优势；利用存量资产，采取承包、租赁、联营、股份合作等方式进行要素重组，盘活现有经营性资产，促进集体资产保值增值，增加集体经济收入。关岭自治县普利乡以全县大力推动新能源行业快速发展为契机，依托自身山区特点、区位优势和气候条件，县内一个又一个“水电站、风能发电场、光伏发电场”电力项目落地建设，为当地经济发展注入强劲动力。关岭马马崖一级水电站位于北盘江中游，是贵州省“西电东送”重点建设项目之一，该项目于2009年落地建设，2012年投入使用，年平均发电量达到15亿千瓦时。新能源项目的落地建设，不仅带动了全县的税收，更提供了众多就业岗位，为不能外出或不愿外出务工的群众提供增收渠道和就业保障。

二是产业发展引领型。合理配置土地、资金、技术、信息、劳动力等资源，培优做强主导产业，培植壮大经济增长点；依托农业示范区、工业发展区、商贸服务区和集中居住区等，由集体投资兴建厂房、商铺、库房等，通过自主经营、发包经营、联合经营等形式，促进产业转型升级，推动集体经济发展。以关岭自治县上关镇落哨村的“芭蕉+蔬菜”套种产业扶贫示范园为例，该园区是关岭全县产业脱贫攻坚战主推项目之一，总投资70万元，其中财政扶贫资金50万元，村集体资金10万元，农户芭蕉林折资40万元，种植面积共400亩。园区以“村社一体”为引领，以贫困户为主体，采用“村集体+合作社+园区+贫困户”的组织形式，农户将芭蕉林入股合作社参与发展，实行公司化经营，走“党建引领、合股联营、抱团发展、长短结合”的产业发展之路。2017年按“以短养长、以矮养高”种植模式，集中连片种植400亩生态芭蕉长产业，套种300亩蔬菜短产业，其中莲花白、大白菜、青菜各种植了100亩。现都已进入采摘期，平均亩产3 000斤，预计总产量能达90万斤，按目前市场价销售，300亩蔬菜预计收益72万元。

三是区域品牌推进型。通过党建引领、干部带动、群众参与等，打造地方特色品牌，发挥品牌效应，集聚各类要素，激发集体经济发展内生动力。关岭县大力发展“关岭牛”品牌，以关岭县牛产业投资有限公司为引领，以“龙头企业+品牌+合作社+基地+农户”经营模式，带动集体经济组织与农户经营关岭牛特色产业，现已辐射5个乡镇的49个村、6 500户农户，年可增加集体收入5 000多万元，户均增收1.1万元。以石板井村为例，石板井村充分利用当地气候优势，调结构，谋发展，着力发展关岭牛、提子等优势产业。在村支两委的带领下，结合该办事处扶贫产业发展规划，成立关岭自治县民富种植农民专业合作社，采取“村集体经济+合作社+农户（精准扶贫建档立卡贫困农户）”的运作模式，建成生态农业观光园、164.1亩的温克提子种植园、民富种植养殖合作社“关岭牛”养殖基地，贫困农户（精准扶贫建档立卡贫困农户）通过参与项目实施。同时建立一个养牛场，鼓励村民参与合作社发展养殖业，目前已购入195头能繁母牛。2016年实现村集体经济经营性所有收入，合作社明确“村集体经济+合作社+农户（精准扶贫建档立卡贫困农户）”利益分配机制，实现资源变资产。壮大村集体经济的同时贫困户通过入股分红形式实现增收，脱贫攻坚成效明显。

五、关岭县发展壮大集体经济存在的问题

尽管关岭县在发展壮大地区集体经济的过程中做出了诸多探索，取得了显著的成效，但是存在着一些亟待解决的问题，需要在将来的工作中进一步完善与改进。

（一）村集体经济发展资金不足，后劲乏力

脱贫攻坚时期投入扶贫资金形成的产业已经成型，但需要更长时间才能形成经济效应，短期内存在因资金短缺造成的管护困难。例如，关岭县部分村集体组织种植的果树一般需要三年后才能挂果，前期除草、施肥、施药、剪枝等管理方面存在资金短板，造成产业后劲不足，慰问部分村集体经济持续性还需加强。

（二）农村集体经济组织缺乏产业领头人

大量农村能人外出务工，难以选出乐于奉献、致富能力强、市场化思维强，有志于造福村集体经济的产业领头人。例如，当前关岭县经济与沿海城市相比仍然存在差距，大量青壮年和有文化有能力的大学生都外出务工，剩余在村的多为老人、妇女、儿童，很难选出合适的集体经济组织带头人，发展农村产业。

（三）集体资产经营管理水平还有待提高

关岭县村集体经济组织的法人大多由村干部担任，由于村支两委承担的公共服务过多，很难有更多精力投入到村集体产业发展，造成村级集体资产台账管理、经济合同管理不规范。有的村集体经营性资产运营管理能力不强，经营性收入还需加强。

六、关岭县发展壮大集体经济的政策建议

根据关岭县发展壮大集体经济过程中存在的问题，提出针对性的对策建议以供参考。

（一）强化政策引导，转变集体经济经营方向

合作社的经营最终要实现壮大村集体经济的目的，脱贫攻坚期间合作社以打赢脱贫攻坚战的政治任务为重点，乡村振兴阶段应以发展产业壮大集体经济为目的。合作社单纯的种植养殖业务不仅效益低、风险大，服务群众能力也有限。通过政策引导，因地制宜引导成立农业社会化服务组织，发展农业各环节社会化服务，让专业的人做专业的事，不仅可以大规模降低农业生产成本、提高生产效率，也有利于使农业形成规范化、标准化种植、降低合作社经营风险。

（二）强化能力培训，提高集体经济市场经营能力

深化农村产权制度改革，积极探索“三变改革”壮大村集体经济的有效路径，指导好各乡镇（街道）村级组织负责人因地制宜发展集体经营。转变村干部思想观念，将脱贫攻坚为重点的发展转移到高质量发展上来，

以市场为导向、规范经营，发展村集体经济。

（三）深化改革创新，完善集体经济发展体制机制

探索有效改革措施积极引导社会人才和资本注入合作社；积极探索关岭县发展壮大村级集体经济效益奖励机制，提高村干部发展村级产业积极性；探索“政”“企”分离，将村支两委与村级合作社剥离开来，村支两委主要从事公共服务，合作社主要从事村集体经济发展，将市场的事交由市场主体来完成，确保村集体经济发展和可持续。

第十一章　脱贫地区新型农村集体经济发展的镇宁实践

一、镇宁县脱贫攻坚基本情况

镇宁布依族苗族自治县（以下简称“镇宁县”）是贵州省新阶段50个扶贫开发工作重点县之一，属滇桂黔石漠化特困连片地区，共有16个乡镇（街道），204个行政村，2014年农村户籍人口354 136人，有建档立卡贫困人口21 398户92 951人，有贫困村114个，深度贫困村61个，贫困发生率为21.76%。截至2019年12月，镇宁县按照脱贫退出程序已在国办系统标注脱贫人口2 067户6 182人（标注脱贫数为自然变更后人口，实际减贫数2 086户6 291人），标注贫困村出列24个。所有建档立卡人口21 398户92 951人已全部标注脱贫，完成了剩余贫困人口全部脱贫、剩余贫困村全部出列的目标任务，贫困发生率从2014年的21.76%下降到零，2019年农村居民人均可支配收入达到9 704元，比2018年8 822元同期增长10%，各项指标均超额完成，圆满完成年度目标任务。镇宁自治县坚持把研究问题、破解难题的思想方法和工作方法，不断提高攻坚能力和脱贫成效，探索了一些可借鉴、可复制的经验，为发展壮大集体经济奠定了坚实的基础。

一是抓好农业结构调整“九字算法”。通过“准”字算好地缘特点账、“优”字算好产品效益账、“特”字算好产业差异账、“广”字算好规模发展账、“强”字算好品牌品质账、“链”字算好产业升级账、“技”字算好科技支撑账、“统”字算好资金要素账、“销”字算好产销对接账。农业产业实现“接二连三”发展，先后引进了柳江、德康农牧、粤旺科技、黔棠姜科技、红星山海生物等一批优强企业，培育出金瀑、山和水、牛来香、大季节米业等一批本土优强龙头企业。建成国家火龙果资源圃、贵州省蛋鸡工程技术中心、贵州省农业科学院果树研究所镇宁博士工作站，培育了

“黔宁购”“黔优品”等本土电商企业，优势农业科技含量和市场竞争力进一步增强。

二是发展精品水果助推脱贫攻坚。镇宁自治县脱贫攻坚紧扣产业发展“八要素”，根据独特的地形地貌，因地制宜地进行产业结构调整，大力发展精品水果产业，走出了一条以蜂糖李为代表的精品水果特色产业发展致富道路，镇宁蜂糖李已成为人们食之不忘的“黄金果”。全县蜂糖李种植总面积达15.66万亩，可采收6.6万亩，产量3万吨，产值9亿元，覆盖贫困户5 166户20 444人。

三是整镇推进打造产业扶贫大攻势。扁担山镇以500亩以上坝区产业结构调整为抓手，以农民增收为立足点，聚力打造蔬菜、精品水果产业特色，不断优化农业产业结构。以5家龙头企业为引领带动，流转1.5万亩土地统筹推进蔬菜、精品水果规模化、标准化、产业化发展，种植辣椒、黄瓜、茄子、番茄等0.5万余亩，种植葡萄、猕猴桃、樱桃、黄桃、脆红李等精品水果12万余亩，通过“三举措”“三方式”带动9个村1 800户农户参与农业产业结构调整增收致富，整镇推进农村产业革命取得实效。

四是打造东西部教育扶贫帮扶“组团式”样板。借助青岛对口帮扶安顺的良好契机，镇宁教科局与胶州教体局结成友好帮扶对子，胶州市从2016年3月起，三年时间里每年专门派出了一支由9名支教老师组成的教师团队，固定一年时间为周期扎根山区学校支教，进行胶州教育“组团式”帮扶，取得了显著的效果，得到了社会各界的广泛认可和一致好评。2017年9月14日，《安顺日报》第三版报道了胶州市支教教师的先进事迹。2018年3月28日，在贵州省委、省政府举办的第六届贵州省人才博览会上，胶州支教教师王世学作了典型发言。2018年9月20日《贵州日报》第二版，报道了山东青岛胶州的支教团队事迹。

五是“一推广两模式”开展消费扶贫。镇宁县牢牢抓住产销对接这个“牛鼻子”，以东西部扶贫协作工作为契机，紧紧围绕农业产业革命八要素，将两者有机结合，积极探索创新，走出了镇宁“一推广、两模式”的消费扶贫新路子。“一推广”打响品牌效应，通过搭建帮扶协作、消费扶贫的交流平台，进一步推动了“安货入青”“黔货出山”。打响了镇宁县优质特色农产品在胶州地区的知名度，拓宽了销售渠道，“夜郎无闲草，黔地山货好”已成为胶州当地一句名言。“两模式”拓宽销售渠道，一是“企业+公司+合作社+农户”的产业模式，实现“公司得利润，农户得实惠”的良性循环；二是以点带面、“1+N”电商扶贫模式。即1个县级电商公共服务运营中心，N个村级电商服务站，打通县乡村三级物流“最后一公里”。镇宁县通过电商平台销往东部地区特色农产品达3 903.81万元，其中，仅蜂糖李销售就达55 600单，线下落地配送达180吨，销售额2 686.84万元。

二、镇宁县发展壮大集体经济的基本情况与主要举措

（一）镇宁县发展壮大集体经济的基本情况

镇宁县村级集体经济发展的主要业态是以简单的出租集体土地、资源及发展种植、养殖等获得收益。截至2021年底，镇宁县195个行政村（农村社区）中，村集体经济收入总收入10 682.654万元，其中5万元以下0个，5万~10万元13个，10万~20万元21个，20万~50万元75个，50万~100万元65个，100万元以上21个，如表11-1所示。此外，发展壮大集体经济项目补贴方面，经镇宁县15个乡镇（街道）申请、县级综合研究申报、省市两级集中会审，2019年度、2022年度镇宁县分别获得扶持壮大村级集体经济项目各20个，其中参股经营类项目26个、产业类项目10个、固定资产建设类项目4个。2019年度实施的20个扶持壮大村级集体经济项目形成的村级资产1 945.15万元，获得收益89.56万元，年平均净收益29.85万元，收益率4.48%，总净收益最高的项目获得收益12.5万元；2022年度实施的20个扶持壮大村级集体经济项目资金已全部拨付，项目正在有序推进中，暂未取得收益。

表11-1　2017—2021年镇宁县各村级集体经济组织收入情况统计

年份	5万元以下	5万~10万元	10万~20万元	20万~50万元	50万~100万元	100万元以上
2017	9	77	28	47	25	9
2018	6	64	24	55	38	8
2019	4	42	32	61	47	9
2020	0	32	30	67	53	13
2021	0	13	21	75	65	21

资料来源：根据访谈资料整理。

（二）镇宁县发展壮大集体经济的典型举措

一是精准研判，制定可操作性方案。对照产业革命“八要素”，围绕镇宁自治县“一县一业”强推的蔬菜、中药材、食用菌、精品水果、生态养殖等加快形成“专业化、精细化、特色化”产业发展目标，对各村申报项目的可行性、可操作性进行综合分析研判，突出“镇宁蜂糖李”等特色产业结构，指导乡村两级按照“一村一方案”制定实施方案。

二是加强金融支持，提高金融服务保障。综合运用税收、财政奖补、金融等政策，鼓励县域内金融系统积极为申报扶持壮大村集体经济重点村开展金融服务，适当提高涉农贷款不良容忍度，加大对龙头企业、合作社和农户的信贷支持，提高信用贷款占比，切实解决“融资难”问题。同时，依托龙头企业引领，与入驻镇宁的柳江集体、汇景纸业、德康公司等合作，抱团发展，申请绿色产业发展资金，严格按规范申请和使用，建立健全绿色产业基金管理制度，确保基金安全、高效、透明、专款专用。

三是扩大保险支持，拓宽农业服务范围。大力推进农业保险支持力度，全面落实生态家禽、蔬菜等政策性保险，结合镇宁具体情况和自然灾害风险，因地制宜开发覆盖精品水果、中药材、食用菌等不同产品的农业保险险种。细化农业保险的险种、缴费方式和补贴办法等，提供不同档次的农业保险产品。根据相关规定实施优惠费率，并探索提高农业保险的最高赔付额度，吸引农民参与进来。

四是做实利益联结，激发农村内生动力。深入总结和研究“塘约经验”，采取“支部+合作社+农户”“公司+基地+农户”等形式，通过支部领办、党员带头、合作社组织、群众参与，建立利益联结机制，抱团发展。深化“三变”改革，进一步盘活农村土地、劳动力、资本、技术等资源要素，引导群众以土地入股分红。鼓励和引导国有平台公司和供销社转型发展，推动更多国有资产进入农业产业领域，建基地、搞加工、活流通，发展农业产业化经营。发展壮大龙头企业，带动农产品基地订单化生产，发挥好“村社合一”合作社“一头连农户、一头连龙头”的桥梁纽带作用，支持合作社把农民组织起来，按照龙头企业的订单要求，统一标准、技术、管理，进行标准化种植，形成“联产联业”“联产联心”，共同发展，激发农村内生动力，发展壮大村级集体经济。

五是加强教育培训，提升产业发展能力。围绕全县特色优势产业，成立技术服务专班，建立农村产业革命结构调整及500亩以上坝区技术服务工作联系制度，确保每个村、每个合作社技术服务全覆盖。同时，大力开展素质能力提升工程，大规模举办培训班，采取请进来“教”、送出去“学”、派出去“炼”、集中来“训”、送下去“讲”等方式，提升干部群众发展产业能力。围绕技能所需，打好专业人才服务“牌”，组建服务团队，定期深入田间地头，进行传帮带，把论文写在大地，形成专业服务团队围绕合作社服务，切实解决合作社和群众产业发展的技术难题。加强“乡土人才”队伍建设，大力开展“把农村能人培养成党员、把党员培养成农村能人、把党员农村能人培养成村干部、把村干部培养成产业示范户”的“四培养”工程，建立农村实用人才信息库。

六是健全激励机制，激励干部担当作为。建立集体组织成员报酬链接机制，开展绩效评估、成效考核，挖掘村集体组织先进典型，学习借鉴优秀模式，正向激励和追责问责相结合，层层传导压力，落实责任，进一步激发村干部的积极性和创造性，不断增强村级集体组织的凝聚力和战斗力。

三、各级各部门关于发展壮大集体经济的政策沿革

集体经济组织是推进组织振兴的重要力量。实践证明，坚持发展壮大集体经济，推动新型农业经营主体助农增收，是实现小农户与现代农业发展有机衔接的重要举措，也是实现脱贫地区集体经济发展壮大的重要途径。近年来，贵州省委、省政府高度重视脱贫地区集体经济发展工作，对农村集体产权制度改革与发展壮大集体经济作出多项重要部署。贵州省安顺市关于推动贫困地区集体经济发展的相关政策详见第十章。

镇宁县同样非常重视脱贫地区发展壮大集体经济的相关工作。为了推动集体经济发展，镇宁县颁布了多项政策文件旨在推进地区集体经济发展。2018年，中共镇宁自治县委员会与人民政府印发的《关于〈镇宁自治县农村集体产权制度改革实施方案〉的通知》中明确指出，要创新农村集体经济组织管理体制运行机制，保护农村集体经济组织和成员的合法权益，促进农民增收，维护农村社会稳定。同年，中共镇宁自治县委镇宁自治县人民政府还印发了《关于〈镇宁自治县2018年脱贫攻坚春风行动实施方案〉的通知》。指出积极壮大村级集体经济，每个村、每个主导产业

都要成立农民专业合作社，每个贫困户都要加入农民专业合作社，大力推进“村社合一”。

2020 年是全面建成小康社会的关键之年。镇宁县针对脱贫攻坚与发展壮大集体经济颁布了多项政策文件。《镇宁自治县 2019 年脱贫攻坚工作总结》中指出，聚焦壮大村级集体经济，大力发展村级集体经济，全面巩固脱贫成效。镇宁自治县扶贫开发领导小组印发的《关于〈镇宁自治县关于决战四个月确保高质量打赢收官战坚决夺取脱贫攻坚全面胜利工作方案〉的通知》中指出向建档立卡户宣传集体经济发展政策与基本情况。同年，镇宁自治县扶贫开发领导小组印发的《关于〈镇宁自治县关于建立防贫监测保障机制巩固脱贫攻坚成果方案〉的通知》中指出，集体资产形成的收益应向有返贫风险的脱贫监测户与有致贫风险的边缘户倾斜。此外，中共镇宁自治县委办公室印发的《脱贫攻坚“四个不摘”工作落实情况》中指出，应以特色产业为引领，大力发展村集体经济、产业扶贫等项目，增强建档立卡户自我“造血”能力，确保所帮扶的每户建档立卡户都享受到帮扶措施，保证建档立卡户政策的延续性。

脱贫攻坚工作完成后，工作重点逐步转移到乡村振兴上来。其中，发展壮大集体经济是推进乡村振兴的重要任务。2021 年，镇宁县人民政府印发的《2022 年贵州省镇宁县扶持壮大村级集体经济实施方案》中指出，要根据县委、县政府的安排和部署确定试点项目，实行县级指导，乡镇（街道）主抓落实，村为主体运营项目，统筹推进集体经济发展壮大。同年，中共镇宁自治县委、镇宁自治县人民政府印发的《关于全面推进乡村振兴加快农业农村现代化的实施方案》中指出，要积极拓宽路径盘活农村集体资源资产，创新集体资产运营机制和模式，统筹整合各类资产、资源、资金投向农村集体经济组织，发展壮大新型农村集体经济，提高集体经济经营水平和资产价值。中共镇宁自治县委镇宁自治县人民政府还印发《关于实现巩固拓展脱贫攻坚成果同乡村振兴有效衔接的实施方案》，指出对确权到村集体经济组织的扶贫资产项目，村集体切实肩负起直接管理责任，并引导收益主体参与管护。同年，中共镇宁自治县委办公室镇宁自治县人民政府办公室印发的《关于〈镇宁自治县关于加快山地农业现代化　推进农业高质量发展的实施方案〉的通知》指出，引导和鼓励农民、村集体将土地经营权、集体荒山、经营性建设用地等资源资产入股新型经营主体，广泛开展资金、技术、劳动力等股份合作。2022 年，中共镇宁自治县委党的建设工作领导小组印发的《关于〈镇宁自治县扶持壮大村级集体经济资金及项目管理办法（试行）〉的通知》指出，要加强扶持壮大村级集体经济资金及项目管理，切实提高扶持资金使用效益，避免资金无效流失，保障扶持资金安全。同年发布的《镇宁自治县乡村振兴重点帮扶县巩固拓展脱贫攻坚成果同乡村振兴有效衔接实施方案（2022—2025）》实施新型农村集体经济振兴计划。深入推进农村集体产权制度改革，推动资源变资产、资金变股金、农民变股东，发展多种形式的股份合作，如表 11-2 所示。

表 11-2　近年来镇宁县关于推动贫困地区集体经济发展的相关政策

年份	文件名称	主要内容
2018	中共镇宁自治县委、镇宁自治县人民政府关于印发《镇宁自治县农村集体产权制度改革实施方案》的通知	创新农村集体经济组织管理体制运行机制，保护农村集体经济组织和成员的合法权益，促进农民增收，维护农村社会稳定
2018	中共镇宁自治县委、镇宁自治县人民政府关于印发《镇宁自治县 2018 年脱贫攻坚春风行动实施方案》的通知	积极壮大村级集体经济，每个村、每个主导产业都要成立农民专业合作社，每个贫困户都要加入农民专业合作社，大力推进“村社合一”
2020	镇宁自治县 2019 年脱贫攻坚工作总结	聚焦壮大村级集体经济，把党支部建在产业链上，把责任压在党员干部肩上，让基层党组织带领贫困群众脱贫致富。继续逐村逐户找准发展思路，大力发展村级集体经济，全面巩固脱贫成效
2020	镇宁自治县扶贫开发领导小组关于印发《镇宁自治县关于决战四个月确保高质量打赢收官战坚决夺取脱贫攻坚全面胜利工作方案》的通知	向建档立卡户宣传集体经济发展政策与基本情况
2020	镇宁自治县扶贫开发领导小组关于印发《镇宁自治县关于建立防贫监测保障机制巩固脱贫攻坚成果方案》的通知	各乡镇（街道）、村凡使用扶贫项目资金形成的村级集体资产，有资产运营收益的，其收益分成向有返贫风险的脱贫监测户倾斜；运用其他资金形成的村级集体资产，其资产运营收益应注重向有致贫风险的边缘户倾斜
2020	中共镇宁自治县委办公室脱贫攻坚“四个不摘”工作落实情况	以特色产业为引领，大力发展村集体经济、产业扶贫等项目，增强建档立卡户自我“造血”能力，确保所帮扶的每户建档立卡户都享受到帮扶措施，保证建档立卡户政策的延续性

（续表）

年份	文件名称	主要内容
2021	中共镇宁自治县委、镇宁自治县人民政府关于印发《镇宁自治县全面推进乡村振兴五年行动方案》的通知	大力培养农村致富带头人，鼓励引导村党组织领办集体合作社，建立健全村集体收入稳定增长机制，发展壮大农村集体经济，促进农民持续增收致富
2021	2022年贵州省镇宁县扶持壮大村级集体经济实施方案	根据县委、县政府的安排和部署确定试点项目，实行县级指导，乡镇（街道）主抓落实，村为主体运营项目，统筹推进集体经济发展壮大
2021	中共镇宁自治县委、镇宁自治县人民政府关于全面推进乡村振兴加快农业农村现代化的实施方案	积极拓宽路径盘活农村集体资源资产，创新集体资产运营机制和模式，统筹整合各类资产、资源、资金投向农村集体经济组织，发展壮大新型农村集体经济，提高集体经济经营水平和资产价值
2021	中共镇宁自治县委、镇宁自治县人民政府关于实现巩固拓展脱贫攻坚成果同乡村振兴有效衔接的实施方案	对确权到村集体经济组织的扶贫资产项目，村集体切实肩负起直接管理责任，并引导收益主体参与管护
2021	中共镇宁自治县委办公室、镇宁自治县人民政府办公室关于印发《镇宁自治县关于加快山地农业现代化 推进农业高质量发展的实施方案》的通知	引导和鼓励农民、村集体将土地经营权、集体荒山、经营性建设用地等资源资产入股新型经营主体，广泛开展资金、技术、劳动力等股份合作
2022	中共镇宁自治县委党的建设工作领导小组关于印发《镇宁自治县扶持壮大村级集体经济资金及项目管理办法（试行）》的通知	加强扶持壮大村级集体经济资金及项目管理，切实提高扶持资金使用效益，避免资金无效流失，保障扶持资金安全
2022	镇宁自治县乡村振兴重点帮扶县巩固拓展脱贫攻坚成果同乡村振兴有效衔接实施方案（2022—2025）	实施新型农村集体经济振兴计划。深入推进农村集体产权制度改革，推动资源变资产、资金变股金、农民变股东，发展多种形式的股份合作

资料来源：根据相关文件整理。

四、镇宁县发展壮大集体经济的主要成效与典型模式

经过数年的探索，镇宁县发展壮大集体经济在基层党组织建设、招商引资、整合财政资金、发展特色产业等方面取得了显著的成效，同时还探

索出产业发展引领型、特色资源利用型、抱团发展型三种典型模式。

（一）取得的成效

近年来，镇宁县以村集体经济组织为抓手，统筹推进集体经济发展，在基层党组织建设、招商引资、整合财政资金、发展特色产业等方面取得了显著的成效。

一是加强农村基层党组织建设，推动村集体经济发展。①选好配强村支“两委”班子，培养一支永远不走的工作队。②优化村支“两委”班子，选优配强村党组织书记，打破行业、身份、地域限制，从致富带头人、科技致富能手、返乡创业人员、退伍军人、大学生村官、国家正式干部等人群中，大胆选用思想解放、事业心强、思路清晰、懂经营、善管理的“能人”担任村支“两委”领导，不拘一格用人才。③充分利用驻村第一书记的资源优势，大力发展产业，不断壮大村集体经济。例如，马厂镇凡旗村在航空工业集团派出驻村第一书记的帮助下，申请航空工业集团帮扶 400 万元，建设智能玻璃温室大棚3 500平方米，种植高端水果小番茄，同时发展大棚种植凤梨、樱桃、蔬菜等特色产业，并通过航空工业集团强大的消费能力开展农产品定点销售帮扶，解决农产品卖难的问题。2021 年就实现了 18 万元村集体经济收入，村集体的经营管理能力也得到了提升。

二是创新发展模式，招商引资带动村集体发展。镇宁县依托土地资源和气候优势，引进有实力的企业入驻引领产业发展，增加村集体经济收入。镇宁县募役镇桐上村通过积极引进贵州优作惠农科技有限公司采用“公司+合作社+农户”的模式发展瓜蒌产业。现已在桐上坝区发展瓜蒌种植1 200余亩，建成2 400余平方米的库房一座。项目涉及桐上村、斗糯村农户 171 户，解决劳动力务工13 800余人次，务工收入约 120 万元，土地流转收入 30 余万元，桐上村壮大村集体经济 17 万元。在桐上坝区瓜蒌种植带动下，镇宁县接续在募役镇周围 9 个乡 17 个村范围内进行瓜蒌的种植，全县瓜蒌种植面积已达5 000余亩，公司还在镇宁县建设了瓜蒌加工厂，推进了一二三产业的融合发展。

三是整合资金，强化村集体经济发展。镇宁县通过安排专项资金、以奖代补、项目资助等方式扶持村级集体经济发展。2015 年以来，共整合财政专项扶贫资金、农业综合改革资金、村集体经济试点项目资金等各类涉农资金9 200万元，结合各村的区位、资源、人文等优势，有针对性地发展

“一乡一业”“一村一品”特色集体经济，不断增加集体经济收入，有效消灭了空壳村。同时对各村集体资产（扶贫资产）进行全面清理、造册登记、确权颁证，采取承包、租赁、参股分红等方式盘活资源，提高存量资产利用率，增加村集体资本经营收益。

四是发展特色产业，不断壮大村集体经济收入。村集体经济的发展，靠的是产业支撑，镇宁县紧紧围绕精品水果、中药材、茶叶等主导产业，不断提质增效扩面，推动产业发展。尤其是镇宁县的精品水果蜂糖李、樱桃、杧果、火龙果、百香果“五朵金花”并蒂争艳，种植面积达到 35.43 万亩，其中蜂糖李种植面积已达到 22.01 万亩，六马镇获评 2021 年贵州省唯一一家“全国乡村特色产业十亿元镇”；小黄姜种植面积 14.72 万亩，中药材瓜蒌种植面积 0.5 万亩，茶叶种植面积 7.41 万亩，脱贫人口生产经营性收入占总收入比例达 14.58%，全市排名第一，产业的发展也带动了村集体经济收入不断增加。镇宁县宁西街道高荡村也充分利用“千年布依古寨”的资源优势，大力发展少数民族文化特色旅游产业，带动当地老百姓增加收入，同时也壮大了村集体经济。

（二）典型模式

近年来，镇宁县通过不断探索发展壮大集体经济的有效实现形式，现已总结出以产业发展引领型、特色资源利用型、抱团发展型三种典型模式。

一是产业发展引领型。合理配置土地、资金、技术、信息、劳动力等资源，培优做强主导产业，培植壮大经济增长点。以镇宁自治县双龙山街道新发村为例，该村坚持将党建、合作社、村民作为发展的三大动力，把干部群众凝聚在一起，党员带头，以“党支部+合作社+群众”的形式，抓住优质土地多、自然环境好的优势，发展绿色农产品种植，创造就近务工岗位、多种形式入股创收等，同时大力打造宜居乡村建设、加强环境治理，组织带领群众巩固脱贫攻坚成果，以集体经济发展带动群众增收致富，实现党建强村、产业富村的目标。为了更好带动群众发展产业，新发村积极推进“村社合一”工作，新发村新发组、鸡场寨组的数十户建档立卡贫困户也加入了合作社组织，发展绿色蔬菜产业。他们中有劳动能力的，由来顺合作社无偿提供种植技术和管理经验，还可以到合作社务工，在提供就业岗位的同时还帮助他们发展蔬菜种植产业。没有劳动能力的，则按照一定费用标准将土地流转到合作社。目前，合作社与 20 多家经销商建立良好的合作关系，蔬菜主要销往安顺、贵阳、六盘水等周边地区及四川、重庆等省外的城市。

二是特色资源利用型。依托良好的生态优势、资源优势、区位优势，探索一条由村集体主导，走“规模化、产业化、生态化”的产业发展之路，“靠山吃山”，让昔日的荒山变成名副其实的金山银山。镇宁县乌拉村毗邻黄果树瀑布，位于黄果树大瀑布西北约 3 千米，东邻大坪地村，南接断桥镇，西接关索镇，北与坡贡镇相连接，由原乌拉村、蛮寨村合并而成。依托滴水潭瀑布、坝陵河大桥和峡谷风光，积极推进对丫山宜居乡村创建示范建设，发展和引进民宿 5 家（已营业 3 家，在建 2 家），进一步促进农旅不断融合，集旅游、观光和特色水果采摘于一体，以点扩面推进全村乡村振兴。

三是抱团发展型。过去几年，镇宁县少数几个村开始发展瓜蒌种植产业，但由于各村集体经济发展平台狭窄、规模小，县内瓜蒌种植产业始终没有形成规模。基于这一现状，募役镇按照“乡镇党委—联合党委—村党组织”的三级组织架构成立片区联合产业发展小组，实现片区成员村联合办公、联合决策、联合发展，力求画出最大同心圆，在乡镇内广泛开展瓜蒌种植。通过整合，瓜蒌产业现已达到6 000余亩的种植面积，已经覆盖了周边的 5 个乡镇。此外，瓜蒌深加工公司还在镇宁县投资设厂，统筹包装、加工、销售全产业链服务，实现多样化产业路径，真正实现产业发展 1+1>2 的效果。

五、镇宁县发展壮大集体经济存在的问题

尽管镇宁县在发展壮大集体经济的过程中做出了诸多探索，取得了显著的成效，但是存在着一些亟待解决的问题，需要在将来的工作中进一步完善与改进。

（一）部分村级班子能力不足，党建引领作用不明显

当前，村支“两委”的干部干事创业的积极性较高，为民办事的意愿也较强，但在发展壮大村集体经济方面缺乏相应的能力，发展村集体经济办法不多，思路不宽，缺乏长远考虑和开拓创新精神，存在“等、靠、要”思

想，有的把扶贫资金直接入股企业，不参与管理，一股了之，通过坐享分红来充实村集体经济。有一些干部缺乏带头干、加油干的勇气和闯劲，怕项目失败，担心扶贫资金受损失，自己受处分。还有个别班子缺乏凝聚力和战斗力，甚至不团结，软弱涣散，严重影响村集体经济的发展。

（二）村社一体合作社管理人才缺失

村级合作社（村公司）是村集体经济发展的载体，产业的发展必须由村级合作社或村公司来推动，但有一部分的村级合作社缺乏管理人才，合作社无法运行，合作社形同虚设，成为“僵尸社”。有些合作社虽然勉强运行，但由于管理人员能力不足，项目推动不力，成效不明显，容易造成亏损。

（三）村基础条件差，发展产业难度较大

由于部分村地处偏远，自然条件相对较差，引进企业带动发展难度大，村自身发展能力不足，只能通过“飞地经济”等方式来发展壮大村集体经济，但对于提升自身发展能力来说意义不大，集体经济发展缺乏后劲。

（四）村集体资金管理不到位，资金未充分发挥效益

由于部分村干部的能力有限，未能盘活村集体资金资产，有的甚至因管理不到位造成集体资金和集体资产的流失。从县级层面看，有关部门也并未建立村集体资金的管理制度。

六、镇宁县发展壮大集体经济的政策建议

（一）要选配好集体经济发展的带头人

好的班子和好的带头人是村集体经济发展的关键。发展村集体经济，必须有一个坚强有力的村级领导班子，有善谋划、懂经营、会管理的带头人。一是要采取超常规措施，应把是否具备发展集体经济的能力、是否具备开拓创新精神作为任用村干部的首要条件，不断强化村支“两委”班子建设，选好带头人，切实加强村级班子的合力。二是要切实提高村干部队伍的整体素质。要有目的、有计划地对村干部进行培训，不断提高他们的

经营管理能力和水平。三是要在村干部管理和集体经济管理等方面引入激励竞争机制。要加强对村干部的考核，把发展集体经济作为考核村干部的主要内容和重要依据。要建立健全激励奖励办法，充分调动村干部发展集体经济的主动性和积极性。要建立专项奖励基金，对带头发展村集体经济的优秀村干部进行表彰奖励，提升干部干事创业的积极性。

(二) 创新机制，抓好村社一体合作社的有效管理

如何管理好村级合作社，对于发展村集体经济尤为重要。目前，村级合作社的法人都是村干部，但一部分村干部并不具备合作社的管理能力，对于这类合作社，只有通过引进能人管理，才能确保合作社的正常运转，合作社才能发挥效益。一是引进管理能人，加强村级合作社的管理。二是引进企业，采取“公司+合作社+农户”的模式发展产业。通过企业参与带动的这种发展模式，充分利用自身优势发展产业，有效解决村集体自身发展能力不足的问题，同时带动脱贫户参与发展产业增收。

(三) 加强村集体资金的管理

发展村级集体经济是一项系统工程，不仅要抓发展，更要抓好管理，借助“三资”清查，建立健全制度，实行规范管理，以确保其健康发展。一是加强村级集体资产管理。加强对村级资产、资源、资金的清查、登记、管理，完善“三资”台账，做到账款清楚准确，确保资产真实性。凡是集体项目都要落实责任制，及时收缴入账。二是规范村务财务公开，强化民主监督。定期对村务、党务、财务进行三公开，完善监督机制，发挥监委会作用，对村级集体资产运营情况进行监督。三是完善“村账乡管”制度。严格村级财务收支管理等各项制度，进一步规范村级财务制度，积极维护农村集体经济组织和农民利益，促进农村经济发展和社会稳定。四是进一步盘活村集体资产。对有集体存量资产的，要带动组织和群众共同盘活，走联合发展的路子，形成集体收入，不断壮大村集体经济。

参考文献

包国宪，道格拉斯·摩根，2015. 政府绩效管理学：以公共价值为基础的政府绩效治理理论与方法［M］. 北京：高等教育出版社.

包国宪，王学军，2012. 以公共价值为基础的政府绩效治理：源起、架构与研究问题［J］. 公共管理学报，9（2）：89-97，126-127.

包国宪，周云飞，2013. 政府绩效评价的价值载体模型构建研究［J］. 公共管理学报，10（2）：101-109.

陈美球，廖彩荣，冯广京，等，2018. 农村集体经济组织成员权的实现研究：基于“土地征收视角下农村集体经济组织成员权实现研讨会”的思考［J］. 中国土地科学，32（1）：58-64.

陈锡文，2013. 构建新型农业经营体系刻不容缓［J］. 求是（22）：38-41.

陈锡文，2022. 充分发挥农村集体经济组织在共同富裕中的作用［J］. 农业经济问题（5）：4-9.

陈亦宝，2019. “最多跑一次”改革绩效实际测评、影响因素及优化路径研究［D］. 杭州：浙江大学.

程恩富，张杨，2020. 坚持社会主义农村土地集体所有的大方向：评析土地私有化的四个错误观点［J］. 中国农村经济（2）：134-144.

程郁，万麒雄，2020. 集体经济组织的内外治理机制：基于贵州省湄潭县 3 个村股份经济合作社的案例研究［J］. 农业经济问题（6）：43-52.

崔超，2019. 农村集体经济组织发展的内部困境及其治理［J］. 山东社会科学（4）：148-153.

邓衡山，徐志刚，黄季焜，等，2011. 组织化潜在利润对农民专业合作组织形成发展的影响［J］. 经济学（季刊），10（4）：1515-1532.

丁关良，2008. 农村社区集体主体问题研究：以农民集体土地所有权为例剖析［J］. 南京农业大学学报（社会科学版），8（4）：1-6.
方志权，2014. 关于农村集体产权制度改革若干问题的思考［J］. 毛泽东邓小平理论研究（11）：6-12.
方志权，2014. 农村集体经济组织产权制度改革若干问题［J］. 中国农村经济（7）：4-14.
丰雷，胡依洁，蒋妍，等，2020. 中国农村土地转让权改革的深化与突破：基于2018年“千人百村”调查的分析和建议［J］. 中国农村经济（12）：2-21.
丰雷，郑文博，张明辉，2019. 中国农地制度变迁70年：中央—地方—个体的互动与共演［J］. 管理世界，35（9）：30-48.
高晶晶，彭超，史清华，2019. 中国化肥高用量与小农户的施肥行为研究：基于1995—2016年全国农村固定观察点数据的发现［J］. 管理世界，35（10）：120-132.
高鸣，芦千文，2019. 中国农村集体经济：70年发展历程与启示［J］. 中国农村经济（10）：19-39.
高强，2020. 农村集体经济发展的历史方位、典型模式与路径辨析［J］. 经济纵横（7）：42-51.
高强，崔文超，2023. 从封闭到开放：城乡融合发展进程中的新型农村集体经济［J］. 南京农业大学学报（社会科学版），23（5）：2-12.
高强，鞠可心，2021. 农村集体产权制度的改革阻点与破解路径：基于江苏溧阳的案例观察［J］. 南京农业大学学报（社会科学版），21（2）：1-10.
高强，孔祥智，2020. 拓宽农村集体经济发展路径的探索与实践：基于四川彭州小鱼洞镇“联营联建”模式的案例分析［J］. 东岳论丛，41（9）：162-171.
高圣平，2018. 承包地三权分置的法律表达［J］. 中国法学（4）：261-281.
高欣，张安录，2018. 农村集体建设用地入市对农户收入的影响：基于广东省佛山市南海区村级层面的实证分析［J］. 中国土地科学，32（4）：44-50.
郭君平，曲颂，夏英，等，2018. 农村土地流转的收入分配效应

[J]. 中国人口·资源与环境，28（5）：160-169.
郭晓鸣，王蔷，2020. 深化农村集体产权制度改革的创新经验及突破重点［J］. 经济纵横（7）：52-58.
郝亚光，2015. 政府引导：农村集体经济有效实现形式的外部条件［J］. 东岳论丛，36（3）：43-48.
何艳玲，2009. “公共价值管理”：一个新的公共行政学范式［J］. 政治学研究（6）：62-68.
黄延信，2015. 发展农村集体经济的几个问题［J］. 农业经济问题，36（7）：4-8.
黄延信，余葵，师高康，等，2014. 对农村集体产权制度改革若干问题的思考［J］. 农业经济问题，35（4）：8-14.
黄延信，余葵，王刚，2013. 浙江农村集体产权制度改革观察［J］. 农村经营管理（10）：21-23.
计小青，赵景艳，刘帅，2022. 宗族网络是否影响了村级集体经济的发展：基于“千村调查”数据的实证研究［J］. 农业技术经济（6）：109-124.
靳永广，2022. 比较优势转化、优质要素集聚与村级集体经济发展：基于浙江省安吉县的经验观察［J］. 农业经济问题（4）：64-77.
科斯，阿尔钦，诺斯，等，2004. 财产权利与制度变迁［M］. 上海：上海人民出版社.
孔祥智，2016. 中国农村土地制度：形成、演变与完善［J］. 中国特色社会主义研究（4）：16-22.
孔祥智，2017. 农村社区股份合作社的股权设置及权能研究［J］. 理论探索（3）：5-10.
孔祥智，2020. 产权制度改革与农村集体经济发展：基于“产权清晰+制度激励”理论框架的研究［J］. 经济纵横（7）：32-41.
孔祥智，2021. 合作经济与集体经济：形态转换与发展方向［J］. 政治经济学评论，12（4）：83-108.
孔祥智，2022. 贯彻落实好新时代党的“三农”政策［J］. 红旗文稿（9）：37-39.
孔祥智，2023. 在构建高水平社会主义市场经济体制中发挥合作经济的独特作用［J］. 中国党政干部论坛（9）：34-38.

孔祥智，2023. 中国式农业现代化的重大政策创新及理论贡献［J］. 教学与研究（2）：17-27.

孔祥智，刘同山，2013. 论我国农村基本经营制度：历史、挑战与选择［J］. 政治经济学评论，4（4）：78-133.

孔祥智，马庆超，2014. 农村集体经营性建设用地改革：内涵、存在问题与对策建议［J］. 农村金融研究（9）：11-14.

孔祥智，魏广成，许光清，2024. 新型集体经济与内源式发展：基于江苏省苏州市的案例研究［J］. 经济理论与经济管理，44（3）：135-146.

孔祥智，赵昶，2020. 农村集体产权制度改革的实践探索与政策启示：基于7省13县（区、市）的调研［J］. 中州学刊（11）：25-32.

蓝宇蕴，2017. 非农集体经济及其“社会性”建构［J］. 中国社会科学（8）：132-147.

李宽，熊万胜，2015. 农村集体资产产权改革何以稳妥进行：以上海松江农村集体资产产权改革为例［J］. 南京农业大学学报（社会科学版），15（2）：8-16.

李韬，陈丽红，杜晨玮，等，2021. 农村集体经济壮大的障碍、成因与建议：以陕西省为例［J］. 农业经济问题（2）：54-64.

李文谦，董祚继，2009. 质疑限制农村宅基地流转的正当性：兼论宅基地流转试验的初步构想［J］. 中国土地科学，23（3）：55-59.

李永萍，2018. 土地抛荒的发生逻辑与破解之道［J］. 经济学家（10）：90-96.

梁春梅，李晓楠，2018. 农村集体产权制度改革的减贫机制研究［J］. 理论学刊（4）：55-61.

刘金龙，许雯雯，王尚友，2018. 创新集体内涵：东莞市农村集体经济的再出发［J］. 农业经济问题（2）：31-37.

刘锐，2013. 土地流转、阶层分化与乡村治理转型：基于湖北省京山J村的调查［J］. 南京农业大学学报（社会科学版），13（2）：92-100.

刘守英，2017. 中国土地制度改革：上半程及下半程［J］. 国际经济评论（5）：29-56.

刘同山，孔祥智，2020. 离农会让农户更愿意退出土地承包权吗

[J]. 中国软科学（11）：61-70.
刘同山，孔祥智，杨晓婷，2023. “大小兼容”的农地连片经营如何实现：以江苏盐城亭湖区“小田并大田”为例［J］. 中国农村经济（12）：44-64.
刘同山，钱龙，2023. 发达国家农地细碎化治理的经验与启示：以德国、法国、荷兰和日本为例［J］. 中州学刊（7）：58-66.
刘同山，吴刚，2019. 农村承包地退出：典型做法、面临问题与改革建议［J］. 新疆农垦经济（4）：42-48.
刘卫东，饶永辉，2013. 农村集体建设用地使用权合理流转机制研究［J］. 中国房地产（19）：59-60.
卢艳霞，胡银根，林继红，等，2011. 浙江农民宅基地退出模式调研与思考［J］. 中国土地科学，25（1）：3-7.
罗必良，2014. 崇州“农业共营制”试验［J］. 决策（9）：60-61.
罗必良，2015. 农业共营制：新型农业经营体系的探索与启示［J］. 社会科学家（5）：7-12.
罗必良，2021. 农村宅基地制度改革：分置、开放与盘活［J］. 华中农业大学学报（社会科学版）（1）：1-3.
罗必良，李玉勤，2014. 农业经营制度：制度底线、性质辨识与创新空间：基于“农村家庭经营制度研讨会”的思考［J］. 农业经济问题，35（1）：8-18.
罗昊，2021. 社会企业与资本下乡道路选择［J］. 现代经济探讨（9）：119-126.
罗明忠，魏滨辉，2022. 农村集体产权制度改革与县域城乡收入差距［J］. 华南农业大学学报（社会科学版），21（6）：78-90.
马池春，马华，2018. 农村集体产权制度改革的三重维度与秩序均衡：一个政治经济学的分析框架［J］. 农业经济问题（2）：4-11.
马翠萍，郜亮亮，2019. 农村集体经济组织成员资格认定的理论与实践：以全国首批 29 个农村集体资产股份权能改革试点为例［J］. 中国农村观察（3）：25-38.
马荟，庞欣，奚云霄，2020. 熟人社会、村庄动员与内源式发展：以陕西省袁家村为例［J］. 中国农村观察（3）：28-41.
闵师，王晓兵，项诚，等，2019. 农村集体资产产权制度改革：进程、模式与挑战［J］. 农业经济问题（5）：19-29.
单菲菲，包国宪，2018. 社会价值建构视角下的村庄治理绩效实现路径：广州市下围村“蝶变”的案例研究［J］. 公共管理学报，15（4）：139-148，156.
斯达威，季虹，左停，2015. 北京市及周边山区闲置宅基地盘活模式及启示［J］. 北京农业职业学院学报，29（3）：62-67.
宋浩楠，栾敬东，张士云，等，2021. 土地细碎化、多样化种植与农业生产技术效率：基于随机前沿生产函数和中介效应模型的实证研究［J］. 农业技术经济（2）：18-29.
宋洪远，高强，2015. 农村集体产权制度改革轨迹及其困境摆脱［J］. 改革（2）：108-114.
仝志辉，2018. 村委会和村集体经济组织应否分设：基于健全乡村治理体系的分析［J］. 华南师范大学学报（社会科学版）（6）：134-140.
王德刚，孙平，2021. 农民股份制新型集体经济模式研究：基于乡村旅游典型案例的剖析［J］. 山东大学学报（哲学社会科学版）（1）：142-151.
王公为，赵忠伟，2021. 行动者网络视域下乡村旅游扶贫模式与机制研究——以赤峰市雷营子村为例［J］. 农业现代化研究，42（1）：57-66.
王海娟，胡守庚，2018. 土地细碎化与农地制度的一个分析框架［J］. 社会科学（11）：62-74.
王敬尧，李晓鹏，2012. 城乡统筹进程中的农村集体产权改革：以温州“三分三改”为蓝本［J］. 求是学刊，39（6）：68-75.
王鹏飞，王瑞璠，2017. 行动者网络理论与农村空间商品化：以北京市麻峪房村乡村旅游为例［J］. 地理学报，72（8）：1408-1418.
王士海，曹硕，2023. 生产要素配置视角下土地互换对家庭农业内生式发展的影响［J］. 世界农业（12）：101-111.
王伟杰，2021. “外嵌型悬浮”：新时代资本下乡的空间张力及优化策略研究［J］. 现代经济探讨（9）：127-132.
王小映，2014. 论农村集体经营性建设用地入市流转收益的分配［J］. 农村经济（10）：3-7.

王学军，马翔，2015. 政府绩效生成路径：新范式下的理论及其解释［J］. 上海行政学院学报，16（4）：24-32.

王学军，王子琦，2017. 政民互动、公共价值与政府绩效改进：基于北上广政务微博的实证分析［J］. 公共管理学报，14（3）：31-43.

王学军，张弘，2013. 公共价值的研究路径与前沿问题［J］. 公共管理学报，10（2）：126-136，144.

王有捐，2006. 对城市居民最低生活保障政策执行情况的评价［J］. 统计研究（10）：49-54.

魏广成，孔祥智，2024. “小田并大田”改革的生成逻辑、实践路向与政策价值：基于完善农村基本经营制度的视角［J］. 经济学家（6）：107-116.

魏广成，孔祥智，李欣，等，2024. 农村集体经济组织成员身份认定的“困境”与“突围”：基于公共价值管理范式的研究［J］. 管理评论，36（1）：276-288.

魏后凯，刘同山，2016. 农村宅基地退出的政策演变、模式比较及制度安排［J］. 东岳论丛，37（9）：15-23.

温世扬，2015. 集体经营性建设用地“同等入市”的法制革新［J］. 中国法学（4）：66-83.

文兰娇，汪晗，张安录，2018. 从垄断到寡头：集体建设用地交易中政府和集体经济组织的收益分配关系研究［J］. 中国人口·资源与环境，28（3）：53-59.

吴建南，阎波，2008. 地方政府绩效评估体系的路径选择：福建的分析［J］. 中国行政管理（2）：25-29.

吴旭红，2020. 智慧社区建设何以可能？——基于整合性行动框架的分析［J］. 公共管理学报，17（4）：110-125.

习近平，2022. 高举中国特色社会主义伟大旗帜　为全面建设社会主义现代化国家而团结奋斗——在中国共产党第二十次全国代表大会上的报告［M］. 北京：人民出版社.

习近平，2022. 论“三农”工作［M］. 北京：中央文献出版社.

夏丹波，2020. 贵州盘活农村宅基地研究：以全国 33 个试点改革为参照［J］. 理论与当代（10）：38-42.

夏英，张瑞涛，2020. 农村集体产权制度改革：创新逻辑、行为特征及改革效能［J］. 经济纵横（7）：59-66.

夏英，钟桂荔，曲颂，等，2018. 我国农村集体产权制度改革试点：做法、成效及推进对策［J］. 农业经济问题（4）：36-42.

肖红波，陈萌萌，2021. 新型农村集体经济发展形势、典型案例剖析及思路举措［J］. 农业经济问题（12）：104-115.

谢元、张鸿雁，2018. 行动者网络理论视角下的乡村治理困境与路径研究：转译与公共性的生成［J］. 南京社会科学（3）：70-75.

徐双敏，2007. 政府绩效的影响因素研究［J］. 行政论坛（6）：9-12.

徐祥临，2021. 再论巩固和完善农村基本经营制度：兼论重建村民组土地经营市场［J］. 毛泽东邓小平理论研究（4）：11-20.

徐雪高，沈贵银，何在中，2017. 农户兼业化发展及未来研究展望［J］. 农业展望，13（2）：22-26.

许经勇，2020. 新时代农村基本经营制度的深层思考［J］. 北京行政学院学报（2）：74-79.

许庆，田士超，邵挺，等，2007. 土地细碎化与农民收入：来自中国的实证研究［J］. 农业技术经济（6）：67-72.

杨庆媛，杨人豪，曾黎，等，2017. 农村集体经营性建设用地入市促进农民土地财产性收入增长研究：以成都市郫都区为例［J］. 经济地理，37（8）：155-161.

杨瑞龙，1998. 我国制度变迁方式转换的三阶段论：兼论地方政府的制度创新行为［J］. 经济研究（1）：3-5.

杨少垒，赵苏丹，蒋永穆，2018. "农业共营制"：农村基本经营制度实现形式的创新探索［J］. 农村经济（11）：17-22.

叶兴庆，翁凝，2018. 拖延了半个世纪的农地集中：日本小农生产向规模经营转变的艰难历程及启示［J］. 中国农村经济（1）：124-137.

余葵，王刚，高鸣，2019. 稳步推进改革　确保农民财产权：关于海南省农村集体产权制度改革情况调研［J］. 农村经营管理（12）：25-27.

苑鹏，刘同山，2016. 发展农村新型集体经济的路径和政策建议：基于我国部分村庄的调查［J］. 毛泽东邓小平理论研究（10）：23-28.

曾恒源，高强，2023. 新型农村集体经济的三重困境与破解路径：理论逻辑和案例证据［J］. 经济学家（7）：118-128.

张琛，赵昶，孔祥智，2019. 农民专业合作社的再联合［J］. 西北农林科技大学学报（社会科学版），19（3）：96-103.

张洪振，任天驰，杨汭华，2020. 大学生村官推动了村级集体经济发展吗？基于中国第三次农业普查数据［J］. 中国农村观察（6）：102-121.

张环宙，黄超超，周永广，2007. 内生式发展模式研究综述［J］. 浙江大学学报（人文社会科学版）（2）：61-68.

张克俊，付宗平，2022. 新型农村集体经济发展的理论阐释、实践模式与思考建议［J］. 东岳论丛，43（10）：105-114.

张培刚，张建华，2009. 发展经济学［M］. 北京：北京大学出版社.

张瑞涛，夏英，2020. 我国农村集体资产产权科层分析［J］. 农业经济问题（11）：8-15.

张文明，章志敏，2018. 资源·参与·认同：乡村振兴的内生发展逻辑与路径选择［J］. 社会科学（11）：75-85.

张应良，徐亚东，2019. 农村“三变”改革与集体经济增长：理论逻辑与实践启示［J］. 农业经济问题（5）：8-18.

张应良，杨芳，2017. 农村集体产权制度改革的实践例证与理论逻辑［J］. 改革（3）：119-129.

张勇，周丽，2020. 农民市民化进程中农村宅基地财产权的实现路径［J］. 山西农业大学学报（社会科学版），19（4）：66-70.

张云华，郭铖，2013. 农业经营体制创新的江苏个案：土地股份合作与生产专业承包［J］. 改革（2）：151-158.

赵昶，孔祥智，仇焕广，2021. 农业经营规模扩大有助于化肥减量吗：基于全国 1274 个家庭农场的计量分析［J］. 农业技术经济（4）：110-121.

赵意焕，2021. 合作经济、集体经济、新型集体经济：比较与优化［J］. 经济纵横（8）：20-28.

郑淋议，2020. 中国农业经营制度：演变历程、问题聚焦与变革取向［J］. 农村经济（1）：88-95.

郑有贵，2012. 农村社区集体经济组织法人地位研究［J］. 农业经济问题，33（5）：22-28.

中共中央党史和文献研究院，2019. 习近平关于“三农”工作论述摘编［M］. 北京：中央文献出版社.

钟甫宁，王兴稳，2010. 现阶段农地流转市场能减轻土地细碎化程度吗？来自江苏兴化和黑龙江宾县的初步证据［J］. 农业经济问题，31（1）：23-32.

周立，奚云霄，马荟，等，2021. 资源匮乏型村庄如何发展新型集体经济？基于公共治理说的陕西袁家村案例分析［J］. 中国农村经济（1）：91-111.

周小平，冯宇晴，余述琼，2021. 集体经营性建设用地入市收益分配优化研究：以广西北流市的改革试点为例［J］. 南京农业大学学报（社会科学版），21（2）：116-125.

周振，2021. 社区开放、产权混合与农村集体经济的实现：基于混合所有制改造的研究视角［J］. 宏观经济研究（7）：112-126.

周振，陈锐，钟真，等，2024. 村企混合经营：农村集体经济发展新路径：基于浙江省奉化区滕头村的个案研究［J］. 农业经济问题（6）：28-44.

周振，孔祥智，2019. 新中国70年农业经营体制的历史变迁与政策启示［J］. 管理世界，35（10）：24-38.

朱建江，2019. 农村集体土地所有权实现与集体经济发展壮大［J］. 毛泽东邓小平理论研究（10）：24-32.

朱新华，柴涛修，陈利根，2009. 宅基地使用权流转制度改革的制度经济学解析［J］. 中国土地科学，23（4）：34-37，42.

ALCADIPANI R，HASSARD J，2010. Actor-network theory，organizations and critique：Towards a politics of organizing［J］. Organization，17（4）：419-435.

BORMAN W C，MOTOWIDOL S M，1993. Expanding the criterion domain to include elements of contextual performance［M］//Schmitt N，Borman W C. Personnel Selection in Organizations. San Francisco，CA：Jossey-Bass，1-98.

CALLEN M，LAW J，RIP A，1986，Mapping the Dynamics of Science and Technology［M］. London：Macmillan Press.

CALLON M, 1984. Some Elements in a sociology of translation: Domestication of the scallops and fishermen of the St. Brieuc Bay [J]. Sociological Review, 32 (S1): 196-223.

DUREPOS G, MILLS A J, 2017. ANTi-history, relationalism and the historic turn in management and organization studies [J]. Qualitative Research in Organizations and Management: An International Journal, 12 (1): 53-67.

EISENHARDT K M, 1989. Building theories from case study research [J]. Academy of Management Review, 14 (4): 532-550.

HARDY C A, WILLIAMS S P, 2008. E-government policy and practice: A theoretical and empirical exploration of public e - procurement [J]. Government Information Quarterly, 25 (2): 155-180.

HARTT C M, MILLS A J, MILLS H J, et al., 2014. Sense-making and actor networks: The non-corporeal actant and the making of an air Canada history [J]. Management & Organizational History, 9 (3): 288-304.

HAYAMI Y, RUTTAN V W, 1985. Agricultural development: An International Perspective 2nd Edition, Baltimore [M]. London: The Johns Hopkins Press.

KITCHEN L, 2000. Environmental policy and the differentiation of rural Space: An actor network perspective [J]. Journal of Environmental Policy and Planning, 2 (1): 135-147.

LIN J Y, 1989. An economic theory of institutional change: Induced and imposed change [J]. Cato Journal, 9 (1): 1-33.

MOORE M, 1995. Creating public value: Strategic management in government [M]. Cambridge, MA: Harvard University Press.

NORTH D, 1981. Structure and change in economic history [M]. New York: W. W. Norton & Company Inc.

NORTH D, 1990. Institutions, institutional change and economic performance [M]. New York: Cambridge University Press.

RENÉ D, REN C, GUNNAR T J, 2013. Ordering, materiality, and multiplicity: Enacting Actor - Network Theory in tourism [J]. Tourist

Studies, 13 (1): 3-20.

RODGER K, MOORE S, NEWSOME D, 2009, Wildlife tourism, science, and actor network theory [J]. Annals of Tourism Research, 36 (4): 645-666.

VAN DER PLOEG J D, 1994, Born from within: practice and perspectives of endogenous rural development [M]. Porto: Uitgeverij Van Gorcum.

WOODS M, 1998. Researching rural conflicts: Hunting, local politics and actor-networks [J]. Journal of Rural Studies, 14 (3): 321-340.

YAN A, GRAY B, 1994. Bargaining power, management control and performance in United States - China joint ventures: A comparative case study [J]. The Academy of Management Journal, 37 (6): 1478-1517.

YANG K, HOLZER M, 2006. The Performance-trust link: Implications for performance measurement [J]. Public Administration Review, 66 (1): 114-126.

YIN R K, 2009. Case study research: Design and methods [M]. London and Singapore: Sage.

ZHENG L, SU L, JIN S, 2003. educing land fragmentation to curb cropland abandonment: Evidence from rural China [J]. Canadian Journal of Agricultural Economics, 1 (3-4): 355-373.